本书为湖北省社科基金后期资助项目（项目编号：2019182）、湖北民族大学博士启动基金项目（项目编号：MD2020B027）、湖北民族大学文学与传媒学院学科专业建设文库成果。

意义·形象·话语

电视传播与乡村精神家园建构

MEANING, IMAGE AND DISCOURSE
TV COMMUNICATION AND THE CONSTRUCTION OF
RURAL SPIRITUAL HOMELAND

戴蔚 著

社会科学文献出版社
SOCIAL SCIENCES ACADEMIC PRESS (CHINA)

内容摘要

在现代社会进程中,我国城乡自然环境、文化环境都发生了深刻变化,乡村在国家话语和政策话语中得到强调和重视。在"乡愁"话语和"民族共有精神家园"建设视域下,乡村精神家园得到更广泛层面的社会关注和认同,也较以往更多呈现于媒体传播实践中。通过媒体传播的乡村精神家园呈现怎样的价值内涵和形象特征,怎样实现了意义的生产、流通与认同呢?本书基于民族共有精神家园建设视域,以电视媒介为研究对象,在探索"乡村精神家园"概念及内涵基础上,从价值构型、视觉呈现、传播话语三个层面深入研究了电视媒介对乡村精神家园的建构。

本书认为,乡村精神家园是在乡村社会基础上形成的反映乡村社会文化、价值理念、哲学思想的精神文化,具有明确的地域空间指向性、认同性、历史性、民族性和时代性特征。生活中,人们对乡村精神家园存在着多种认知维度。电视传播通过语境营造、诗画意境和价值融入等方法对乡村精神家园的价值内涵进行表达和融入,以实现不同地区、不同民族人民对乡村精神家园价值内涵的意义共通和观念共识;通过符号表征、形象建构等方式对乡村精神家园进行视觉呈现,通过进行多模态符号体系协同、图像景观修辞以及引发受众符号统觉来实现对乡村精神家园的感知性建构。在新的语境下,电视传播变革话语规则、表达方式和互动模式,寻求契合意识来调合差异化元素的互动接合,强化戏剧性要素,突出形式主义特征和追求等来实现乡村精神家园的意义认同建构。但电视传播也存在话语生态建设不足问题,这些问题需在共生语境营造、话语共同体培育、对话机制完善等方面来探索解决。

　　电视传播对乡村精神家园的建构还存在他者视角、城乡之困、乡村主体话语缺失等问题，建议电视传播实践探索以"城乡一体"为中心的发展模式，在乡村文化振兴中充分发挥教育教化功能，并保持间性视野，帮助乡村实现文化自觉、树立文化自信，推进城乡文化互哺，促进城乡文化交流协商、互动融合。

　　关键词：电视传播；乡村文化振兴；乡村精神家园

ABSTRACT

In the process of modern social development, China's urban and rural natural environment and cultural environment have undergone profound changes, and rural areas have been emphasized and valued in national discourse and policy discourse. From the perspective of the discourse of "nostalgia" and the construction of "common spiritual home of the nation", the rural spiritual home has been more widely concerned and recognized by the society, and it is also more widely presented in the practice of media communication than before. What kind of value connotation and image characteristics does the rural spiritual home that spreads through the media present, and how to realize the production, circulation and identity of meaning? The work takes TV media as the research object, from the perspective of the construction of national shared spiritual home and on the basis of exploring of the concept and connotation of the rural spiritual home, studies the construction of rural spiritual home by TV media from three aspects: value configuration, visual presentation and communication discourse.

According to the author, rural spiritual home is formed on the basis of rural society and reflects the spiritual culture of rural social culture, values and philosophical thoughts. It has clear regional spatial orientation, identity, historical, national and contemporary characteristics. In our practice, there are many dimensions in people's cognition of rural spiritual home. TV communication expresses and integrates the value connotation of rural spiritual home by means of context construction, artistic conception of poetry and painting and value integration, so that people of different regions and nationalities can realize common meaning and conceptual consensus on the value connotation of rural spiritual home. TV communication materializes the visual presentation of rural spiritual home by means of symbolic representation and image construction, and can realize the perceptual construction of rural spiritual home through the coordination of multi-mode symbol system, image landscape rhetoric, and triggering the symbol apperception of the audience. In the context of communication, TV communication realizes the community's consensus on rural spiritual home by changing the discourse rules, expression methods and interaction modes, and seeking the sense of fit to reconcile the interaction of differentiated elements, intensifying dramatic elements, highlighting the characteristics and pursuit of formalism. TV communication should also pay attention to the construction of discourse ecology, which can be achieved by creating a symbiotic context, cultivating a discourse community, and improving the dialogue mechanism.

There are still some problems in the construction of rural spiritual home by TV media, such as the perspective of the other, the perplexity of two different cultures in urban and rural areas, and the lack of rural subject discourse. The work puts forward that in the practice of TV communication, we should explore the "urban-rural integration" as the center of the development model, give full play to its educational and enlightenment functions in the revitalization of rural culture, and maintain an inter-perspective to help the rural areas realize cultural consciousness and build up cultural self-confidence, promote cultural exchanges, consultation, interaction and integration between urban and rural areas.

Keywords: TV communication; The Revitalization of Rural Culture; Rural Spiritual Homeland

目 录

前　言 …………………………………………………………… 001
绪　论 …………………………………………………………… 001
 一　研究问题的提出 ……………………………………… 002
 二　研究现状及分析 ……………………………………… 004
 三　研究的理论视角 ……………………………………… 016
 四　研究方法 ……………………………………………… 025

第一章　概念及关系：乡村精神家园与电视传播 ………… 029
 第一节　乡村精神家园概念及其内在结构 ……………… 029
  一　概念厘定：乡村和乡村精神家园 ………………… 029
  二　乡村精神家园的内在结构 ………………………… 039
  三　乡村精神家园认知的多重维度 …………………… 042
 第二节　影响乡村文化场域的因素 ……………………… 054
  一　资本因素 …………………………………………… 055
  二　内部因素 …………………………………………… 058
  三　媒介因素 …………………………………………… 065
 第三节　文化建构中电视媒介的文化身份 ……………… 069
  一　传媒变革中的电视传播 …………………………… 069
  二　对电视传播的再理解 ……………………………… 076
  三　电视传播的文化身份 ……………………………… 081

第二章　价值构型：乡村精神家园的认知性建构 ········· 086
第一节　时代语境：乡村精神家园建构的现实观照 ········· 086
一　社会转型：乡村精神家园的现实语境 ········· 087
二　文化冲击：乡村精神家园的价值迷失 ········· 088
三　价值坚守：乡村文化传承的多重语境 ········· 091
第二节　意义机制：乡村精神家园的传播定位 ········· 095
一　文化坐标：乡村精神家园的价值内涵 ········· 096
二　价值机制：记忆中的意义互动实践 ········· 105
三　意义重构：《记住乡愁》的记忆书写 ········· 108
第三节　价值融入：乡村精神家园的内涵表达 ········· 110
一　语境营造：精神家园的文化寻根 ········· 110
二　诗画意境：价值内涵的美学表达 ········· 113
三　价值融入：价值内涵的传播策略 ········· 117

第三章　视觉呈现：乡村精神家园的感知性建构 ········· 123
第一节　空间型构：乡村精神家园的符号表征 ········· 124
一　电视传播中的乡村物质空间 ········· 124
二　电视传播中的乡村社会空间 ········· 128
三　电视传播中的乡村文化空间 ········· 131
第二节　形象建构：乡村精神家园的具象感知 ········· 136
一　语法逻辑：电视传播中的形象生成机制 ········· 136
二　媒介形象：乡村精神家园形象的电视呈现 ········· 144
三　形象感知：乡村精神家园形象的受众接收 ········· 147
第三节　表象统合：建构乡村精神家园的影像策略 ········· 154
一　多模态协同：视觉呈现的符号策略 ········· 154
二　图像景观：视觉呈现的修辞策略 ········· 157
三　符号统觉：视觉呈现的受众策略 ········· 161

第四章　话语表达：乡村精神家园的认同性建构 ········· 165
第一节　范式转型：融合语境下的电视传播话语 ········· 166

一　乡村精神家园建构的语境转换……………………166
　　二　电视传播的语境变迁……………………………171
　　三　电视传播话语的范式转型………………………173
第二节　意义认同：电视传播的话语机制…………………178
　　一　拟态环境中的话语传播…………………………179
　　二　差异化意识元素的接合话语……………………183
　　三　传播的仪式观：意义的共享与认同……………186
第三节　话语生态：电视传播的话语策略…………………190
　　一　营造共生语境……………………………………191
　　二　培育话语共同体…………………………………193
　　三　完善对话机制……………………………………196

第五章　建构反思：城乡中国电视传播发展的乡村面向……199
第一节　乡村面向中的电视传播实践………………………199
　　一　电视节目中的乡村议题…………………………200
　　二　电视传播在乡村发展现状………………………204
　　三　乡村建设中的媒体缺位…………………………206
第二节　电视传播建构乡村精神家园存在的问题…………208
　　一　乡村议题传播的他者视角………………………208
　　二　乡村主体话语的缺失……………………………211
　　三　电视传播中的城乡之困…………………………214
第三节　电视传播发展的乡村面向…………………………217
　　一　城乡一体：电视传播的中心重构………………218
　　二　知识下乡：教化功能的乡村实现………………220
　　三　文化互哺：电视传播的间性视野………………222

参考文献………………………………………………………225

附　件…………………………………………………………233
　附件1　"电视传播、乡村发展与城乡居民信息需求"调查问卷…233
　附表1　各省份电视台的乡村服务类节目…………………236

附表2　各省份电视台传统文化类节目 …………………………… 239
附表3　CCTV播出的与乡村议题相关的节目 …………………… 241
附表4　2015~2018年搜狐网与乡村精神家园相关的文章统计 …… 242
附表5　2015~2018年光明网与乡村精神家园相关的文章统计 …… 245
附表6　2018年《记住乡愁》（第四季）节目统计 ……………… 248
附表7　CCTV-1《新闻联播》2018年10月播出的乡村题材
　　　　新闻 ……………………………………………………… 251

CONTENTS

Preface ·· 001

Introduction ·· 001

    1. Question proposing ·· 002

    2. Current situation of the research and analysis ················· 004

    3. Theoretical perspectives ··· 016

    4. Research methods ·· 025

Chapter one Concept and relationship: rural spiritual homeland and television communication ······················ 029

  Section one The concept and the internal structure of the rural spiritual homeland ·· 029

    1. Concept definition: rural and rural spiritual homeland ········· 029

    2. The internal structure of rural spiritual homeland ·············· 039

    3. The multiple dimensions of cognition of rural spiritual homeland ·· 042

  Section two The influence factors on the cultural fields of rural ······ 054

    1. The capital ·· 055

    2. The internal factors ··· 058

    3. The media factors ·· 065

  Section three The cultural identity of television in cultural construction ··· 069

1. Television communication in media reform 069
2. Rethinking about television communication 076
3. The cultural identity of television communication 081

Chapter two Value configuration: the cognitive construction of rural spiritual homeland 086

Section one The contemporary context: the realistic view of rural spiritual homeland construction 086

1. Social transformation: the realistic view of rural spiritual homeland 087
2. Cultural shock: the loss of value of rural spiritual homeland 088
3. Insistence on value: the multiple contexts of rural cultural heritage 091

Section two Meaning-mechanism: the location in the communication of rural spiritual homeland 095

1. Cultural coordinates: the value connotation of rural spiritual homeland 096
2. Value system: the practice of meaning interaction in memory 105
3. The reconstruction of meaning: the narratives of *The homesickness to memory* 108

Section three Value integration: the connotative expression of rural spiritual homeland 110

1. The building of context: the origin of culture of spiritual homeland 110
2. The pome-like mood: the aesthetic expression of value connotation 113
3. Value integration: the communication strategy of value connotation 117

CONTENTS

Chapter three Visual presentation: the perceptual construction of rural spiritual homeland ······································ 123

Section one Spatial configuration: the symbolic representation of rural spiritual homeland ···································· 124

1. Rural physical space on TV ································· 124
2. Rural social space on TV ···································· 128
3. Rural cultural space on TV ·································· 131

Section two Image construction: the concrete perception of rural spiritual homeland ···································· 136

1. Grammatical logic: the mechanism of image production on TV ··· 136
2. Media image: the TV presentation of the image of rural spiritual homeland ·· 144
3. Image perception: the audience reception of the image of rural spiritual homeland ·· 147

Section three The integration of appearance: the strategies of images of the construction of rural spiritual homeland ········· 154

1. Multimodal collaboration: the symbolic strategy of visual presentation ·· 154
2. Image landscape: the rhetorical strategy of visual presentation ··· 157
3. Symbolic apperception: the strategy of audience of visual presentation ··· 161

Chapter four The expression of discourse: the construction of identification of rural spiritual homeland construction ·············· 165

Section one Paradigm shift: TV communication discourse in the context of fusion ··· 166

1. The context switching of the construction of rural spiritual homeland ·· 166
2. The changes of context of television communication ··············· 171

3. The transformation of paradigm of TV communication discourse …… 173

Section two　Meaning identification: the discourse mechanism of TV
　　　　　　communication ……………………………………………… 178
　　1. The communication of discourse in the pseudo-environment … 179
　　2. The articulation of discourse for communication of differentiated
　　　consciousness elements ………………………………………… 183
　　3. The ritual view of communication: the sharing and identity of
　　　significant ……………………………………………………… 186

Section three　Discourse ecology: the discourse strategy of television
　　　　　　　communication ………………………………………… 190
　　1. Creating symbiotic context …………………………………… 191
　　2. Cultivating discourse community …………………………… 193
　　3. Perfect the dialogue mechanism ……………………………… 196

Chapter five　Reflection on construction: the rural field of vision of the development of TV communication in China's urban and rural areas ……………………………………… 199

Section one　The practice of TV communication in the vision of rural
　　　　　　field ……………………………………………………… 199
　　1. The rural issues in TV programs …………………………… 200
　　2. The current situation of TV communication in rural ………… 204
　　3. The absence of media in the rural construction …………… 206

Section two　The problems in the construction of rural spiritual
　　　　　　homeland by TV communication ……………………… 208
　　1. The others perspective in communication of rural issues …… 208
　　2. The missing of discourse of rural social principal part ……… 211
　　3. Trapped by difference in urban and rural areas in the process
　　　of TV communication …………………………………………… 214

Section three　The development of TV communication in the vision of
　　　　　　　rural field ……………………………………………… 217

1. Rural-urban integration: the center reconstruction of TV communication 218
2. Knowledge to rural regions: realize the educational function of communication in rural areas 220
3. Mutual-Feeding of cultures: the interness perspective of TV communication 222

References 225

Appendix 233

    Appendix 1 The questionnaires of TV communication, rural development and the information needs of urban and rural residents 233

    Schedule 1 Rural service programs of all provinces's TV stations ...236

    Schedule 2 Traditional culture programs of all provinces's TV stations 239

    Schedule 3 The programs related to rural issues by CCTV 241

    Schedule 4 Statistics of articles related to rural spiritual home on SOHU network from 2015 to 2018 242

    Schedule 5 Statistics of articles related to rural spiritual home on Guangming Net from 2015 to 2018 245

    Schedule 6 The program statistics of Nostalgia in Mind (season 4) in 2018 248

    Schedule 7 The rural news by CCTV News on CCTV-1 in October 2018 251

前　言

　　乡村是中华文化和中华文明生长的根基,是中华民族精神的源头活水,也是中华民族在现代化进程中时时回望、深切眷恋的家园。数千年农耕社会孕育了独有的中华文明、文化传统和民族精神。乡村是我国社会结构中重要的组成部分。在以传统农业为主体的发展阶段,乡村经济发展缓慢,乡村交通不畅、信息闭塞;村民生活贫困、观念保守,乡村宁静、贫困、落后,经济水平和物质文明远远落后于城市。在这个阶段,乡村及其生活没有得到社会广泛认同,反而"走出乡村""跳出农门""农转非"成为许多村民的人生追求。

　　改革开放后,在政府领导和国家多项惠农政策之下,乡村产业结构不断调整转型,从传统农业向小型规模化农业、自动化农业、智慧化农业转型,乡村经济结构在转型升级中逐渐多元化,基础设施更加完善,村民经济收入、消费水平有了极大提升。同时,不断加速的社会流动推动乡村社会进入结构性变迁快车道。大量年轻人从世代耕耘的土地上剥离出来,走进城市接受工业文明和城市文化的洗礼;传统封闭的乡村也开始受到来自城市的多元文化、思想观念、价值理念等的冲击。在物质生活和经济利益方面有着强烈发展意愿和内外驱动力的乡村,饱浸现代社会的特质,成为具有开放性和多元经济与文化形态的乡村社会。

　　在城市,扎根于人类物质追求和实践经验的技术理性在人类对物质富裕的追逐中逐渐从多维理性中凸显出来,并呈现单极化、极端化扩张发展态势,其对实用性、高效性和功利性的本质追求和对物化原则的崇尚,助长了实用主义、功利主义和相对主义的滋生。工业生产标准化、规范化和重复化的劳动方式消解了人的主体性，使人脱离自然的生活状态，重新陷入不自由的桎梏之中。物质发达、生活富裕的城市社会遇到了技术理性张扬下的现代性困境，城市社会中的人们迷茫于当代社会与传统文化的断裂之中，陷于精神空虚、信仰缺失、认同危机、生态失衡的危机和焦虑之中。他们开始试图反叛和逃离恶劣的城市生态环境和紧张高压的生存状态，转而寄望于以往被忽略的乡村社会，试图在乡村的文化传统和原生态自然环境中还原人的本质的自由，从实用化、功利化的技术理性中拯救自身，摆脱人的异化状态，回归中华优秀文化传统，找寻心灵栖居的家园。他们有的通过旅游、度假或阶段性居住进入乡村生活，有的抛弃城市生活，回到乡村承包土地从事农业生产和经营，成为乡村中的"新农人"。

传统乡村在现代文明的洗礼下经历着深刻的变革。乡村产业结构的调整、青壮年劳动力的输出不仅导致大量土地闲置，而且使许多乡村家庭形态变得不完整。土地空置化、家庭空心化、乡村空壳化使乡村传统文化内核消退，许多传统习俗、优秀传统文化逐渐淡化，传统艺术和技术难以再现或后继乏人。而留守老人无人陪伴和赡养问题、留守儿童的抚养及教育问题、畸形情感问题，以及邪教等非法宗教悄然活跃、"黄赌毒"现象滋生、恶性治安案件频发等现象和问题，是城乡社会的人们在寄情青山绿水时不得不面对和认真思考的问题。在历史洪流裹挟之下，现代乡村难以再续往日一隅的封闭和宁静。在城乡各界的共同关注下，在"乡愁"话语和"民族共有精神家园"视域下，乡村不得不在更宽广的面向中寻找和建构更广泛的空间认同和文化认同，关注乡村、建设乡村，以及共建美好乡村精神家园是时代和社会发展的必然诉求。

近十年来，乡村在时代话语、国家话语和政策话语中进一步得到强化和提升，也较以往更多地呈现于媒体传播实践中。通过媒体传播和建构的乡村，其精神家园呈现怎样的价值内涵和形象特征，怎样实现意义的生产、流通与认同呢？本书以电视媒介为研究对象，探索乡村精神家园的媒介化建构问题。

"精神家园"是能够给予人们家园感受的精神文化，它建立在文化认同基础之上，具有广泛认同性、稳定性和持久性。"乡村精神家园"指的是什么呢？研究首先需要对这一概念进行阐释。近年来，在媒体的新闻报道和政府的工作报告中，乡村的"精神家园"得到了较多的提及和关注。"精神家园"被作为一种修辞应用于相关工作的报道或总结中。本书认为，"乡村"扎根于乡土文化之中的中国社会，是城乡社会共有的"精神原乡"。故此，作者所提出的"乡村精神家园"这一概念，"乡村"是"精神家园"的修饰限定词语，特指在乡村社会基础上形成的，反映乡村社会文化、价值理念、哲学思想的精神文化。乡村精神家园处于人类文化的深层结构中，通过人类的物质文化、行为文化、制度文化等表层文化形态显现出来，并与外部其他文化系统发生交往和产生互动。"乡村精神家园"既是村民的精神家园，也是城乡社会共通的精神家园。

人们在现实生活中常从多种维度来认知和阐释"乡村精神家园"。如从地域范围角度，认为"乡村精神家园"是乡村/村民的精神家园，这是一个比较微观的视角；还有从城乡互动视角，认为"乡村精神家园"是城乡共享的乡村文化及精神家园，这是一个中观的认知和理解视角；也有从民族共有精神家园视角，把"乡村精神家园"当作"民族共有精神家园"内涵之一，这是一个宏观的视域。在跨文化实践和研究视域，人们也常常把"乡村精神家园"作为民族文化与中国精神的具体体现之一。本研究从宏观视角对"乡村精神家园"内涵进行了分析和阐释，并深入剖析了乡村精神家园的结构层次，指出乡村精神家园具有明确的地域空间指向性、认同性、历史性、民族性和时代性特征。同时，进一步确定了电视媒介建构乡村精神家园的内在逻辑。

在本研究开展过程中，电视媒介正遭遇前所未有的市场冲击，新型媒体如雨后春笋般层出不穷，并迅速迭代更替。人类传播进入全面加速阶段，信息传播系统、运行模式以及传播各环节都发生了深刻变革。在乡村，电视媒介不再一枝独秀，智能手机、互联网提供的多种信息传播渠道丰富了乡村文化的呈现方式，也深刻变革着人们的生活和生产方式；新型媒体还积极参与到乡村文化的建构之中。在研究中，作者反复思考以电视媒介作为研究对象来探讨"乡村精神家园建构"这一议题的合理性问题，甚至回到原点重新思考"电视是什么"。通过对自媒体、社交媒体、互联网媒体、新闻 App 等多种平台上相关信息的收集、整理和分析，研究发现，乡村个体（村民、干部等）通过自媒体、社交媒体对乡村进行自我表达及传播的信息感性化、碎片化、随机化，从整体上看，这些乡村个体的自我传播虽然已经形成一种新的文化现象，但在乡村精神家园的媒介建构方面作用还较为有限。互联网媒体等对乡村的关注比较少，传播的信息数量不多，鲜有专门围绕乡村制作的具有相对稳定传播周期的专栏或节目，相关内容选择突出猎奇性、趣味性、事件性，成长于市场竞争中的互联网媒体等缺乏建构乡村精神家园的主动意识和责任意识。

通过对全国省级及以上电视台近三年播出节目的收集整理发现，中央电视台及各省的多个电视频道都开办了大量的乡村类节目或栏目，其中既有新闻报道，也有专题类节目，还有公益性的节目或活动等，这些节目既报道乡村、服务乡村，也深入挖掘和阐释乡村文化内涵，如中央电视台播出的《记住乡愁》、内蒙古广播电视台蒙古语卫视频道播出的《索艺乐》、福建电视台乡村振兴·公共频道播出的《风物福建》等。因此，从民族共有精神家园这一视角出发研究媒介对乡村精神家园的建构问题，电视媒体传播仍具有较强的典型性。本研究以电视媒介的传播为研究对象，考察媒体如何在其信息传播中对乡村精神家园进行价值构型、视觉呈现和话语表达，从而实现对乡村精神家园从内涵到形象的媒介建构。而媒介形态、结构体系、覆盖范围、传播模式，以及媒介运营、传播者身份等对乡村文化产生的影响不在本研究考察范围内。

"文化是一个国家、一个民族的灵魂。"[①] 精神家园属于社会文化结构中的观念文化（亦"精神文化"）范畴，而无论是内化于心还是外化于形的精神文化，其核心要素都是价值观念。精神文化中所蕴含的世界观、价值观、道德标准以及法律规范等可以引导社会确立思维范式、共同理想和行为规范，从而使社会成员在思想和行为上保持协调一致，为社会生活、社会交往和劳动实践提供思想和行为模式。作为观念的集合，精神文化还具有凝聚社会共识、统一社会行为目标的重要作用。媒体传播实践及

[①] 习近平：《决胜全面建成小康社会 夺取新时代中国特色社会主义伟大胜利——在中国共产党第十九次全国代表大会上的报告》，中华人民共和国中央人民政府网站，http：//www.gov.cn/xinwen/2017-10/27/content_5234876.htm，最后访问日期：2020年10月11日。

其成果是人类精神文化的重要组成部分之一。媒体传播关注不同地域、不同民族、不同群体的行为特点、风俗习惯、观念信仰等，表现人类多样性的文化样式及其内涵；通过多种文化的表达、理解、反思及互动所创造出的独特媒介文化，为社会建构了精神层面的生活图景，潜移默化影响了人们的生活方式、情感体验、生存态度及理想信念。在国家实施乡村振兴战略和区域协调发展战略背景下，基于城乡共享、民族共有视域思考乡村文化振兴、乡村精神家园建设，尤其是媒体传播在乡村文化建设中的作用具有重要的现实意义。

乡村，是中华儿女心中深沉的文化情结，它既是现实的，也是意象的；它既在触手可及的眼前，也在余韵悠长的诗中，更在殷殷瞩望的现在和将来……

愿乡村，更美好！

戴　蔚

2020 年 8 月 28 日

绪　论

　　乡村是中国社会的底色，乡土是中国文化的母体。作为传统农业大国，中国有着数千年农耕社会的历史积淀。费孝通先生认为，从基层上看去，中国社会是乡土性的。乡村社会安土重迁、生活安定、依赖农耕、尊崇传统、服膺礼治。乡村独特的自然环境和以农业为基础的生产生活，以及乡村特有的风俗习惯、人情礼俗、农忙农闲等文化因素，在经验文化模式基础上生成的稳固的价值观念体系等，构成了乡村的精神家园。在现代社会发展进程中，我国城乡自然环境、文化环境都发生了深刻的变化；在"乡愁"话语和"民族共有精神家园"建设视域下，乡村在国家话语和政策话语中得到更加突出的强调，乡村精神家园也得到了更广泛层面上的社会关注和认同。

　　当前，乡村精神家园建设主要体现为现实层面的建设，即在政府部门及各级基层组织领导下开展的乡村经济建设、文化建设、生态建设等。通过媒介建构和传播乡村精神家园还存在不足。新媒体环境下，乡村文化传播由以往主要靠报纸、广播、电视等媒介转变为多种媒介和传播模式融合，互联网新闻媒体、手机新闻媒体以及微信、抖音等社交媒体也成为乡村文化传播的渠道和平台。除此之外，乡村村民也经常通过微博、微信公众号、朋友圈以及抖音等进行信息传播，这些都成为了乡村文化传播活动中新的传播主体。但是，由公众个人进行的乡村文化传播具有随机性、无规律性和主题、内容随意性的特点，在此，本书不对其进行考察和评价。通过对专业化或组织化媒体机构所传播的乡村议题进行分析，发现媒体传播的乡村议题集中在以下几个方面。（1）对乡村精神家园、乡村文化建设的理论性阐释。如《保护传统村落的"活态文化"》[①]《加强非物质文化遗产保护 建设中华民族共有精神家园》[②]《全域旅游大背景下对乡村旅游的深层思考》[③]《乡愁是我们共同的文化基因》[④] 等。（2）对乡村精神家园建设和相关工作的新闻报道。如《打造文化地标和精神家园 我省建成1万家农村文化礼堂》[⑤]《路桥——文化礼堂助力乡村振兴》[⑥] 等。（3）服务乡村经济发展的相关知识需求。如电视节目《科技苑》《致富经》（CCTV-7）等。（4）乡村传统文化、特色文化的传播和挖掘等。如《乡土》（CCTV-7），《拾遗保护》（天津电视台科教频道），《非遗中国·重庆瑰宝》（重庆电视台公共农村频道）等。（5）以乡村历史故事、改革创业，以及村民的生活、爱情等为题材进行的影视剧创作等，如《大村官》（2014，浙江永乐影视制作有限公司），《乡村爱情》系列电视剧（2006～2019，本山传媒）等。在乡村精神家园得到社会多元化群体广泛关注的背景下，媒体传播的这些纪实性，或表现性、服务性、理论性的议题传达出乡村精神家园什么样的价值体系，建构了乡村精神文化什么样的内涵，又如何实现不同文化群体的意义交流与认同呢？本研究选择电视媒介为研究对象，分析研究其对乡村精神家园的媒介建构问题。

一 研究问题的提出

党的十九大提出要实施乡村振兴战略，文化振兴是其中重要一维。习

[①] 冯蕾、龙军、钟超：《保护传统村落的"活态文化"》，《光明日报》2015年11月15日，第2版。

[②] 周和平：《加强非物质文化遗产保护 建设中华民族共有精神家园》，《中国文化报》2012年6月22日，第7版。

[③] 邢晨声：《乡愁是我们共同的精神家园——全域旅游大背景下对乡村旅游的深层思考》，《中国文化报》2016年5月5日，第10版。

[④] 尚德琪：《乡愁是我们共同的文化基因》，《甘肃日报》2014年9月17日，第3版。

[⑤] 陆遥、王婷、黄慧仙：《打造文化地标和精神家园 我省建成1万家农村文化礼堂》，浙江新闻客户端，https：//zj.zjol.com.cn/news/1036569.html？ismobilephone=1& t =1541079557348，最后访问日期：2020年10月11日。

[⑥] 葛星星：《路桥——文化礼堂助力乡村振兴》，搜狐网，https：//www.sohu.com/a/243702681_222542，最后访问日期：2020年10月11日。

近平总书记指出,"要推动乡村文化振兴,加强农村思想道德建设和公共文化建设,以社会主义核心价值观为引领,深入挖掘优秀传统农耕文化蕴含的思想观念、人文精神、道德规范,培育挖掘乡土文化人才,弘扬主旋律和社会正气,培育文明乡风、良好家风、淳朴民风,改善农民精神风貌,提高乡村社会文明程度,焕发乡村文明新气象"。[①] 在乡村文化建设中,全国各地乡村基层组织通过恢复或修建文化礼堂、文化书屋、主题馆、生态宜居的"仙居"等文化地标,引导村民传承和复兴当地各种优秀传统文化和艺术等,积极建设乡村精神家园。

随着现代社会城乡人口加速流动,乡村文化发展和建设处于与外部环境的高度互动之中。首先,大量城市居民通过旅游、度假或阶段性居住进入乡村。在城乡居民互动过程中,城市文明浸润到乡村文化之中,对乡村精神家园建设产生现实影响。其次,部分怀有想法和抱负的城市居民回到乡村承包土地,为农业生产和产品经营带来新的发展模式,以及生态、环保、绿色理念,成为"新农人"。他们带来的较为先进的发展理念和在城市生活中养成的行为习惯、消费方式、文化品位、精神追求等对乡村精神生活产生着润物无声的影响。再次,一些出身乡村在外为官或工作的知识精英心系乡土,重新返归乡村或扎根乡村成为"新乡贤",在乡村经济建设、文化建设、思想道德引领、社会和谐发展中发挥着重要作用。最后,在现代工业和城市建设高速发展中,越来越多遭遇了城市现代性病症的城市居民通过在城郊乡村租地耕种等方式走近自然和乡村生活。城乡人员的深度互动不仅使乡村精神家园建设受到了多重因素的影响,而且在更大的范围内进行着意义的交流与认同实践,也出现了来自不同主体的多样化的乡村精神文化需求。

乡土文明孕育了中华民族独有的民族文化、民族传统和民族精神,是中华文化生长的根基和中华民族精神家园的源头活水。在全球化、信息化时代,多元价值和理念既开阔了人们的视野,也带来了价值的芜杂和意义

---

① 申勇、马立飞、李铮、石伟明、章猛:《习近平参加山东代表团审议》,央视网,http://news.cctv.com/2018/03/08/ARTIKUDOg9z61J5q28fd2lpE180308.shtml,最后访问日期:2021年5月3日。

的迷茫，形成了文化焦虑和精神家园的迷失。乡村及其文化是我国传统文化的母体，在民族文化认同和传统文化传承中有着独特的价值和作用，是我国民族共有精神家园的重要内容之一。在新的历史发展时期，乡村精神家园的认知主体多元化、价值需求多样化、意义认同广域化。在多维视野观照下，乡村精神家园不再局限于乡村一隅的意义体系，而是凝聚民族共识、增进民族认同的重要文化内容之一。媒介对乡村精神家园的建构与传播，有利于促进乡村优秀文化的社会共享，有助于推动城乡文化和各民族文化的交流与沟通，以及我国优秀传统文化和民族精神的传播与传承，有助于构建乡村精神家园超越性、理想性价值。

本研究以电视对乡村精神家园的媒介化建构为研究对象，在分析乡村精神家园概念基础上，基于民族共有视域，研究电视媒介对乡村精神家园的建构所表现出的文化理念，以及该文化理念如何在电视媒介的建构中生成，电视媒介在乡村精神家园的建构中进行价值判断和选择的思维路径是什么，通过建构传达出什么样的乡村媒介形象，电视传播如何在广域的社会空间实现对乡村精神家园的认同性建构，乡村精神家园的电视媒介建构机制及建构策略等。同时，本研究还将结合电视传播在新媒介环境下的创新实践，对乡村精神家园电视媒介建构中存在的问题，以及电视传播在乡村社会的发展进行反思；思考电视传播在乡村的发展路径，以及服务乡村精神家园建设及其他建设的路径。

二 研究现状及分析

（一）涉及乡村议题的电视传播研究

电视研究是新闻与传媒研究的重点内容之一，中国知网（CNKI）全文数据库收录情况显示，2001年以来，每年发表的主题与"电视"相关的各类文献数量一直保持在10000件以上。在检索到的331294件文献中，新闻与传播领域的研究成果有147753件，以电视行业创新发展、数字媒体、电视新闻及节目的创新发展、媒体融合等为热点，重点探讨新媒介环境下，电视产业融合新型传媒技术的创新模式及经营策略。

涉及乡村议题的电视传播研究是电视研究的重要内容，大致经历了三个发展阶段。1980~1992年，是研究的起步阶段。在这个阶段，我国电视事业处于"文革"后的恢复时期，电视信号主要靠微波传输，电视媒介在乡村普及范围有限，还未真正进入乡村社会生活中，其传播功能在乡村还未得到发挥，因此，这个时期的电视研究主要涉及三个方面的内容：一是对电视新闻、电视节目、电视剧等内容进行业务探讨和研究；二是对电视技术、标准、规程，以及差转台等的建设进行的技术和业务研究；三是对电视教学、教育的研究，尤其是如何利用电视对乡村的农业生产进行服务的研究。相对于后两个阶段的研究，起步阶段涉及乡村议题的电视传播研究数量较少，研究视野也较为局限，主要集中在电视技术、电视化教学建设两个方面。

第二个阶段是 1993~2005 年，涉及乡村议题的电视传播研究还处于发展阶段。这个阶段关于电视传播与乡村发展的研究成果数量明显增多，研究视野逐渐开阔。究其原因，主要是受到以下三个方面的影响。一是从 1990 年开始，我国在乡镇一级发展电视信号有线传输，到 1993 年，乡镇有线电视基本普及，有效扩大了电视传播的覆盖面，电视传播在乡村社会生活中影响越来越大。二是彩色电视机在城镇大量普及，电视传播的画面效果得到很好的提升，有力提高了电视媒介的市场发展能力和文化影响力。但这个时期，乡村的彩色电视机普及率还非常低，"1993 年末我国彩电每百户拥有量为 89 台，其中：城镇普及率已达 80 台，农村才 9 台"[1]，且大多数乡村地势崎岖，电压不稳，电视信号弱，导致电视收视效果差，所以这个阶段电视媒介在乡村的普及、电视技术的研究和探讨仍是电视传播研究的重点之一。三是小城镇建设的兴起。这个时期，地方政府开始配合小城镇建设加速发展乡村广播电视事业，加速扩大广播电视在乡村的覆盖面。电视覆盖到乡镇极大地推动了相关电视节目的发展，如《乡间彩虹》（江苏电视台，1992）、《黄土地》（山西电视台，1995）、《乡村发现》（湖南卫视，1995）等乡村题材的电视节目相继创办，一些学者针对电视传播在乡村的发展状况提出了"电视节目应向农村观众倾斜"[2]、应多一些农村题材的公益广告、电视农村报道应具有贴近性等更加具体的电

---

[1] 严先溥：《我国农村彩电市场的现状与趋势预测》，《调研世界》1994 年第 2 期。
[2] 卫杰民、贾福中：《电视节目应向农村观众倾斜》，《电视研究》1995 年第 7 期。

视节目发展观点。电视传播对于乡村社会和经济发展的功能、作用等开始凸显并受到学者关注,产生了一些研究文章,如《农村电视传播与中国当代电视文化》①《电视文化传播及其在新农村建设中的作用》② 等。

第三个阶段是 2006 年至今,为涉及乡村议题的电视传播研究提升阶段。我国在 1998 年启动了广播电视发展的"村村通"工程;2011 年下半年,国家正式利用卫星"中星 9 号"面向乡村地区发展"户户通"卫星直播电视(DTH)服务,从根本上解决了乡村电视信号接收难的问题,彻底实现了广播电视公共服务城乡均等化。电视信号在乡村基本实现全面覆盖,电视传播在乡村社会生活、文化建设中的重要功能充分发挥出来,学者们开始对电视媒介在乡村社会和建设中的影响给予高度关注,并进行了广泛而深入的研究。这首先表现为成果数量上的飞跃式发展,2006 年,涉及乡村议题的电视传播研究成果较 2005 年(293 篇成果)成倍增长,达到了 600 篇,此后每年的相关研究成果发表数量保持在 500 篇以上,呈现较为稳定的状态。

其次,研究开始关注互联网在乡村的普及,以及对电视传播所产生的影响。针对新型媒体的冲击,学者们对乡村电视传播的研究主要从应对策略、发展战略等方面进行切入,探讨在融合思维下如何通过对新媒介技术的创新应用进行电视业务改革等。相关研究文章如《融合新媒体 服务新农村——〈福建三农服务网〉电视读网专栏实践之理论思考》③《新媒体时代农业电视节目的创新》④《媒介融合背景下电视"三农"报道的转型路径探究》⑤ 等,相较于其他乡村议题的电视传播研究,对新媒介环境下的乡村电视传播研究缺乏新意和活力,还处于探索和迷茫阶段。

最后,研究呈现多学科进入、多层面观照、多范式研究的局面。比

---

① 于德山:《农村电视传播与中国当代电视文化》,《中国电视》2005 年第 7 期。
② 猴博、谭英、奉公:《电视文化传播及其在新农村建设中的作用——来自全国 27 个省市区农户的调查报告》,《中国农业大学学报》(社会科学版)2006 年第 3 期。
③ 吴杰、林望:《融合新媒体 服务新农村——〈福建三农服务网〉电视读网专栏实践之理论思考》,《东南传播》2006 年第 8 期。
④ 李旭:《新媒体时代农业电视节目的创新》,《农家参谋》2015 年第 9 期。
⑤ 梁媛、王娜:《媒介融合背景下电视"三农"报道的转型路径探究》,《新闻界》2016 年第 2 期。

如，探索广播电视乡村公共文化服务体系建设及其模式，相关研究文章如《健全农村广播电视公共服务体系——基于四川省的案例分析》等①；从新闻学角度研究乡村电视事业、频道及节目的发展，相关研究文章如《农村题材电视节目的导引机制》②等；从传播学角度研究乡村受众电视收视的特点、乡村人员的媒介素养以及电视传播的效果，相关研究文章如《电视法制节目农村传播效果实证研究——以湖北省武汉市黄陂区周边农村为例》③等；从社会学视域研究电视传播对乡村社会变迁、社会流动、社会发展以及社会成员的影响，相关研究文章如《"电视下乡"：新时期国家整合乡村社会的逻辑》④《城市化倾向的电视节目对农村儿童成长的影响——一项社会学的分析》⑤等；从文化学角度研究电视对乡村文化、传统文化的影响，相关研究文章如《电视媒体与贵州苗族、侗族乡村传统文化的维系》⑥等。许多学者还深入乡村，调研电视在乡村传播的相关现象和问题，形成了许多有价值的调研成果，如《电视与屯堡社会——一个贵州汉族亚文化族群的受众民族志》⑦《加强市场调研 提升农业类电视节目影响力——基于对江西农村电视受众的调查》⑧等。总的来说，在提升阶段，乡村议题的电视传播现象及问题得到了学界较多的重视，学者们从不同的学科角度对电视传播进行调查、研究和批判，开辟了多向度的研究路径，引入了社会学、民族学、人类学等多种研究范式，提供了多元化的理论思考和研究成果，为进一步深入研究扩宽了视野、丰富了研究

---

① 杨飚：《健全农村广播电视公共服务体系——基于四川省的案例分析》，《西南民族大学学报》（人文社会科学版）2009年第1期。
② 詹恂、母华：《农村题材电视节目的导引机制》，《新闻界》2007年第1期。
③ 李烨、蒋全福：《电视法制节目农村传播效果实证研究——以湖北省武汉市黄陂区周边农村为例》，《中国报业》2015年第22期。
④ 费爱华：《"电视下乡"：新时期国家整合乡村社会的逻辑》，《学海》2012年第5期。
⑤ 王晋：《城市化倾向的电视节目对农村儿童成长的影响——一项社会学的分析》，《教育理论与实践》2013年第28期。
⑥ 李欣欣、曹好：《电视媒体与贵州苗族、侗族乡村传统文化的维系》，《中南民族大学学报》（人文社会科学版）2011年第2期。
⑦ 陈瑶：《电视与屯堡社会——一个贵州汉族亚文化族群的受众民族志》，硕士学位论文，中国传媒大学，2008。
⑧ 陈旭鑫、黄娟：《加强市场调研 提升农业类电视节目影响力——基于对江西农村电视受众的调查》，《电视研究》2008年第12期。

思路。

民族志研究方法是研究中普遍采用的方法。美国学者柯克·约翰逊（Kirk Johnson）在其博士学位论文《电视与乡村社会变迁：对印度两村庄的民族志调查》中，较早将民族志研究方法应用于大众传媒研究，他通过参与式观察和深度访谈，在深入考察印度乡村生活的社会语境、电视在乡村社会变迁中所发挥的作用以及对乡村文化的影响基础上，全面系统地分析了电视媒体对乡村政治、经济、社会各领域的影响，填补了这一研究领域的空白。我国学者孙秋云把实地调查的第一手资料汇集成书——《电视传播与乡村村民日常生活方式的变革》，书中集中呈现了我国中西部地区乡村社会电视传播及电视文化图景，展现了电视在乡村休闲、娱乐、消费、人际交往、婚姻爱情观、生育和抚养、儿童及青少年教育、老年休闲、乡村政治、国家政策传达、村庄治理等各个方面所产生的重要影响，并提出了对于乡村大众传媒文化传播和建设的建议。此外，郭建斌的博士学位论文《电视下乡：社会转型期大众传媒与少数民族社区——独龙江个案的民族志阐释》，李春霞的博士学位论文《电视与中国彝民生活——对一个彝族社区电视与生活关系的跨学科研究》，张斌的博士学位论文《大众传媒与少数民族乡村政治生活：对湘黔桂毗邻边区三个民族村寨的民族志调查与阐释》等都是民族志研究的优秀作品。

（二）乡村精神家园研究

1. 对"精神家园"的研究

我国对"精神家园"的学术研究集中在文学研究领域。据中国知网（CNKI）数据库文献资料，20世纪80~90年代刊发的研究文献，主要是对文学作品中所表现的精神家园进行研究分析，极少关注现实层面的"精神家园"，21世纪后，关注现实层面"精神家园"的相关研究才逐渐丰富起来。较早关注现实精神家园问题的文献，如1999年徐兵的《数字化时代与精神家园》短文，对数字时代所创造的虚拟的非自然物在精神上对人的麻痹、控制进行了反思并表达了担忧。2000年，霍秀媚在其《重建精神家园——国人的现实选择》一文中明确指出，在物质生活水平得到提高后，人们在精神生活上遭遇了信仰、情感危机，并逐步失却了精神家园。她认为，我们所面临的问题并不是民族性和地域性的，而是一个广域的世界性问题,"建造精神家园的问题就成了中国在向现代化迈进过程中不能绕开的路障。并且,我们也不能随手拿起西方非理性主义思潮武器,我们只能从中国的国情出发,以中国人的传统文化为基础,去构建中国人的精神家园"。① 学者华丽认为,后现代主义对人文精神重建有重要意义,有利于人类寻找失落的精神家园。②

2006年,主题为"精神家园"的文献数量达到1458篇,相比2005年相关文献数量(867篇)几乎增长一倍,比20世纪90年代所有相关文献数量之和(1198篇)还要多。这个时期"精神家园"研究之所以得到学界重视,一方面是由于我国在现代化发展进程中,精神空虚、信仰危机、道德滑坡等社会问题越来越突出,引起社会和学界(尤其是哲学社会科学界)的广泛关注和担忧;另一方面,2006年召开的党的十六届六中全会明确提出了"构建社会主义和谐社会"的目标任务,"精神家园"构建已经成为我国改革发展中重要的议题。因此,从2006年开始,对精神家园的研究不再局限于文学领域的虚构和浪漫,而是更多触及社会现实层面,如《"消费异化"与精神家园的失落》③《构建老百姓的精神家园》④《转型期对精神家园重构的思索》⑤ 等。

对精神家园问题的研究,西方学者主要采用了宗教和非宗教两种不同路径:宗教路径的研究主要结合具体案例,以西方传统的宗教思维模式来分析有关精神家园的现象和问题;非宗教路径的研究主要从哲学、文化、意识形态、地理等多维度研究精神家园的概念、内涵、功能等基本理论问题,并着力探讨和论证精神家园、文化认同等对于个体、民族和国家发展的重要性问题,以及影响精神家园、文化认同建构的相关因素,如教育因素等。我国学者对精神家园的研究主要从两个维度来延展。一是关于精神家园本体论的研究,即对精神家园、民族共有精神家园的内涵、特点、功

---

① 霍秀媚:《重建精神家园——国人的现实选择》,《大连干部学刊》2000年第5期。
② 华丽:《寻找失落的精神家园——后现代主义与人文精神的重建》,《阜阳师范学院学报》(社会科学版)2001年第5期。
③ 赵艳:《"消费异化"与精神家园的失落》,《理论界》2006年第12期。
④ 周孝正:《构建老百姓的精神家园》,《学习月刊》2006年第9期。
⑤ 郑学琴:《转型期对精神家园重构的思索》,《湖南科技学院学报》2006年第4期。

能等进行学理界定和内部关系的梳理,为应用研究等提供扎实的理论基础。二是重点对如何建构中华民族共有精神家园进行路径探索和应用研究,研究涉及中华民族共有精神家园的思想渊源、文化传统、价值体系、建构原则和方法路径等多个方面。

2. 对"乡村精神家园"的研究

"乡村精神家园"这一概念近年来不断在报纸期刊上被提及,媒体在刊发的文章中提出应该"打造""构建""共建""重建"乡村精神家园。在报刊上发表的相关主题的文章,大部分是从乡村社会的文化实践视域出发,报道和简要分析在乡村建设的"文化礼堂""历史文化长廊""文化墙""农家书屋""文艺院坝",以及组织的"农村文艺展演"等活动,并提出应以这些文化实物建设、文化活动组织为载体建设乡村精神家园。如《共建村民们的精神家园——绍兴县乡村记忆基地成为重要文化场所》[1]《建100个文化酒堂 筑乡村文化阵地》[2]《"众说舞台"构建乡村精神家园》[3]。在期刊发表的文献,一部分延续了文学视域的观照,以文学作品创作及解读来分析存在于创作者意识和作品思想中的乡村精神家园意识,以及通过文学来表达对乡村精神家园的咏叹和寻求,如《失落与追寻:精神家园的延续言说——评贾平凹的新作〈高兴〉及其它》[4]《人文精神的彰显,精神家园的追寻——论张立〈一个打工农民的死亡标本〉和张扬〈落叶归根〉》[5] 等。这些研究对象虽然是虚构叙事的文学作品和作家个体创作行为,但从不同角度反映了人类对"精神家园"的理想和价值诉求,对现实社会的精神家园研究和建构有着重要的启示和参考价值,值得学习借鉴。还有一部分文献试图从理论上分析总结或探索乡村精

---

[1] 何力迈、祝安钧、金剑栋:《共建村民们的精神家园——绍兴县乡村记忆基地成为重要文化场所》,《中国档案》2012年第6期。
[2] 肖莎莎、何以根、杨龙:《建100个文化酒堂 筑乡村文化阵地》,《西江日报》2014年3月2日,第2版。
[3] 王加卿:《"众说舞台"构建乡村精神家园》,《赣南日报》2017年6月11日,第3版。
[4] 李旭:《失落与追寻:精神家园的延续言说——评贾平凹的新作〈高兴〉及其它》,《理论与创作》2008年第1期。
[5] 苗珍虎:《人文精神的彰显,精神家园的追寻——论张立〈一个打工农民的死亡标本〉和张扬〈落叶归根〉》,《电影文学》2008年第21期。

神家园的构建方式，如《重建精神家园：乡村教育的文化使命》[①]认为乡村教育对于乡村文化重建负有重要使命；《当代中国农民共有的精神家园及构建途径》[②]认为在大力发展农村经济基础上，应该以乡村优秀传统文化为根基，借鉴吸收其他有益文化，构建具有现代气息的先进文化，推动农村文化的发展繁荣。《转型期农民精神家园建设的价值、路径与方法》[③]提出农民精神家园建设的几个路径：培育农民的实体家园感、安居乐业感、亲情和友情归属感、自我成就感、文化认同感、政治认同感。

精神家园是人类自我建构的生命意义、价值理想和信念追求，虽然它只是一种实在的精神存在，但也常常通过人们的思维方式、行为选择和文化活动外化出来，体现出一个个体或一个民族、一个时代的精神状态和价值理念。通过检索CNKI数据库发现，2006年之后，乡村文化建设成为学术界研究和关注的热点，相关成果数量众多（见图1）。学者关于乡村社会变迁对乡村文化、精神家园的影响给予了高度关注，对乡村文化在遭遇现实困境和迷失中的发展变迁、价值重构进行了深刻思考，并广泛而全面地研究了乡村文化的保护、传承、传播问题，以及乡村文化的价值内涵、存在意义、社会功能、文化生态和作为区域文化软实力的相关问题。如《乡村文化传播》[④]《乡土社会变局与乡村文化再生产》[⑤]《乡土文化：内涵与价值——传统文化在乡村论略》[⑥]《重塑乡村生活意义与乡土文化价值》[⑦]等。

当代村民在价值观方面的迷茫与危机，以及社会主义核心价值观在乡村社会的传播与构建也是学者们关注的重要问题。如《农民价值观的类

[①] 王明、李太平：《重建精神家园：乡村教育的文化使命》，《当代教育科学》2012年第1期。
[②] 史成虎：《当代中国农民共有的精神家园及构建途径》，《广州社会主义学院学报》2012年第1期。
[③] 匡和平：《转型期农民精神家园建设的价值、路径与方法》，《西安建筑科技大学学报》（社会科学版）2013年第5期。
[④] 沙垚：《乡村文化传播》，《新闻与传播研究》2015年第12期。
[⑤] 李佳：《乡土社会变局与乡村文化再生产》，《中国农村观察》2012年第4期。
[⑥] 艾莲：《乡土文化：内涵与价值——传统文化在乡村论略》，《中华文化论坛》2010年第3期。
[⑦] 李晓明：《重塑乡村生活意义与乡土文化价值》，《长白学刊》2012年第4期。

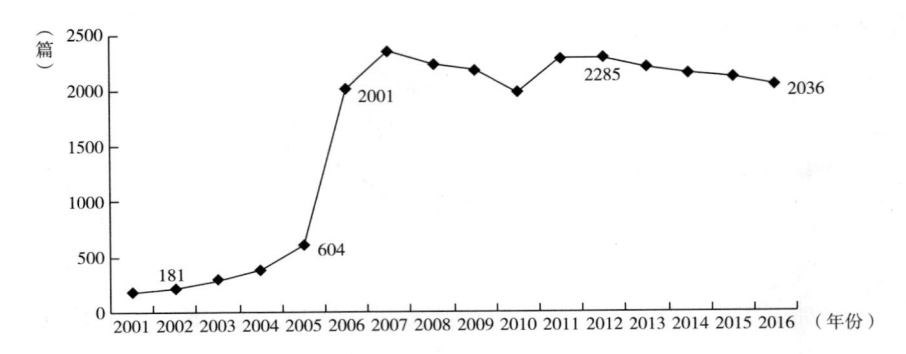

图1 2001~2016年乡村文化研究成果发表数量

资料来源：作者根据CNKI数据库中的相关资料制作。

型及相互关系——对当前中国农村严重伦理危机的讨论》[1]一文，深刻剖析了农村伦理危机产生的原因，并试图从不同的个体价值或需求的相互关系中寻求村民本体性价值重建的路径。《论农民价值观的现状与发展——以赤壁市L村为例》[2] 以具体的乡村为案例，全面分析了该村农民在对待土地、生育、婚姻、教育、养老等方面所秉持的价值观念以及存在的问题，并进一步提出解决建议。类似的文章还有《城乡一体化背景下农民价值观由传统向现代的转型》[3]《现代化进程中的农民价值观变迁及其重构研究》[4]《流行文化对农村青少年价值观的影响研究——基于两所农村中学的调查》[5] 等。

除文学、文化学、人类学、社会学、民族学等学科外，经济学、信息科学、心理学、地理学等学科也涉及对乡村精神家园的研究，体现出多学

---

[1] 贺雪峰：《农民价值观的类型及相互关系——对当前中国农村严重伦理危机的讨论》，《开放时代》2008年第3期。

[2] 何莉：《论农民价值观的现状与发展——以赤壁市L村为例》，《湖北经济学院学报》（人文社会科学版）2013年第11期。

[3] 唐萍：《城乡一体化背景下农民价值观由传统向现代的转型》，《学术论坛》2016年第4期。

[4] 艾萍：《现代化进程中的农民价值观变迁及其重构研究》，《商丘职业技术学院学报》2016年第4期。

[5] 岳璐、蒋超：《流行文化对农村青少年价值观的影响研究——基于两所农村中学的调查》，《青年探索》2013年第4期。

科、多角度、多范式的宽广研究视野和学术路径。如在《信息技术应用对农村居民行为空间的影响——以河北省无极县为例》[①] 这一研究成果中，学者丁疆辉、刘卫东从地理学角度对信息技术的应用与村民社会交往空间的关系进行了研究。学者阮荣平、郑风田、刘力从宗教政治经济学视阈进行"村民自治背景下农村社区信仰异质性对公共物品供给影响及政策研究"，从参与决策的角度探索宗教信仰与公共福利政策的关系。[②] 学者刘济群、闫慧从信息管理学视野出发，基于甘皖津三地的田野调查资料，研究农村女性的信息搜寻行为，研究认知水平、生活角色以及生活环境对其信息搜寻行为的影响，并在此基础上试图构建农村女性搜寻行为的理论模型。[③]《亲子沟通对农村留守儿童的行为问题的影响：希望感的调节作用》[④] 一文则运用心理学研究方法，检验希望感在农村留守儿童亲子沟通与行为问题的关系中所起的作用。

(三) 研究现状分析

通过对文献资料的梳理和总结可以看到，无论是乡村议题的电视传播研究，还是乡村精神家园研究，学者们都进行了较为全面而深入的探索，形成了非常丰富且显著的成果，它们为本研究提供了宝贵的资料借鉴和研究启发，相关研究也尚存进一步思考和深入探索的空间。

1. 对乡村电视传播研究的思考

从早期的电视技术乡村建设、技术覆盖到电视传播业务、媒介功能的探索，再到学界多学科、多范式、多角度的全面关注和研究，仔细分析这些研究成果，可以发现：大多数新闻学、传播学研究一直因循发展传播学的研究范式，研究中将电视视为技术工具，预设以城市生活为中心的电视节目、电视文化具有先进性和优越性，认为乡村社会及其居民是落后的、

---

① 丁疆辉、刘卫东：《信息技术应用对农村居民行为空间的影响——以河北省无极县为例》，《地理研究》2012 年第 4 期。
② 阮荣平、郑风田、刘力：《宗教信仰对农村社会养老保险参与行为的影响分析》，《中国农村观察》2015 年第 1 期。
③ 刘济群、闫慧：《农村女性居民信息搜寻行为研究——甘皖津三地的田野发现》，《图书情报知识》2015 年第 1 期。
④ 杨青松、周玲、胡义秋、朱翠英、孙焕良：《亲子沟通对农村留守儿童的行为问题的影响：希望感的调节作用》，《中国临床心理学杂志》2014 年第 6 期。

愚昧的，是需要被改造、教化和建构的对象，是"先进的""优越的"电视文化毫无疑问的接受者、受益者，突出电视推动乡村变革以及乡村现代化发展的作用。这种认识误区，不仅弱化了乡村社会及其居民的主体性，以及农耕文化的价值和生命力，而且形成了长久以来乡村电视传播研究局限于功能性、表面性的研究范式：对电视传播进行"输入"式单向度的传播行为考察，重点研究电视传播对乡村社会及其文化的影响和建构作用，而对于媒体在城乡及社会各层面的交往中应该扮演什么角色、发挥什么样的职责没有足够重视。同时，在研究中，乡村文化总是被有意无意地置于与城市社会隔膜化、断裂化的处境，作为落后、愚昧的文化被边缘化；在以城市为中心的乡愁文化传播中，乡村又进一步被抽象化、小资化，成为城市社会的消费对象。因此，在研究乡村精神家园的电视媒介建构问题时，要调整研究范式问题，即去城市中心主义思想，重视乡村及其文化的主体性，及其对中华民族传统优秀文化建设的作用，重视乡村精神家园在中华民族共有精神家园中的重要作用，将城市与乡村看作两个平等的主体，围绕电视传播在城乡社会关系中的媒介作用，探索电视传播的意义生产与乡村文化的互动，"化解社会各阶层之间的传播沟壑，实现城乡之间理想的沟通状态"[①]，建构具有广泛认同性的乡村精神家园。

2. 对乡村精神家园研究现状的分析思考

乡村精神家园的重构已经成为当今社会的共识，因此，在实践和理论层面都有诸多探索。在实践层面，当地政府主导进行了"文化舞台""文化礼堂"的打造，这种公共文化平台的打造对营造乡村文化氛围、建构精神文化价值起到了一定的作用。当前这种公共文化平台分静态和动态的两种，静态的如历史文化长廊、红色文化记忆墙等，它们成了该乡文化的标志性符号，有助于形成乡村标志性文化，但难以成为村民生活的互动文化元素；动态的公共文化平台如文化礼堂、舞台等，这些空间搭建之后的建设、运行以及管理机制如何建立，文化内容如何生产，生产什么样的文化意义，才能使之真正成为村民的精神家园，是值得进一步深思的问题。

---

① 李红艳：《乡村传播学概念解析——兼论乡村传播学与发展传播学之异同》，《新闻界》2008 年第 6 期。

绪　论

对乡村精神家园的理论研究主要从文学研究和现实研究两个维度展开。现实维度上，学者们从乡村文化、价值观念、行为方式等多个层面入手，集中于现象研究和理论分析，对策性的、建构性的研究虽然有一定的成果，但提出的对策一方面大多较为空洞、抽象，与现实社会对接的实践性和可操作性弱，难以付诸实践和解决目前乡村的精神家园建设困境；另一方面，多数研究者严重忽略乡村及其文化的主体性，主要从行政思维出发探索对乡村社会及其文化进行现代改造，策略思考主要依赖国家行政决策和政府力量，具有不确定性且难以落地，没有充分发挥乡村人民的主体性和创造性，乡村文化的价值和意义没有真正得到重视和主体性发挥。如《现代化进程中的农民价值观变迁及其重构研究》一文提出两条重构路径：宣传社会主义核心价值观，挖掘中华民族的优秀精神价值内涵[①]。《重塑乡村生活意义与乡土文化价值》除同样认为应该用社会主义核心价值观引领乡村文化之外，还指出"乡风文明"应当是乡村社会生活的价值引导，可以用乡村教育塑造新型农民、统筹城乡文化发展、缩小城乡文化差距[②]。

在乡村精神家园建设实践和理论研究中出现以上问题，主要与人们对乡村社会的认知局限有关。尽管在古往今来的文学作品中乡村叙事和乡村精神家园的书写并不鲜见，尽管乡愁已经成为全民族共同的情感怀想，但现实中人们总是习惯性地将乡村与城市从空间、文化、思想上区隔开来，狭隘地将乡村精神家园看作村民或乡村的精神家园，在以城市为中心的视野下，"乡愁"眷恋怀咏的乡村只是被抽象和消费的乡村印象，是被诗化的、与现实乡村社会相剥离相差别的意象。这种存在于意识深处的城乡差别态度，直接导致了人们在乡村精神家园建设实践与理论研究中的微观或中观视野，使人们难以跳出乡村边界从更广域的中华民族共有精神家园的视野来思考乡村精神家园构建的意义和价值，以及从全面整体的角度思考乡村精神家园构建的目标和价值体系，和从更加

[①] 艾萍：《现代化进程中的农民价值观变迁及其重构研究》，《商丘职业技术学院学报》2016年第4期。
[②] 李晓明：《重塑乡村生活意义与乡土文化价值》，《长白学刊》2012年第4期。

宏观、科学的层面探求构建的策略。

三 研究的理论视角

乡村精神家园的电视媒介建构研究将电视媒介置于社会关系视域之中，将哲学、社会学、传播学等多学科相关理论进行融汇，进行深入探索。本研究借鉴了哲学研究的现代性批判视角、文化哲学的反思和研究，以及社会学相关理论和传播的社会文化研究范式等。

1. 哲学理论视角

哲学与文化有着本质的关联，是人类运用智慧进行精神活动的结晶，是精神文化的核心[①]，它在社会变迁和历史发展中积淀凝结成稳定的、内在的、普遍的意识和观念，深刻而长远地影响着人类的生存方式、生活态度，以及社会的运行机制。哲学常常以不同的方式呈现内在的文化精神，文化也通常以多种方式体现一个时代或一个民族的哲学精神，二者在历史的演进中融合交织。哲学视野的精神文化研究，是在对一个时代的物质文化和精神文明进行整体性考察的基础上，对社会生活现象和人们观念形态中体现出的时代精神进行的本质化透视和反思。

（1）文化研究的现代性批判

哲学对文化的研究是以现代性批判理论为根基的。现代性批判理论是对现代社会的总判断和对现代文明的质疑，以及对消费社会、大众文化等的批判，为哲学从本质上确立文化精神、判断和选择文化价值提供了理论依据和思维路径。现代性发端于17世纪前后的欧洲，以启蒙理性、主体性、人性为旗帜，在对宗教文化祛魅过程中扩张其理性逻辑。现代性冀图在科学和理性的指引下摆脱传统宗教、自然和历史的束缚确立人类作为主体的中心地位，获得主体的自由和价值，在科学和理性基石之上搭建以人为核心的价值体系，确立人类新的精神家园。19世纪中后期，随着激进现代意识抬头和现代性悖论日益显现，人类开始遭遇现代性问题，现代性哲学话语也从为现代性辩护和论证开始走向反思和否定性批判。现代性的问题域

---

① 〔俄〕茹科夫、李国海：《哲学是精神文化的核心》，《现代外国哲学社会科学文摘》1996年第3期。

是以人为中心而展开的对心性结构、社会关系及文化制度的影响。卡尔·马克思（Karl Marx）从现代性现象入手，剖析了现代性对人类社会的本质影响——"个人在其自然规定性上的物化""个人在一种社会规定（关系）上的物化"[①]，指出现代性本质是"物化"了人与人的社会关系，确立了历史唯物主义的理论视角，从物质层面和观念层面对现代性现象进行了辩证阐释，对现代性的存在论基础及其对制度和观念的影响进行了深刻批判。马克思的现代性批判理论是文化哲学的理论原点。西方马克思主义继承和发展了马克思主义现代性批判理论。格奥尔格·卢卡奇（George Lukács）、安东尼奥·葛兰西（Antonio Gramsci）等人针对社会发展和无产阶级革命的现实状况，指出意识形态和文化在革命中的重要性，这不仅是革命观的转向，也是马克思主义理论的转向，由此开启了现代性批判立场中的人本主义哲学观。西方马克思主义强调历史辩证法并开展文化研究，引发了哲学对人的生存、自由和发展的关注，确立了当代哲学现代性批判特征，为文化哲学研究奠定了重要的理论基础。

（2）文化哲学的反思和研究

19世纪后期至20世纪，技术理性扩张及其对效率、实用和功利至上的推崇，消解了人类生存的意义和价值，肢解了人类在精神层面的信仰和信念。物质欲望的满足、财富理想的追求、娱乐的泛化和感官陶醉使文化内涵缺失、精神虚空，技术异化引发了社会普遍性的文化焦虑和文化危机。人本主义哲学家艾瑞克·弗洛姆（Erich Fromm）尖锐而意味深长地指出，"19世纪的问题是上帝死了，20世纪的问题是人死了"。[②] 人类文化面临的困境和危机凸显了文化在人类社会和历史发展中的重要性。文化哲学正是在这样的背景下悄然入场，在对人的生存意义、价值目标和历史责任的反思中迅速成为现代世界哲学的研究重点。

一些学者将1984年在罗马尼亚召开的第17届哲学大会作为世界哲学

[①] 〔德〕马克思、〔德〕恩格斯：《马克思恩格斯全集》（第46卷）上册，人民出版社，1979，第176页。
[②] 孙周兴选编《海德格尔选集》（下），上海三联书店，1996，第941页。

的重点由科学哲学转向文化哲学的标志,① 在中国，自觉的文化哲学研究起步于20世纪90年代，不断深化的经济体制改革和社会转型发展迫切需要构建新型文化与之相适应；同时在全球化语境下，随着西方意识形态的引入，中国传统文化与异质文化在生活方式、价值观念、道德伦理等方面交流碰撞，文化内容、文化模式、文化精神和文化发展目标都面临着重构和转型，关注人的现代化、反思传统文化、阐释当代文化现象，以及重建文化精神和文化模式成为中国文化哲学研究的重要使命之一。文化哲学关注哲学意义上的人类文化，从文化的视角对个体、群体和社会进行关切和研究，从哲学层面对现代社会人类遭遇的文化问题进行反思、审视和诘问，体现出文化精神在哲学层面上的凝聚与彰显。作为一种哲学形态，学者李鹏程认为文化哲学是研究文化理念的生成、建构和发展的哲学②。学者王建飞、王治东认为对文化哲学的理解和研究可以从多个维度入手，但无论从哪个维度切入，都可以发现文化哲学是建立在人的主体性确立基础之上的，其根本理论的生长点在于现代性批判。③ 这一研究成果本质地揭示出文化建构研究中人的本质核心地位和作用，以及精神文化建构中价值判断和选择的思维路径。

2. 社会学理论视角

社会学研究以社会系统各要素之间、个体与群体之间的关系互动为逻辑起点，从整体性视角出发研究社会问题，揭示现象和问题背后的本质，实现对社会内部关系和关系运行规律的把握。学者们从多个维度对精神文化层面的社会现象、事实和实践进行了研究，分析了影响精神文化的诸多社会因素，也对精神文化在社会发展和变迁中的功能作用进行了广泛而深入的探讨。

社会以集体意识为基础，道德规范、价值理念和宗教信仰在凝聚集体意识、维护社会共同体、避免社会失序方面有着重要作用。社会学奠基人

---

① 衣俊卿：《世纪之交中国文化哲学研究述评》，《深圳大学学报》（人文社会科学版）2013年第1期。
② 李鹏程：《文化哲学在新世纪的学术使命》，《求是学刊》2002年第5期。
③ 王建飞、王治东：《关于文化哲学的三重解读维度》，《南京林业大学学报》（人文社会科学版）2013年第3期。

之一爱弥尔·涂尔干（Émile Durkheim，1858~1917年，又译迪尔凯姆、杜尔克姆等）认为社会事实是社会学的研究对象，应当将信仰、风俗、道德、社会制度等视为外在于个人的、客观的社会事实，采用科学的、实证的社会学方法来进行分析和研究。从社会事实这一维度出发，涂尔干认为道德是由具有客观性、约束性和强制性的各种规范组成的系统，具有常规性和权威性。道德事实能够确定人们行为、消除个人随意性，表现出社会规范功能，对社会行为具有纪律的规定性和约束作用。同时，道德的意义和价值向度是集体（社会）的而非个人的目的，道德领域的起点是社会领域的起点。① 因此，一方面，个体应当服从集体或社会的道德；另一方面，要按照社会存在或将会存在的道德标准来塑造个体。涂尔干也意识到，道德作为社会规范具有他律的强制性，这种他律的强制性与道德意识本质上的自律性要求相悖逆，在道德自律实现路径方面，涂尔干认为需要使拥有知识的人们对自身行为进行理性认知，使之意识到道德的必要性从而理智地遵从道德约束。涂尔干的道德社会学研究明确了道德危机与精神危机、道德状况与社会秩序的内在关系，指出了道德教育在集体意识构建中的作用，强调了道德的社会调节和整合作用，但是他把社会失序和社会危机主要归因于道德败坏，表现出对社会认识的阶级局限性；同时，他将道德看作比政治、经济更有效的社会治理手段，过度夸大了道德的社会功能。

致力于现代性和后现代性研究的当代社会学家齐格蒙特·鲍曼（Zygmunt Bauman，1925~2017年）是继涂尔干之后在道德社会学研究中卓有建树的学者，他独树一帜地提出"流动的现代性"理论，从现代性社会特征出发对伦理道德问题进行了深入剖析和研究，指出社会变迁对于精神文化的影响。他认为现代性社会一切都处于流动之中：社会生活是流动的，价值目标是流动的，道德标准是流动的，善恶之间没有明显的界限，甚至人的身份也是流动的。流动的、不稳定的状态摧毁了家庭、婚姻、共同体等这些在现代性时期原本稳固的机构；同时社会行为价值和规

---

① 〔法〕爱弥尔·涂尔干：《道德教育》，陈光金等译，渠东校，上海人民出版社，2001，第61页。

范多样化、模糊化；人们放弃了对信仰和权威的遵从，社会失去了绝对的价值和确定的道德标准；个体面对未来的不确定性而选择及时行乐，缺乏长期的目标追求。学者认为鲍曼所指的流动的现代性时代即全球化时代[1]。鲍曼对这个时代的道德状况总结出以下特征。（1）在本质上对善恶进行区分是错误的。人在道德上是善恶并存的。（2）道德现象在本质上是"非理性的"。（3）道德具有先验性。道德自我在模糊的环境中运行、感知和实践，充斥着不确定性。（4）道德不能被普遍化。（5）从"理性秩序"看，道德是并且注定是非理性的。（6）必须假设，"道德责任是本我第一位的实在"[2]。鲍曼认为在流动的现代性时期，道德实现了个体性回归，呈现无限复杂的道德自我。而彰显"不确定性"和"多元主义"的后现代性精神不仅是对现代性的批判和反思，也是对个体自由这一后现代性价值和准则的保障。鲍曼在研究中将伦理法典与道德自我剥离开来，认为作为"他律"的法律和伦理法典以普遍性的名义给予个体强制性的责任和约束，试图清除实践中存在的差异性和矛盾性，恰恰导致更多的矛盾和非理性伦理后果。基于对道德自我和道德冲动的认识，鲍曼提出他者责任与自我约束的伦理规范，希冀在维护个体自由和独立性的基础上，实现道德共同体的构建。

皮埃尔·布迪厄（Pierre Bourdieu，1930~2002年）将"场域"作为社会科学研究的"真正对象"和"焦点"[3]，并创立了实践社会学理论。他在批判二元论思维方式基础上，从关系的角度认知和思考社会存在的方式，认为社会是由客观关系构成的空间（场域），在社会空间中存在诸多有着自身逻辑并自主运行的小的场域，社会世界（大场域）就是由这些相对独立又必然联系的"小世界"（小场域）构成。场域空间中，不同位置占据者之间处于力量博弈和权力争夺之中，场域是冲突的动态的空间。

---

[1] 〔波兰〕塔杜什·布克辛斯基、马建青：《齐格蒙特·鲍曼论流动的现代性时代的道德与伦理》，《苏州大学学报》（哲学社会科学版）2017年第4期。
[2] 〔英〕齐格蒙特·鲍曼：《后现代伦理学》，张成岗译，江苏人民出版社，2003，第12~17页。
[3] 〔法〕皮埃尔·布迪厄、〔美〕华康德：《实践与反思——反思社会学导引》，李猛、李康译，中央编译出版社，1998，第145页。

布迪厄同时注意到，虽然场域具有客观性，但它并不是冰凉的、机械的关系结构，场域中的行动者是有感觉、有意识、有精神的人。在实践中，他们的性情和心智必然受到场域的影响和形塑，并生成该场域特有的"性情倾向系统"，布迪厄称之为"惯习"。惯习具有主观性，它寄居在人的身体之中，呈现个体性特点。由于社会结构处于广泛的联系之中，这些个体性的惯习通常是社会的、集体的惯习，是社会化了的主观性①。布迪厄认为，场域和惯习是社会现实的两种存在形式，场域是社会现实客观的物质的存在，惯习是社会现实主观的精神的存在，二者相互交织、相互对应。"惯习有助于把场域建构成一个充满意义的世界，一个被赋予了感觉和价值，值得你去投入、去尽力的世界。"② 布迪厄的"惯习"概念直指人类的精神性存在，并强调了精神生活、文化和价值在社会现实中的不可忽略性。"文化资本"是布迪厄提出的另一重要概念。布迪厄认为，对利益的追求并非只发生在经济场域，在非经济场域同样存在着功利性行为，并具有获得利益回报的可能，即人们可以通过文化资本和社会资本获得利益或利润。布迪厄认为文化资本有具体的、客观的和体制的三种状态。具体状态的文化资本指"以精神和身体的持久性情的形式"③，体现为个人通过学习所获得的文化素质，这是一种内化为个体能力的资本形态；客观状态的文化资本指的是被物质化呈现的文化产品，如书籍、资料、艺术作品等；体制状态的文化资本主要是指被体制或官方承认并进行资格授权的文化能力，如学业水平、研究水平、技术等级的认定等，这是体制权力对文化能力的制度化干预和管理。"这种形式赋予文化资本一种完全是原始性的资产，而文化资本正是受到了这笔财产的庇护。"④ 在布迪厄看来，文化资本实际上是一种信息资本，具有生产和再生产的能力，可以通过传

---

① 〔法〕皮埃尔·布迪厄、〔美〕华康德：《实践与反思——反思社会学导引》，李猛、李康译，中央编译出版社，1998，第192~193页。
② 〔法〕皮埃尔·布迪厄、〔美〕华康德：《实践与反思——反思社会学导引》，李猛、李康译，中央编译出版社，1998，第172页。
③ 〔美〕斯蒂芬·李特约翰、〔美〕凯伦·福斯：《人类传播理论》，史安斌译，清华大学出版社，2009，第52、98、99页。
④ 包亚明主编《文化资本与社会炼金术——布尔迪厄访谈录》，包亚明译，上海人民出版社，1997，第193页。

授、消费、售卖等方式为拥有者带来利益。布迪厄的文化资本观念为我们认知和研究精神文化提供了新的学术视野。

3. 传播学社会文化研究范式

20世纪以来，传播学效果研究分析了信息传播对受众认知、态度和行动的深刻影响，尤其是20世纪70年代以后的宏观效果理论，将传播效果研究与社会信息化的现实结合起来，结合受众的环境认知，从个人、社会与媒介三者关系出发更加综合、全面、长期地考察传播效果，提出的"议程设置理论"考察了媒介对社会议程的影响；"沉默的螺旋"理论考察了"意见环境"对个人意见表明的影响；"知沟"理论指出了经济结构对信息传播和知识结构的影响；"培养分析"揭示了大众媒介提示的"象征性现实"对人们现实观潜移默化的"培养"过程。这些理论都在不同程度上强调了媒体传播在人们的知识结构、观点形成和行为选择等方面的影响。符号学、现象学、控制论、心理学、修辞学等传播学研究范式从不同维度考察了传播对精神文化的作用和影响。

传播学社会文化研究从关系视角切入。该研究认为"互动是人们获得意义、角色、规则和文化价值观的过程和场域"①，聚焦于人与人的互动模式研究，考察互动中如何创造意义、如何建立个人身份以及语境变化对意义的影响等。在社会文化研究视域，传播者被视为具有个体差异性，又具有统一性的"自我"。乔治·赫伯特·米德（George Herbert Mead）创立符号互动理论（简称"SI理论"），对"自我"概念形成、发展过程进行了研究。米德认为社会由人们之间的互动构成，人们在互动中观察学习不同的社会角色，在互动中"调节"自己的行为，并将社会规则"内化"，建构起我们自己的行为。米德洞识到人类社会互动的实现依赖于对符号的运用。他认为共享意义是传播得以进行的基础，具有共享意义的"表示"即"意义符号"，社会互动就是人们运用意义符号进行互动的过程，意义是与他人交流的结果。每个人在社会互动中既发出信息，也对信息做出回应，既回应他人，也回应自我。回应自我时，主体站在他人的

---

① 〔美〕斯蒂芬·李特约翰、〔美〕凯伦·福斯：《人类传播理论》，史安斌译，清华大学出版社，2009，第52、98、99页。

角度对自己进行审视和认知,主体被对象化,"自我"概念得以产生。米德进一步认为,"事物"是人们经过思考之后对其进行意义界定过的事物,对不同事物的定义决定了人们采取的不同行动。迈克尔·所罗门(Michael R. Solomon)总结米德的研究认为,自我本质上是社会性的,很大程度上,自我是通过与环境的互动来定义的;一个人对于社会身份的认同程度决定了这个身份对其行为的影响力[①]。

曼福德·库恩(Manford Kuhn)认为传播在人的社会化过程中起到了关键作用:通过社会性互动,人们对外部环境中的事物赋予意义,使其成为"社会性事物",这些事物构成了我们的现实生活;通过与"自我谈话",人们获得对该事物的价值观和"态度",一系列态度形成我们的"行动规划"。通过与"导向性他者"[②](对我们的生活产生重大影响的他人)长期互动,我们将他人和"自我"区分开来,并建构我们的身份。罗姆·哈瑞(Rom Harre)认为自我与他人的互动创造了自我三个层面的要素:意识、自传和意志力。"意识"意味着对自己的客体化认知,即从他人的视角来观察、审视自己;"自传"是"个人对过去所发生的事情的记忆、理解";"意志力"是"对自己能够做到的和未来可能发生的所做的假设和建构"。詹姆斯·艾沃瑞尔(James Averill)认为情感也来源于社会互动,他将情感看作一种信念体系,是人们在与他人的社会交往中习得的控制人类感受的内在化的社会规范和准则,是被社会建构出来的产物。

社会学教授迈克尔·赫克特(Michael Hecht)和他的同事创立了"身份的传播理论"(Communication theory of identity),认为传播是"身份"得以构建和变化的机制,是个人对自我情感、思想、行动、精神的综合认知,既是个人性的,也是社会性和群体性的。赫克特认为"身份"存在两个维度——"个人维度"(自我认识)、"认定维度"(别人对"我"的看法和认定),这两个维度在个人层面、表演层面、关系层面和群体层面相互作用,使自我认知与社会关系、文化语境密切联系在一起。华裔学者丁允珠认为

---

① 〔美〕斯坦利·巴兰、〔美〕丹尼斯·戴维斯:《大众传播理论:基础、争鸣与未来》,曹书乐译,清华大学出版社,2004,第240页。
② 〔美〕斯蒂芬·李特约翰、〔美〕凯伦·福斯:《人类传播理论》,史安斌译,清华大学出版社,2009,第95页。

"身份"是在"协商"的过程中逐渐形成的,即对自我认知和别人的自我认知不断维护、质疑或修正,这个过程始于我们的童年时代。丁允珠强调文化身份和种族身份在协商过程中的重要性,并聚焦于跨文化过程中的身份协商问题,指出不同文化、种族间的文化差异显而易见,文化和种族的价值观内容、个人与文化和种族联系的强弱是决定身份认知的重要条件,身份得以在不同文化语境的传播中建构起来。美籍日裔学者今堀延和(Tadasu Todd Imahori)、威廉·卡帕奇(William R. Cupach)提出身份管理理论,关注在人际传播、文化内传播、跨文化传播等不同传播过程中的"关系身份"问题。他们认为,主体的个性特征、共同的文化特征、不同文化间的差异性问题是在"关系身份"建立过程中双方必须共同关注的问题。

语言和话语作为社会互动中的重要媒介,是传播学社会文化研究重点关注的内容。言语行为理论认为"言语行为是用来表达一定意义和意图的最基本语言单位"[①]。约翰·席尔勒(John Searle)认为传播双方在社会互动中能够理解信息背后隐藏的意图,是因为彼此共享了语言规则,他们依据一系列组成性规则和规范性规则将意义赋予到言语行为上。米哈伊尔·巴赫金(Mikhail Bakhtin)认为世界经常出现"失序"状态,他用"向心力"这一物理学概念隐喻在混乱状态下建立秩序的总体性势力,"离心力"隐喻破坏日常秩序的势力;认为语言是这两种力的媒介,当社会中出现与秩序相违背的势力时,人们通过语言来重新构建和整合秩序。巴赫金主张用具体的"对话"方式参与世界,在他看来,对话互动的过程是对参与者不断重新定义的过程,也是双方相互审视彼此文化的过程,他们共同创造未来、塑造文化。符号理论家肯尼斯·伯克(Kenneth Burke)认为"语言可以把我们聚合在一起,也可以把我们隔绝开来"[②]。把人们聚合到共同的理解即"认同"。认同增强,则共享的意义增加,二者呈现螺旋上升趋势;反之则会导致人们隔绝开来即"分歧"或"分隔"。伯克进一步明确了三种认同来源:物质性认同(物品、消费口味等)、理想化认同(态度、价值观

[①] 〔美〕斯蒂芬·李特约翰、〔美〕凯伦·福斯:《人类传播理论》,史安斌译,清华大学出版社,2009,第129页。
[②] 〔美〕斯蒂芬·李特约翰、〔美〕凯伦·福斯:《人类传播理论》,史安斌译,清华大学出版社,2009,第132页。

等)、形式上认同(事件组织、安排等)。伯克认为我们对语言和符号采用恰当策略,可以有意识地实现"认同"或"分歧"。

作为美国文化研究倡导者和代表人物,詹姆斯·W. 凯瑞(James W. Carey)将传播看作一种"仪式","一种现实得以生产、维系、修正和转变的符号过程"。① 他认为传播与人类日常生活息息相关,是人类本质的生存方式,除了媒体传播外,宗教、娱乐、社会活动及文化产品等都是传播行为。凯瑞在比较了有限效果研究和文化研究范式后认为,有限效果研究关注信息传递的过程,着眼于可以实现信息分享的传播技巧;文化研究则把信息传播当作日常仪式来研究,着眼于信息的符号意义与隐喻,以及其传达的精神内涵。据此,凯瑞提出传播的传递观和仪式观两种不同的研究范式,认为传播不仅是信息在空间上的拓展和信息的分享行为,更是在时间上对整个社会的维系和建构,是"共享信仰的表征"。人类通过传播与媒介、文化进行大量的深刻的互动,"建构并维系一个有秩序、有意义、能够用来支配和容纳人类行为的文化世界"。② 传播研究是"为了考察各种有意义的符号形态被创造、理解和使用这一实实在在的社会过程"。③ 凯瑞反对将科学与文化相对立的片面观点,认为技术也是文化的产物,是文化性的创造与意义表达。凯瑞"仪式观"的研究取向为文化研究,"意义"是其研究的核心议题,这一研究视野将美国传播学研究从过程分析的微观层面引入对人类活动及其文化考察的宏观视野,从功能分析进入解释学领域。

四 研究方法

本研究着眼于乡村精神家园的电视媒介建构问题,从意义、形象和话语三个维度展开,探讨了电视传播对乡村精神家园建构的内在机理。研究是基于观察人们对意义的认知、阐释和认同,对电视媒体社会传播过程和

---

① 〔美〕詹姆斯·W. 凯瑞:《作为文化的传播:"媒介与社会"论文集》,丁未译,华夏出版社,2005,第12页。
② 〔美〕詹姆斯·W. 凯瑞:《作为文化的传播:"媒介与社会"论文集》,丁未译,华夏出版社,2005,第7页。
③ 〔美〕詹姆斯·W. 凯瑞:《作为文化的传播:"媒介与社会"论文集》,丁未译,华夏出版社,2005,第18页。

实践进行的考察，研究中采用了传播学、社会学、文化学等学科的理论和方法，试图把握电视传播在精神文化建设中的行为机制和策略，同时深入思考媒介在文化发展中的意义和功能，并提出建议和策略。

1. 传播社会学

传播社会学是传播学与社会学多级交叉形成的学科，运用新闻学、传播学和社会学的理论与方法来研究人类的传播现象。"大众媒介，既不是在个体与个体之间的中介，亦不是处于社会背景中的一个组织，而是在所有的社会关系中——它是各种社会关系的联结者。"① 传播社会学将媒体传播当作社会结构的组成部分之一，聚焦于媒体传播与社会的关系，系统分析媒体结构要素、传播行为、运行机制与社会建构、发展及变迁的关系，以及对社会产生的功能及影响，考察媒体的社会身份和社会责任。"所谓传播社会学就是以社会学及传播学基本理论，来分析、解释、发展和研究传播和社会之间相互影响之各种问题。"② 传播社会学研究涉及媒体传播的社会功能，媒体传播对社会生活方式、社会关系、意识形态、社会文化，以及人们的话语交流等多个维度和层面，研究中提出了多种理论视角，如情景论、形塑论、模式化理论、意识形态理论、批判理论、社会文化理论等。

本研究对电视传播与乡村精神家园的考察正是从社会学视角对媒体传播进行的分析研究，主要考察电视传播对于社会文化的影响和作用。从电视传播的本质属性、文化特征、文化身份及其社会文化责任切入，深入分析电视媒介对乡村精神家园这种特殊文化建构功能的实现机制：如何在传播实践中进行意义的解释、沟通，实现对人们价值观的形塑；如何通过电视传播的多模态符号体系对乡村精神家园形象进行视觉呈现和感知性建构；如何通过话语表达和话语策略实现媒体与社会的意义交流与沟通，实现不同语境中的阐释社群对乡村精神家园的意义、价值达成共识和认同。同时本研究在社会发展视阈下，探讨了电视传播在乡村社会及其文化进步中的身份、问题和策略。

---

① 黄旦：《媒介是谁：对大众媒介社会定位的探讨——兼论大众传播研究的社会学框架》，《新闻与传播研究》1997年第2期。
② 杨孝荣：《传播社会学》，台湾商务印书馆，1979，第1页。

2. 文本分析法

文本是由符号组成的"合一的表意单元"①，蕴含着合一的时间和意义向度。符号文本是意义内涵的载体，是传播者在其传播意图的主导下进行的意义构筑，研究文本不仅可以帮助我们获得蕴藏于其中的意义内涵，还可以帮助我们观察传播者在组合符号形成文本时，编织其中的意图意义，以及对意义的构筑方式。莫斯科-塔尔图学派认为，文本是符号与文化联系的最主要方式，通过对文本的分析研究，可以观察和分析文本所体现和建构的文化内涵和特征。电视传播不仅在语言上涉及声音、画面、蒙太奇等多个符号体系，呈现复杂而多元的方式和技巧，而且在文本的电视传播中，由符号组合形成的意义单元（文本）被重新组合，以新的文本方式（节目或节目组合）进行传播。因此，在电视传播对乡村精神家园建构的分析研究中，对多种形态的文本进行意义内涵、符号特征、文本特征以及体现出来的文化表征等进行分析研究是不可或缺的研究方法。

在进行文本研究中，本研究选择了2018年我国中央电视台、各省区市电视台各频道播出的乡村题材电视节目，以及与乡村传统文化相关的电视节目为样本进行媒介建构研究。一方面对电视新闻、专题片、综艺节目、电视剧等文本进行符号使用、符号聚合、符号组合关系的分析研究，从画面符号、声音符号、色彩及光影符号、形象元素、特效元素等进行象征意义、意图意义、社会属性等多项考察，分析电视传播对乡村精神家园的意义、价值等的媒介建构，以及对意义的叙述方式和策略。另一方面，对由不同符号文本组合而成的节目或节目组合进行特征分析，观察电视媒体在乡村题材的传播实践中体现出来的内容重点、形式特征、价值倾向、立场观点和文化导向等，进一步深入分析研究电视媒体及其工作人员在传播实践中体现出来的理念、视野及思维方式，从而为本研究提供现实依据和材料支撑。

3. 问卷调查法

本研究既研究电视传播行为，也观察和分析受众对于乡村精神家园的观念和态度、对电视媒体传播的意见看法、对电视媒体在相关议题传播中

---

① 赵毅衡：《符号学》，南京大学出版社，2012，第41~42页。

的信息需求和文化期待，以及对乡村精神家园意义内涵、发展思路的态度和思考等。同时，研究观察分析了电视传播在乡村的发展现状、受众与电视传播的接触情况，以及电视传播在建构乡村精神家园实践中形成的文化影响和对社会关系产生的影响等。本研究由于将乡村精神家园置于民族共有精神家园视域之中，主要采取问卷调查的方式对城乡受众进行相关调查。调查中，为保证调查资料的可靠性，对乡村受众的问卷调查主要选择了农民工返乡过年的时机，在乡村人口结构较为完整、全面的时候对村民进行面对面访问及问卷调查，通过这种方式获得村民关于电视传播与乡村精神家园相关问题的第一手资料。对城市受众的调查也采取了面对面的问卷调查方式，主要选取湖北省武汉市 16~60 岁的人群进行了随机访问和问卷调查。为尽可能实现调查的普遍性，本研究还通过网络面向社会发放问卷，收集了来自不同地区城乡受众的资料。我们对这些问卷进行了整理、统计和研究、分析，问卷数据为本研究深入探索提供了重要的资料支撑和研究启示。

第一章　概念及关系：乡村精神家园与电视传播

本研究涉及两个关键的概念：乡村精神家园和电视媒介的传播。什么是乡村、什么是乡村精神家园，弄清楚这两个概念的基本内涵是本研究的首要任务。电视媒介及其传播人们已经非常熟悉，不需要再赘述其概念。本章围绕新媒介环境下人们对电视传播概念的质疑，对转型发展中的"电视"进行概念的再理解，并对电视传播的刻板印象加以反思。

第一节　乡村精神家园概念及其内在结构

说到乡村精神家园，很多人自然而然地将其理解为"乡村的精神家园""村民的精神家园"。实际上，乡村不仅是乡村村民的现实家园和赖以生存的空间，而且是艺术家们深刻关切和精神寄寓的家园，是中华儿女情之所系和共有的精神家园。

一　概念厘定：乡村和乡村精神家园

为什么讨论的论题是"乡村"而不是"农村"呢？很多时候，人们对"乡村"与"农村"这两个词的理解和使用基本上是不予区分的，它们都被用来泛指以农业生产为主要经济形式的地域，而且几近约定俗成。但实际上，这两个词有着不同的内涵和外延，对其厘清是研究展开和深入的重要前提。

(一)"乡村"概念阐释

字的当下意义是其本源意义的延伸。"乡村"与"农村"一字之差,可以从对"乡"字本源意义的考证入手来理解"乡村"的内涵。

1. "乡"的字义考证

"乡"是很古老的字,历史上出现很早,殷商的甲骨文和陶文中就发现此字,其成字具体年代无法考证。"鄉"属会意字,从早期字形上看,字义应为二人隔着一个器皿对坐共食。杨宽在《古史新探》中曰:"'鄉'和饗原本是同一字,整个字像两个人相向对坐,共食一簋的情状,其本意为乡人共食。"① "簋"为圆口双耳,是古代盛食物的器具。金文"乡"字的字形生动地勾勒出古代部落成员间的共食图景:其中一人慷慨给予,另一人受之。在衣不蔽体、食不果腹的早期人类生活中,能够同簋舀食甚至慷慨拿出食物与人分享的情况应存在于或近或远的亲缘关系之间,金文字形中流露出浓郁的温暖情谊。"乡"的小篆字形由两个"邑"和食具组成,表示更多的人在一起共食。

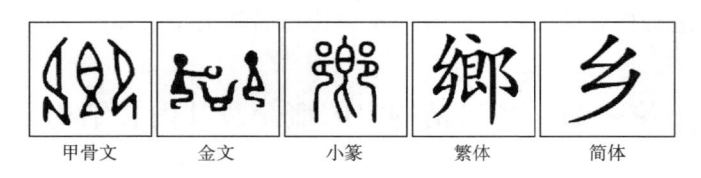

甲骨文　　金文　　小篆　　繁体　　简体

图 1-1 "乡"字形演变

杨宽先生认为,部落社会在向殷商过渡时期,私有制发展解体了以血缘关系为纽带的氏族社会,能够保持共食亲密关系的不仅有血缘族亲,相傍而居的乡邻间也有共食关系,同簋共食的应该为"乡人"。春秋之后,乡的字义有了新的发展。《说文解字》解释:"国离邑,民所封乡也。啬夫别治,封圻之内六乡,六卿治之。"② 段玉裁注:"国与邑名可互称,析言之,则国大邑小。一国中需析为若干邑。"乡是远离国都的城邑,由当地黎民百姓封域所建,啬夫(官名)以不同于都城的管理方式加以治理

---

① 杨宽:《古史新探》,上海人民出版社,2016,第 285 页。
② 许慎:《说文解字注》,段玉裁注,上海古籍出版社,1998,第 300~301 页。

（自治）。王都所辖地域分为六乡，分别由六个卿相管理。春秋战国时期商鞅变法时聚乡邑为县，在城邑与乡之间加入县制，形成了县—乡—里的基层社会结构模式。《周礼》中对乡的建制有详细记载："令五家为比，使之相保；五比为闾，使之相受；四闾为族，使之相葬；五族为党，使之相救；五党为州，使之相赒；五州为乡，使之相宾。"这段话表明了"乡"的组织构造——以"家"为基本要素五五变化。比—闾—族—党—州—乡的有序组合演进，使"家"这个社会最小单元被逐渐推置于更宽广的社会关系层面，并被赋予更丰富的社会功能和意义：相保—相受—相葬—相救—相赒—相宾。从生活上的相互帮衬、周济到乡民礼仪教化、民风改善，家在制度层面被社会化，地缘关系逐渐超越古代氏族部落中家与家的血缘关系和邻近关系，从感性层面上升到理性层面，发展成基层社会组织的结构要素。

2. 行政管理中的"乡村"范围

在我国行政区划史上，乡一直是行政区划单位之一，在不同的历史时代划分标准不同。新中国成立之后，乡在建制层次、规模、数量上经历了多次反复变化，目前我国现行的基层行政区划是"县—乡/镇—村（居）民委员会—村（居）民小组"四级管理体制。但人们常说的"乡村"并不仅指行政区划意义上的乡，而是跨越了行政阈限和地域边界，泛化而重点地指称所有以农业为主要经济收入的地区，是对城市和乡村的模糊化区分和对不同生活方式的社会群体的二元认知。因此，"乡村"又是区别于"城镇"的概念，我国从行政管理的角度也一直将"乡村"与"城市"作为相对概念加以区分，并制定了具体的划分标准和执行规定。如1955年国务院颁发的《国务院关于城乡划分标准的规定》（该规定在城镇化建设过程中经历了多次变化和调整）明确指出，"城镇和城镇型居民区以外的地区列为乡村"。[①] 该规定所述城镇范围见图1-2所示。

该规定不是简单依据农业、非农业经济形态进行城乡划分，而是综合考量了地理位置、常住人口数量、非农业人口占比（一般要求50%以

---

① 《国务院关于城乡划分标准的规定》，《山西政报》1955年第22期。

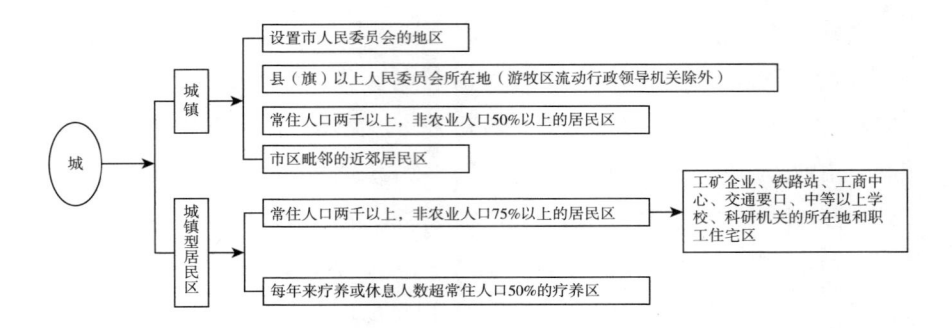

```
                    ┌─ 设置市人民委员会的地区
              ┌ 城镇 ┼─ 县（旗）以上人民委员会所在地（游牧区流动行政领导机关除外）
              │      ├─ 常住人口两千以上，非农业人口50%以上的居民区
              │      └─ 市区毗邻的近郊居民区
         城 ──┤                                            ┌ 工矿企业、铁路站、工商中
              │      ┌─ 常住人口两千以上，非农业人口75%以上的居民区 ─ 心、交通要口、中等以上学
              └城镇型┤                                      │ 校、科研机关的所在地和职
               居民区│                                      └ 工住宅区
                    └─ 每年来疗养或休息人数超常住人口50%的疗养区
```

图 1-2　《国务院关于城乡划分标准的规定》所述城镇范围

资料来源：《国务院关于城乡划分标准的规定》，《山西政报》1955 年第 22 期。

上）、生活方式或经济形式等多种因素，尤其对市区近郊居民区的判定主要考量其地理位置，其农业人口占比并不在考虑范畴，所以尽管该地域经济形态大多以农业为主，但仍属城镇范围。1999 年，国家统计局制定并发布的《关于统计上划分城乡的规定（试行）》指出，乡村是指划定的城镇以外的其他区域。包括城市和镇，"城市"包含设区市的市区、不设区市的市区；"镇"指县及县以上人民政府所在建制镇的镇区，以及其他建制镇的镇区，即镇人民政府驻地和镇辖其他居委会地域；镇人民政府驻地的城区建设已延伸到周边村民委员会的驻地，其镇区还应包括该村民委员会的全部区域。规定还以人口密度 1500 人/平方公里为标准对市区范围进行了明确。①

从地域范围看，两次划定的城镇区域存在诸多重合之处，基本上都是人口密度较大、有较高非农人口占比、工商业及贸易较发达的地区，既包括行政建制的市（县）及其所辖街道办事处、镇辖居民委员会地域，也包括城乡结合区、镇乡结合区，还包括达到一定常住人口和非农人口占比的特殊区域。综上，我们可以认为，从行政管理角度来看，"乡村"指这样一些地区：常住人口少、居住分散、农业人口在 50% 以上的非工商业地区，以及有着独有经济形态和人口分布特点的区域。从行政建制看，主

---

① 《关于统计上划分城乡的规定（试行）》，国家统计局官网，http：//www.stats.gov.cn/tjsj/pcsj/rkpc/5rp/html/append7.htm，最后访问日期：2021 年 9 月 6 日。

要是指建制乡、非城镇近郊的行政村和自然村等。

3. "乡村"与"农村"辨析

"农村的概念,是一个产业区域概念,指的是以农业为基本产业的地区。"[①] 农村与城市从产业特点上相区别:农村以农业产业为主,城市以工商业为基本产业。一些县市、镇近郊村委会所辖地域,尽管在行政管理上被划为城镇范围,但因其基本产业仍以农业为主,所以人们仍会把该地域当作农村。20 世纪 80 年代以前,我国以农业为主要产业,城镇发展规模有限,我们用"农村"来指代"乡村",并与"城市"相对应,在内涵和外延上没有太大区别。改革开放后,城乡一体化建设使乡镇企业、小集镇建设得到较大发展,以种植农业、畜牧农业等为主导的乡村经济结构开始发生调整和变革,第二、三产业在乡村地区也得到较大发展,尤其是 21 世纪以来,旅游产业、乡办制造业、商贸等多种经济形式与传统农业、现代农业、特色农业在乡村社会并存,乡村劳动力外出务工,在城市就业或进行多样态经营,如果仍以"农村"代指"乡村",在概念上就存在内涵的模糊性、社会特征表述的不准确性,以及外延的不确定性。

通过前面从字义上对"乡"的考证,可以看到,乡村从古至今既是国家行政区划单位之一,也是社会结构的重要部分,是以"家"为核心的成员聚集和关系扩散,它强调了基于血缘关系的"家"在社会结构中的向心力作用和凝聚功能;表现了在相对封闭的地域空间中,家与家之间彼此独立又互相依存的社会关系。在乡村社会中,人们同吃一口井、共饮一江水,乡邻在生产生活上相互协作与配合,形成了可以同篝共食、亲密往来的类血缘亲情,达成了身份认同和文化认同,共同培育出对所属地域空间和社会关系的情感归属感和家园依恋感。家喻户晓的唐诗"举头望明月,低头思故乡"正是这种归属和依恋的情感抒发。而"荣归故里""衣锦还乡"也描述了人们在志得意满之后,希望在所认同的空间和社会关系中得到认可和赞赏的心态。"亲不亲,故乡人""老乡见老乡,两眼泪汪汪"则体现了离乡之人基于对共有乡村家园的记忆和共同文化的怀

---

① 秦志华:《中国乡村社区组织建设》,人民出版社,1995,第 1~2 页。

念，彼此极容易建立互信关系和形成情感认同，甚至变疏为亲，在异地他乡聚集在一起相互依赖，共同寻找情感和家园归宿。"乡村"无论是地域范围还是人文特点，都具有极为丰富的内涵和外延。当代乡村既有农耕遗风和民俗传统，也深受现代社会多种经济形式、多元文化和价值观念的影响，如果用依据产业特色划分出的"农村"概念代替"乡村"，就无法传达出"乡村"所具有的深厚人文内涵和精神家园属性。

（二）"乡村精神家园"概念界定

在媒体的报道中，"乡村精神家园"一词经常被直接使用，如《文化礼堂构建乡村精神家园》[1]《国防文化充实乡村精神家园》[2] 等，这些报道将"精神家园"作为对乡村精神文化的一种修辞，用来比喻在乡村物质层面或精神层面进行的文化建设及其效果。在我国诸多乡村题材的文学作品中，乡村精神家园是经常被书写和刻画的意象。一些研究在分析文学作品创作风格和特点时，对"乡村精神家园"在文学作品中的体现、表达和塑造进行了深入探讨。如《精神家园的寻求与失落——施蛰存乡村题材小说论》[3]《"回不去的家"——30 年代京派海派文学的"还乡情结"》[4]《无处安放的精神家园——评〈生命册〉》[5] 等。生发于乡土之中的"乡村精神家园"到底是什么？这是在研究中首先必须弄清楚的问题。

1. 精神家园

"家"在现实生活中是人栖息的寓所，是人们劳累奔波之后的归宿。在精神层面，"家"是人在精神上对特定事物、关系和文化的认同，是人的精神支柱、情感寄托和心灵归宿。"家园"是人在生命进程中的现实或过往存在，既体现出实践性，又表现出历史性。学者们对于精神家园的理解有着较为一致的看法："精神家园是一种与物质家园相对应的，建立在

---

[1] 丁爱莲：《文化礼堂构建乡村精神家园》，《文化月刊》2014 年第 13 期。
[2] 李健南、方凯：《国防文化充实乡村精神家园》，《台州日报》2016 年 5 月 12 日，第 5 版。
[3] 黄德志、沈玲：《精神家园的寻求与失落——施蛰存乡村题材小说论》，《徐州师范大学学报》1997 年第 4 期。
[4] 何爽：《"回不去的家"——30 年代京派海派文学的"还乡情结"》，硕士学位论文，吉林大学，2011。
[5] 黄丽青：《无处安放的精神家园——评〈生命册〉》，《新闻战线》2017 年第 19 期。

文化认同基础上的精神文化和价值系统，是人们建构起来的一种意义世界和理想境界。"① 精神家园区别于现实家园所表现出的精神文化属性，属于社会文化结构中的观念文化范畴。精神文化与物质文化相对应，是文化结构中的重要组成部分，用以表示人类在精神层面的创造性实践活动及其成果，属于精神、思想、观念范畴的文化。精神家园是能够给予人们家园感受的价值观念系统，是人在改造自然和社会的历史实践中形成的对人与现实、人与世界、人与社会总体关系的深刻把握与理解。"精神家园是主体坚信不疑的、被认作是自己生存的根本、生命意义之所在的终极价值和目标体系，是以符号、形象等象征物存在的文化世界、价值世界、意义世界。"② "精神家园是一个民族的文化中比较稳定的价值系统，是一个民族或全人类共有的系统，是千百年来逐渐形成的。"③ 精神家园建立在文化认同基础之上，具有受到广泛认同的定型的、持久的文化内涵和价值观念。如"精神家园是一个民族在文化认同基础上产生的文化寄托和精神归属，是一个民族经过长期的历史积淀所形成的特有的传统、习惯、风俗、精神、心理、情感等"④ "精神家园是一种文化认同，一个文化价值的矩阵，代表着一种信仰与信念。是一种能深深地将人们凝聚起来并使之找到情感与价值依恋，找到民族认同与自我认同的家园"⑤ 等。学者侯小丰认为，精神家园不一定只以地缘和亲缘为纽带，它主要是以在一定地缘和亲缘基础上培植起来的文明和文化为核心。⑥ 以文化认同为基础的精神家园可以从某一地域或群体的文化中抽象出来上升为具有普遍意义的价值和信仰，在更广域的空间和社会群体中获得更加广泛的意义共通和精神共鸣。精神家园虽然居于人的精神和意识之中，却源于现实生活家园的映射。严春友教授认为，精神家园在历史发展中积淀而成，约略相当于

---

① 宫丽：《"精神家园"国内研究现状述评》，《理论与现代化》2010年第3期。
② 陈杰：《论精神家园的建构》，《湖湘论坛》2007年第3期。
③ 严春友：《"精神家园"综论》，《太原师范学院学报》（社会科学版）2010年第1期。
④ 高永久、陈纪：《论中华民族共有精神家园的内涵与价值核心》，《科学社会主义》2008年第2期。
⑤ 董慧：《现代性批判与中华民族精神家园的重塑》，《自然辩证法研究》2010年第9期。
⑥ 侯小丰：《精神家园、情感依恋与马克思主义哲学中国化》，《学术研究》2007年第9期。

"传统中所蕴含的价值体系"①。孙正聿教授认为精神家园既来源于历史、现实和人的实践，又是人在对意义追求中的自我超越，他认为，精神家园是一种理想、信念和智慧，它们来源于现实又超越现实，来源于历史又重构历史，来源于实践又变革实践。②

精神家园具有主观性和客观性。主观性是指精神家园常常以心态、思想、观念、信仰的状态存在于人们的内心世界。客观性是指精神家园常常会通过一些符号形式、规范标准、行为选择或文化活动等呈现出来，是我们可以看得见，可以感知和认识的客观对象。精神家园分为个体精神家园和群体精神家园。个体精神家园是个体对社会意识的认同和内在转化，即认可并吸收社会文化价值观和理念信仰，并将之内化为自我意识，以获得价值认同感和心灵归属感。群体精神家园不是个体精神家园的简单汇聚，而是集中体现了群体成员普遍认同的价值追求和理念信仰，既是对个体精神家园的凝练与升华，更是基于群体物质生产基础和发展需要的精神追求。群体精神家园相较于较为具体明确、个性化的个体精神家园而言，具有抽象性、宏观性、共有性特点，群体精神家园的价值追求和理念信仰融于个体精神家园之中，并对个体精神家园的构建起着导向作用。由于"群体"外延的不同，群体精神家园可以分为微观、中观和宏观三个层面：微观层面的精神家园，如家庭、学校、企业等构建的精神家园；中观层面的精神家园，如某一地域、族群、阶层的精神家园；民族、国家或人类的精神家园则属于宏观层面的精神家园。

2. 乡村精神家园的概念分析

乡村精神家园是人类共有精神家园的内容之一，它是建立在对乡村文化认同基础上的精神文化和价值系统，是人们建构起来的关于乡村的意义世界和理想境界。作为一种定型、持久的价值观念体系，乡村精神家园首先表现为精神层面的判断，它是一定主体对乡村这一认知对象的主观判断和情感态度，是主体通过精神实践获得的感知，具有主观性。乡村精神家园是主体在精神层面对自我存在和乡村自然、乡村社会的意义关联，它来

---

① 严春友：《"精神家园"综论》，《太原师范学院学报》（社会科学版）2010年第1期。
② 孙正聿：《辩证法与精神家园》，《天津社会科学》2008年第3期。

第一章 概念及关系：乡村精神家园与电视传播

源于主体对现实的体验与实践，形成于精神、意识之中，并对其行为、态度产生深刻影响，并在超越性思维之下进行永恒价值的探索与追问。具体来说，乡村精神家园在主体的精神意识中呈现三个层次的意义指向。一是现实指向的精神判断和情感态度，即通过与现实乡村自然、社会的精神交往与生活实践获得的精神上的家园感受。二是历史指向的精神归属与文化认同；主体基于对乡村历史文化认同所感受到的精神文化的家园归属感。三是未来指向的价值理念与信仰。主体意识超越物质本体和现实时空有限性，在精神存在的无限性维度进行的终极意义追寻和价值追问，以人的存在意义为中心对乡村自然、乡村社会、乡村发展在价值层面的终极追问和永恒追求，通过在理念和信仰上的共鸣与认同获得终极意义的精神归属感。围绕主体在精神上的多个意义指向形成的这种具有主观性的精神家园感受，实际上是主体在精神意识上表现出来的一种状态。严春友教授将这种主体获得的精神家园感受称为"精神家园感"①，认为它不是我们通常所说的精神家园。

另外，乡村精神家园体现为独立于个体而客观存在的精神实在，具体表现为一种完整的、稳定的、具有广泛认同的精神文化和价值观念系统，其内蕴的价值观念可以通过物质文化、制度文化和文化实践显现出来，使人们得以感知、认知和认同。乡村精神家园是人们对乡村具有的普遍认同的价值认知、价值判断和价值取向，是被建构出来的乡村意义世界、存在图景和理想境界，它构筑了人们关于乡村的文化意识，形成人们对乡村的情感依恋、文化认同和精神追求。乡村精神家园主要生成于三个维度，一是时代发展维度。严春友教授认为，精神家园约略相当于传统，或者说就是传统中所蕴含的价值体系。当然，这个传统是一个多层次的价值系统，既包含一个民族自古以来沉淀下来的古老部分，也包含近期形成的新传统。乡村精神家园不是完全封闭和绝对稳固的系统，而是具有一定开放性的文化和价值体系。在时代发展中，乡村精神家园遭到多种新的元素的冲击和影响，其蕴含的文化内容和价值观念经历了时代的洗练过程：适应时代发展需要的内容会被保存下来，不适应的则逐渐被淡化和遗失；不同时

---

① 严春友：《"精神家园"综论》，《太原师范学院学报》（社会科学版）2010年第1期。

代中具有创新性、创造性的意义世界有可能在延续和传承过程中得到提炼和升华,从而上升为乡村精神家园新的文化内容或价值内涵。乡村精神家园随着时代的发展而不断得到丰富和充实。不同时代政治、经济、文化、技术革新等都对乡村精神家园产生了深刻影响,乡村精神家园在不断丰富和更新中呈现动态发展的特点。

二是历史维度,乡村精神家园是乡村历史发展的文化结晶。作为农业大国,我国乡村及其文化发展历史悠久,在漫长的历史积淀中,乡村孕育了璀璨的华夏文明,形成了中华民族优良文化传统,形成了勤俭节约、吃苦耐劳、艰苦奋斗等民族精神,乡村文化是我国传统文化的根脉与家园。习近平总书记指出,乡村文明是中华民族文明史的主体,村庄是乡村文明的载体,耕读文明是我们的软实力,要保留乡村风貌,坚持传承文化。[①]从历史维度上看,乡村精神家园之所以可以获得广泛认同,与其在我国历史和传统文化中的地位、作用是分不开的。生发于乡村、乡土中的中华民族传统文化、民族精神、民族传统是各族人民在文化上的精神原乡,对乡村精神家园的认同就是对我国优秀传统文化和价值观念的认同与精神追求。

三是未来向度。意义境界具有超越有限、趋向无限的可能性。超越性是意识的本质特征之一,它总是在未来向度上往无限的意义空间延伸。对意义终极目标的追问既是人类在意义方面对既有状态的超出和突破,又是人类对精神家园终极关怀的追寻。对未来向度乡村精神家园的超越性价值追寻,可以通过"建构具有吸引力与感召力的价值理想帮助现代人找回自我,回归精神家园"。[②] 赋予人们关于乡村精神家园的价值理想和信仰,明确乡村精神家园建构的行为目的、意义目标,可以帮助人们在现实生活的文化机理之上建构与生活逻辑相适应的乡村精神家园。

---

① 转引自刘奇葆《以美丽乡村建设为主题 深化农村精神文明建设》,中国共产党新闻网,http://theory.people.com.cn/n/2015/0907/c40531-27550839.html,最后访问日期:2020年10月11日。
② 谢玉亮:《精神家园建构的哲学思考》,《前沿》2012年第9期。

二 乡村精神家园的内在结构

文化结构是对文化构成要素的具体描述,以及对各要素间结构层次和相互关系的反映。关于文化结构问题,尽管目前学者们各据观点,在认识上存在诸多分歧,但无论在哪种观念主张中,精神文化都会被当作结构元素,从来没有被忽略过。如二分法将文化分为物质文化和精神文化两个层次;李宁在《社会学概论》中将精神文化称为"观念文化",并将文化分为观念文化、规范文化和物质文化三个层次[1]。陈华文将文化分为物质文化、行为文化、制度文化和精神文化四种不同形态[2]。郭齐勇认为,"整个大文化系统涵括物质文化、社会关系体系、精神文化、艺术文化等子系统,还包括作为上述四大子系统的联接中介的语言符号系统和风俗习惯系统"[3]。张锐在《文化结构新论》中提出"实践层——精神层——符号层"的文化结构模式,试图强调文化"以人为中心",以及文化本质中所蕴含的自我实现和自我超越精神。目前较为普遍接受的是马克思对文化结构的划分模式。马克思从历史唯物主义视野出发,认为人类文化整体构成体现为三个层次:物质生产、社会关系、上层建筑和意识形态。三者之间的关系是"人们按照自己的物质生产率建立相应的社会关系,正是这些人又按照自己的社会关系创造了相应的原理、观念和范畴"[4]。物质生产是人类社会文化构成的基础,社会关系建立在物质生产基础之上,同时成为上层建筑和意识形态构建的依据,与之相对应,人类社会文化亦由物质文化、制度文化和精神文化三个要素构成。"物质—制度—精神"文化结构模式被普遍认为是体现了一种由外而内、由表及里的认知过程。各要素不是彼此孤立的个体,而是互相依存、相互渗透且互为影响力和推动力。物质文化、制度文化是精神文化的基础和前提条件,精神文化凝结、渗透在物质文化和制度文化之中,对其发展产生重要的影响。物质文化、行为文化、制度文化、精神文化等从表及里分层,统一

---

[1] 李宁主编《社会学概论》,安徽人民出版社,2007,第231页。
[2] 陈华文主编《文化学概论新编》,首都经济贸易大学出版社,2009,第20页。
[3] 郭齐勇:《文化学概论》,湖北人民出版社,1990,第221页。
[4] 《马克思恩格斯全集》(第1卷),人民出版社,1995,第142页。

为一个有机的文化整体。物质文化是文化的表层结构，居于文化结构的外层，易于交流和流动，具有较大的变动性；精神文化居于文化结构的深层核心，对文化发展起导向性作用，具有较强的稳定性，是最难变迁的结构部分。所以，中国尽管几千年来物质文化发生了翻天覆地的变化，制度文化也经历了很多次变革甚至革命，哲学观、道德观等精神文化内容却表现出一定的稳定性。

文化结构虽然包含物质文化、行为文化、制度文化、精神文化等多个层次，但各个层次之间并不是断裂和相互隔绝的，相反，它们之间相互联系、相互影响、有机统一。作为精神文化内容之一，乡村精神家园处于文化的深层结构之中，与各层次文化间相互渗透、影响，通过物质文化（如生活环境）、行为文化（如活动仪式）、制度文化（如伦理、习俗）等外化为多种文化形态使人们得以感知和体验，并与外部其他文化系统产生交往互动。同时，外层文化结构的变动对乡村精神家园产生着不可忽视的影响，如物质生活的改善、生活水平的变化直接影响人们对生活的态度和对精神家园的内涵要求，制度文化对精神家园建构有着一定的制约和文化导向。各层次文化在人类社会实践过程中形成统一整体。分析乡村精神家园的结构层次，不能完全将精神文化与外部物质文化、行为文化、制度文化等层次割裂开来进行孤立地、片面地分析，须将各层次文化放在有机整体的视野内进行考量。

乡村精神家园内部呈现逻辑递进的结构层次。我们把物质文化、制度文化、行为文化等可以具体感知的文化称为"表层文化"，把存在于人们脑海中很难意识到的精神文化称为"深层文化"，它是人们在表层文化实践中对现象多次相似性重复和经验累积后进行的抽象化思维，在分析、综合、抽象、概括等方法基础上对现象和事物规律进行本质总结及揭示后，形成的经验知识、价值观念、哲学思想等，体现出从具体到抽象、从感性到理性、从经验到理论的逻辑递进。根据思维层次的高低，乡村精神家园从低到高大致呈现以下内部结构层次（见图1-3）：经验知识（乡村历史、生活、生产、规则、习俗、仪式、技术等知识）、价值观念（人生价值观、道德价值观、审美价值观等）、哲学思想（世界及人的本原、本质、共性，世界观和方法论）。

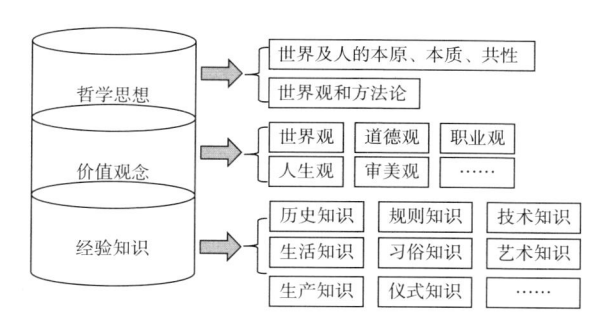

第一章 概念及关系：乡村精神家园与电视传播

图 1-3 乡村精神家园内部结构层次

不同地域的乡村在知识、习俗、文化等方面各不相同，不同个体的乡村生活、接触经验也有不同，因此乡村精神家园在经验知识层面具有个体差异性、内容丰富性特点。价值观是精神文化的核心要素，关于乡村精神家园的价值观念是人们在其所具备的关于乡村的经验知识基础上建构的对乡村精神家园认知、理解和判断的思维取向。价值观念反映出个体或群体、社会对乡村的认知和需求状况，具有一定的主观性。从总体情况来看，人们对乡村精神家园的价值观念表现出一定的共性特征，具有历史性、稳定性和持久性，如对乡村生态环境、乡村文化传承保护所持有的价值观念等。价值观念虽然在精神文化中占有重要地位，但是还不能超出哲学世界观思维方式，乡村精神家园的哲学思想是人类对乡村意义世界所持有的世界观和理想信仰，体现为人类共有的价值信仰与价值追求，在乡村精神家园建构中发挥着导向性作用。（见图1-4）

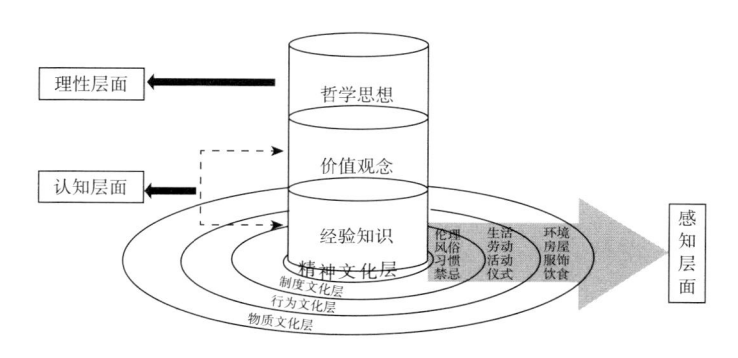

图 1-4 乡村精神家园的结构层次

乡村精神家园在与各表层文化的联系互动中呈现丰富多彩的具体可感知的文化样态。如乡村精神家园在制度文化层面体现为伦理规范、风俗习惯等约定俗成的规定、生活禁忌等日常性规则；在行为文化层面，表现为日常生活实践、生产劳动、节庆活动及仪式等；在物质文化层面，表现为生存及生活的环境、生活建筑、服饰装扮、饮食文化等。精神文化也正是通过表层的物质文化、制度文化、行为文化等实现对人们在精神文化各层面的深刻影响，从而实现对社会发展变化的影响和推动。乡村精神家园的结构分析为我们清晰指明了对乡村精神家园建构的三个层面：形而下层面对有形事物的感知建构；形而中层面对价值意义的认知建构；形而上层面对思想观念的乌托邦建构。由于精神文化存在于人们的精神和意识深处，研究中我们必须从表层文化结构切入，通过分析、概括表层结构中的文化现象和精神文化的表现样态揭示社会文化现象背后的思维模式和本质结构；通过有形文化的建构来影响人们内在认知、价值理想和思想观念等，从而达到对乡村精神家园建构的目的。

三　乡村精神家园认知的多重维度

"乡村精神家园"一词或与之相关的话语表述经常在现实生活和媒介文本中被提及，并表现为不同的认知视角和内涵、外延理解。

1. 研究样本及分析

党的十七大提出"中华民族共有精神家园"这一重要概念；2014年9月，在中央民族工作会议上，习近平总书记强调"要把建设各民族共有精神家园作为战略任务来抓"①。本研究以2015年1月1日至2018年12月31日四年时间中，搜狐网、光明网发布的与"乡村精神家园"相关的报道和文章为例，来归纳和总结地方政府、媒体、专家学者等多元化主体对乡村精神家园的认知维度和内涵理解。

本研究主要是通过对文章标题如"乡村精神家园"或"精神家园"

---

① 兰红光：《中央民族工作会议暨国务院第六次全国民族团结进步表彰大会在京举行》，新华网，http://www.xinhuanet.com/politics/2014-09/29/c_1112683008.htm，最后访问日期：2020年10月11日。

的筛选来收集搜狐网中的相关资料,其中内容与乡村相关的文章被纳入考察范围,获得研究样本 83 篇。主要采取对文章内容进行判断的方式来收集光明网中的相关资料,内容与乡村精神家园主要相关的文章都被纳入研究范围,获得研究样本 53 篇。(如表 1-1、1-2 所示)

表 1-1 2015~2018 年搜狐网中与乡村精神家园相关的文章情况

单位:篇

年度	总计	新闻	评论	理论	散文	知识介绍	宣传推广
2015	3	3	0	0	0	0	0
2016	13	12	1	0	0	0	0
2017	32	23	3	1	2	1	2
2018	35	26	3	2	2	1	1
总计	83	64	7	3	4	2	3

表 1-2 2015~2018 年光明网中与乡村精神家园相关的文章情况

单位:篇

年度	总计	新闻	理论	评论	调研文章
2015	4	1	3	0	0
2016	12	6	3	3	0
2017	20	9	5	3	3
2018	17	5	8	3	1
总计	53	21	19	9	4

从搜狐网推送的新闻报道标注的来源看(见附表 4),地方新闻报道主要来自各地方媒体、政府新闻发布网站和公众号、其他媒体的相关报道以及部分文化机构或团体的公众号。这些新闻报道可以比较全面地反映地方政府、媒体、文化组织者、活动参与者等对乡村精神家园的内涵认知和理解。在光明网发布的新闻样本中,只有 7 篇来自其他媒体(见附表 5),其余均由本单位记者采写,这可以体现出国家媒体在宏观和全局视角对乡村精神家园的内涵理解。尤其是发布或转载的理论性和评论性文章,直接对乡村物质和非物质文化、乡村建设、乡村文化活动等进行理论分析和阐述,向我们较为全面地展现了地方政府领导、专家学者等对乡村精神家园的认知视角。

2. 乡村精神家园的认知维度

在总结不同体裁文本对"乡村精神家园"这一概念的运用后发现，关于"乡村精神家园"的认知维度大概有以下几种。

（1）乡村地域：乡村、村民的精神家园

乡村精神家园生发于乡土和乡村日常生活，在乡村长期的历史发展中积淀而成。乡村中的人们基于一定的地缘关系、血缘关系相互依存、共同发展，最终形成你中有我、我中有你的乡村社会格局，在长期的历史发展和社会交往过程中逐渐形成了具有认同性的家庭意识、宗族意识、伦理规则、交往规范等，成为具有鲜明地域特征和民族特征的精神文化和价值体系。精神家园是"经过长期的历史积淀所形成的特有的传统、习惯、风俗、精神、心理、情感等"[1]。在改革开放进程中，乡村人口社会流动加速，大量青壮劳动力从乡村走向城市。在乡村逐渐空心化的同时，乡村精神文化生活出现了荒漠化，为此，各地政府投入了大量精力来丰富和发展乡村文化，如实施文化礼堂建设，举办各种文艺活动、比赛，挖掘整理乡村传统文化和遗存等，这些文化建设活动作为新的文化内容被补充到乡村精神家园中，对变迁中的乡村和乡村精神家园产生了深刻的影响。在媒体的相关新闻报道中"乡村精神家园"一词被理解和表述为乡村、乡村村民的精神家园，这契合了乡村精神家园形成和发展的基本规律，反映了乡村精神家园的本体需求。相关新闻报道如《文化礼堂与高校结对 共筑农村精神家园》[2]《"乡村精神家园"怎么建？袁家溪乡这么干》[3] 等。

在媒体新闻话语中，乡村精神家园的外延极为丰富。文化礼堂、文化长廊、文艺活动、古村落、非物质文化遗产、宗庙祠堂、地方志、村史、红色文化、民俗表演、农家书屋、老年大学、支教、"三下乡"活动甚至"乡贤"等凡是与乡村精神文化相关、有益于乡村精神文化生活和建设的

---

[1] 高永久、陈纪：《论中华民族共有精神家园的内涵与价值核心》，《科学社会主义》2008年第2期。

[2] 顺溪先锋：《文化礼堂与高校结对 共筑农村精神家园》，搜狐网，https：//www.sohu.com/a/159048844_769920，最后访问日期：2021年5月3日。

[3] 今日马边：《"乡村精神家园"怎么建？袁家溪乡这么干》，搜狐网，https：//www.sohu.com/a/258380376_195200，最后访问日期：2021年5月3日。

事物或活动都被纳入乡村精神家园的外延之中，如昔日农村老祠堂，如今变身"精神家园"[①]。文化礼堂作为一个集思想道德、文体娱乐、知识普及于一体的农村文化综合体，它是当代乡村的文化地标，更是农民群众的精神家园[②]等。文化礼堂、文化长廊、文艺活动等事物和活动是否等同于乡村精神家园或某类人的精神家园，还需要进一步研究思考。媒体对乡村精神家园的表述更像是一种偏向化命名或隐喻，通过对文化礼堂、文化长廊、文艺活动等事物、现象和活动的"标签化"命名或隐喻，体现出传播者对事物认知的价值偏向，会对受众的体验、认知和理解提供暗示和引导。

在媒体的表述中，乡村精神家园除被称为"村民的精神家园""群众的精神家园""乡土的精神家园"外，还被进一步细分为"＊＊乡人的精神家园""老人的精神家园""留守老人、儿童的精神家园""农村孩子的精神家园"等。相关新闻报道如《十四年坚守构筑乡村老人"精神家园"》[③]《沭阳村民齐心办村"文化大院"成了留守老人、儿童的"精神家园"》[④]《1194个！它们在金华的角角落落，托起所有金华乡人的精神家园》[⑤]。这些表述一方面使人们对乡村精神家园的理解更加微观化、具体化，另一方面体现出乡村精神家园的地域化、对象化特征。

（2）城乡共享：意义共通的文化家园

尽管城与乡在长期的二元壁垒中形成了差异化的文化，但是城乡文化并不是完全处于隔绝之中。梁漱溟先生认为"中国社会是以乡村为基础

[①] 徐黎明：《昔日农村老祠堂 如今变身"精神家园"》，搜狐网，https://www.sohu.com/a/128393774_114731，最后访问日期：2021年5月3日。

[②] 畲乡司前：《【畲乡动态】加强文化礼堂建设 打造农村精神家园》，搜狐网，https://www.sohu.com/a/6041803_699577，最后访问日期：2021年5月3日。

[③] 戴永洲、郎章正、华新红：《十四年坚守构筑乡村老人"精神家园"》，搜狐网，https://www.sohu.com/a/73060168_162758，最后访问日期：2021年5月3日。

[④] 仲文路：《沭阳村民齐心办村"文化大院"成了留守老人、儿童的"精神家园"》，搜狐网，https://www.sohu.com/a/110713125_412025，最后访问日期：2021年5月3日。

[⑤] 陈芮、胡肖飞、王龙玉：《1194个！它们在金华的角角落落，托起所有金华乡人的精神家园》，搜狐网，https://www.sohu.com/a/242191527_99978080，最后访问日期：2021年5月3日。

的，并以乡村为主体的；所有文化，多半是从乡村而来"。① 乡村文化在中华文化中的特殊地位，部分城乡人口之间难以割断的亲缘关系，以及城乡社会之间的人口流动、情感互动，使得乡村不仅是在乡人的物质家园和精神家园，而且是离乡之人的故乡和精神家园，也是所有中华儿女的文化故乡和精神家园。在收集到的媒体文本中，对城乡共享乡村精神家园的反映主要体现在新闻报道及部分评论文章中。在评论文章中，一些专家学者、社会精英表达了对乡村精神家园的文化地位、社会作用及其建设的观点和看法，阐述了乡村精神家园对于城市居民的文化意义，以及城乡共享乡村精神家园的文化基础和现实基础。如"现在的乡村，不仅是乡村人的乡村，更是城里人的乡村。城市让生活越美好，乡村让城市越向往。这种向往，已经超越'第二居所'的概念，更上升为一种精神文化的需求"。② 光明日报社副总编辑李春林在"文化徽州高峰对话"上发表讲话时说："往上推三五代，我们的祖上都是乡下人，都是从农村中走出来的，尊重乡贤、珍爱乡土、记住乡愁，说到底就是在守护我们的文化根脉，就是建设我们的精神家园。"③

新闻报道较具体地表现了现实生活中城乡之间的文化互动。通过新闻报道，可以看到当前城乡居民在通过多种方式和渠道共享乡村精神家园（见图1-5）。一是通过乡村旅游、生态旅游的方式共享乡村精神家园；同时因乡村旅游的带动，乡村村民外出务工减少，乡村空心化得到一定程度的缓解，乡村文化得到进一步恢复和活跃。"刚刚过去的'五一'小长假，中国历史文化名村——泰宁县新桥乡大源村迎来了一拨又一拨的游客，他们在大源村观看古傩表演，体验古村居住的悠闲生活，近距离感受着这个千年古村落的魅力。"④ 光明网重庆频道的新闻《既是美丽田园，也是精神家园——重庆江津区吴滩镇乡村旅游走出新路子》报道了江津

---

① 梁漱溟：《乡村建设理论》，上海世纪出版集团，2006，第10页。
② 牛十力：《乡村，是乡村人的乡村，也是城里人的乡村》，知乎，https：//zhuanlan.zhihu.com/p/42545119，最后访问日期：2021年1月25日。
③ 李春林：《如何在美丽乡村建设中传承乡土文化，促进乡村振兴》，光明网，http：//about.gmw.cn/2017-11/20/content_26843815.htm，最后访问日期：2020年10月11日。
④ 邱灿旺：《泰宁：古村落"活"出新精彩》，东南网，http：//fjxc.fjsen.com/2017-05/04/content_19473323.htm，最后访问日期：2021年1月25日。

区吴滩镇乡村旅游发展的典型案例，该镇以乡村旅游为产业路径，发展绿色田园和红色旅游，使城乡在旅游中进行文化互动。

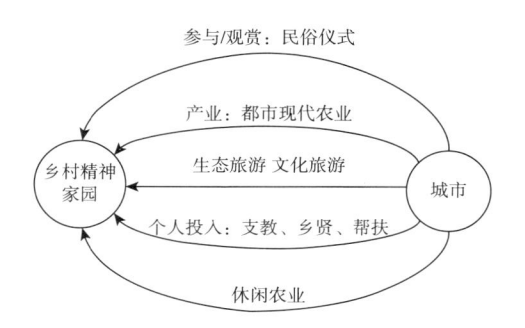

图1-5 城市居民共享乡村精神家园的方式及渠道

二是通过多种产业的发展和创新推动城乡交流和文化互动。如山东省滕州市在不同乡村发展了16处集生态观光、鲜果蔬菜供应、马铃薯种植、都市现代农业、农牧业旅游及产品供应的现代农业示范园。江西婺源县互联网创业创新中心开发的互联网休闲农业生态系统，使城乡居民可以合作经营民宿、农家乐，通过定制菜园方式定制农产品；有着500多年历史的徽州村落婺源县篁岭村曾因房屋倒塌、村庄空心化等问题一度陷入困境，在该村发展了油菜花和"晒秋"美景观赏地后，城市居民纷至沓来，使该村重现生机。"都市现代农业让农村不仅是农民幸福生活的美好家园，还是城市居民休闲度假的世外桃源、心灵寄托的精神家园，让城市居民望得见炊烟、看得见绿水、记得住乡愁、体验得到劳动和丰收的快乐。"[①]

三是恢复举办传统民俗仪式、传播传统文化，使城乡人民对文化产生共鸣。传统祭祀、祈福等民俗活动体现了我国先祖"天人合一"的思想与智慧，表达了人们对大自然的敬畏和与之和谐相处的美好愿望。如在浙江省衢州市柯城区九华乡妙源村每年开春的第一天举行的立春祭祀仪式，不但是当地群众的大事，也是城市居民关注并参与的重要活动，每年仪式

---

① 张华：《滕州召开都市现代农业现场观摩会靓点纷呈》，大众网，http://zaozhuang.dzwww.com/news/zznews/201610/t20161031_15082929.html，最后访问日期：2020年10月11日。

期间，九华乡妙源村这个偏僻小山村热闹非凡。

四是城市个体参与乡村建设、治理和文化发展等。如广东电网梅州供电局职工廖金威坚持每年在大埔平原支教点组织开展寒暑假两期大型支教活动，每月举办学习答疑分享会，他的支教队伍也从最初的一个人变成有着 70 多名成员的团队。[①] 在中国人民大学法学院教师宋彪的组织下，他的朋友和学生汇集的上千册图书成为云南省怒江州兰坪县白族普米族父老乡亲的精神家园[②]。曾在长沙担任百事可乐供应链经理的许松林，2015 年辞职回到老家湖南浏阳边洲村，带领村里 10 个大户从村民手中流转土地 1800 亩来建设有机农田、发展有机农业。[③]

本研究还对湖北省城乡受众进行了问卷调查，通过网络发放问卷 500 份，收到有效问卷 477 份。调查发现，对于"您是否关注乡村发展"问题，86% 的人表示关注，67 人选择不关注乡村发展，在选择不关注的人中城镇居民 45 人，乡村居民 22 人，其中 20~29 岁的有 38 人。这一方面说明乡村社会的现实状况和发展对年轻人还缺乏一定的吸引力，另一方面说明一些年轻人与乡村在空间、历史、文化、情感上存在着断裂。在对待乡村的情感态度方面，城乡居民的态度较为一致（见图 1-6、1-7），对乡村喜欢、热爱的城市居民占到了 70%，其中在"喜欢"情感层次的达 65%；而乡村村民对于乡村喜欢、热爱的比例更是高达 92%，他们对乡村表现出更强烈的认同感。

（3）民族共有：传统文化及乡愁情怀

乡村既是乡村村民的现实生存空间和精神家园，也是中华儿女情之所系的共有精神家园。费孝通先生认为我们的民族和泥土是分不开的，中华文化是从土里长出来的。[④] 乡土，根植于中华民族的血脉之中，蕴含着我国文化的传统基因。在我国漫长的历史发展进程中，乡村精神文化不仅体

---

① 沈甸：《供电小伙支教 11 年 为乡村打造"精神家园"》，搜狐网，https://www.sohu.com/a/71433415_222493，最后访问日期：2020 年 10 月 11 日。
② 刘彬：《农村需要阅读推广人》，《光明日报》2018 年 4 月 23 日，第 8 版。
③ 冯蕾、李慧、龙军、胡晓军：《乡村治理：从身有所栖到心有所寄——农业供给侧结构性改革湘赣调研行（上）》，《光明日报》2017 年 5 月 10 日，第 1 版。
④ 费孝通：《乡土中国》，江苏文艺出版社，2011，第 6 页。

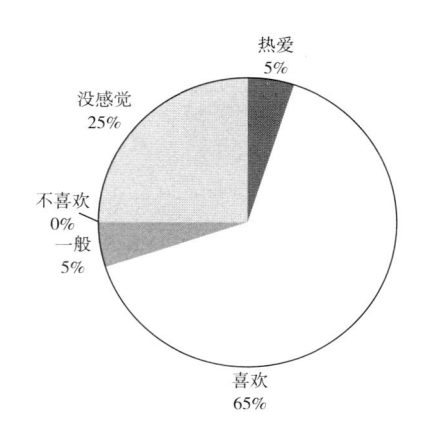

图 1-6　城市居民对待乡村的情感态度

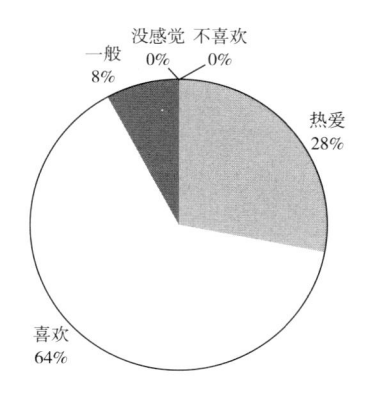

图 1-7　乡村村民对待乡村的情感态度

现出浓郁的地方和民族特色，也渗透到历代的政治、经济、文化制度之中，对社会产生着重要的影响，成为中华文化的重要一维。乡村文化生长于与自然环境的互动之中，包孕中华民族"天人合一"的哲学理想与追求；乡村家族文化、宗法意识为中华民族的礼仪传统、伦理秩序和道德规范提供了实践基础和文化内涵；乡村文化在与环境抗争和社会发展中不断得到锻造，形成了中华民族坚忍顽强、宽厚豁达的精神气质。建构乡村精神家园，不仅是乡村村民以及乡村社会发展的要求，也是中华民族共有精神家园建设的要求之一。

作为民族共有精神家园，乡村精神家园在文学作品中一直被表达和书写。"怀乡""乡愁"从古至今一直是文学书写的重要主题,我国最早诗歌总集《诗经》中就有许多表达离愁怀乡的诗篇,如"谁将西归?怀之好音"(《桧风·匪风》);"曰归曰归,岁亦莫止……曰归曰归,心亦忧止……曰归曰归,岁亦阳止"(《小雅·采薇》)。汉乐府古词《悲歌》描写的乡愁更是明白晓畅:"悲歌可以当泣,远望可以当归。思念故乡,郁郁累累。欲归家无人,欲渡河无船。心思不能言,肠中车轮转。"(《乐府诗集·杂曲歌辞》)等。乡村是许多文人墨客精神的依恋和浪漫的想象,它既是美不胜收的乡村美景(棠梨叶落胭脂色,荞麦花开白雪香。——王禹偁《村行》),也是生活的充实与乐趣(昼出耘田夜绩麻——范成大《夏日田园杂兴·其七》,醉里吴音相媚好——辛弃疾《清平乐·村居》),是热情好客的村民们扑面而来的温暖(丰年留客足鸡豚——陆游《游山西村》),也是血浓于水的家人亲情(慈母手中线——孟郊《游子吟》)。20世纪20年代,出现了乡土文学创作流派,如"山药蛋派""白洋淀派""荷花淀派""茶子花派"等,这些流派所创作的作品以农民疾苦、淳朴民风为主要内容,文字中常流露出趣味盎然、自然璞真、诗意空灵的乡村生活和田园美景,也常深刻表现出乡村愚昧与现代文明的尖锐冲突。很多乡土文学作家已经远离了乡村社会而沐浴着都市文明,但乡村是他们现实生活曾经的过往,也是他们心中难以绕行的情结、精神上难以割舍的原乡。沈从文先生自命为"乡下人",刘绍棠称自己为"土著"。乡村在他们的作品中或写实或写意,乡村家园似曾相识又似乎比现实更强烈地真实,它既是物质的、空间的,也是精神的、意义的。

乡村所蕴含的中华民族传统文化正是整个民族关注乡村生存和发展、在情感上产生共鸣的根本原因。在收集的媒体文本中,许多专家学者在相关议题讨论和思想阐发中,表达了在民族共有精神家园这一宏观维度上对乡村精神家园的理解和认知。

河南省中国特色社会主义理论体系研究中心徐学庆教授说:"在我国,农业是国民经济的基础,农村是承载中华民族乡愁的精神家园。"[1]

国家非物质文化遗产保护工作专家委员会委员马盛德说:"非物质文

---

[1] 徐学庆:《着力补齐"三农"这块短板》,《河南日报》2016年3月30日,第11版。

化遗产不仅是民族的精神家园,是连接民族情感的纽带,而且还是一种文化身份,是一个系统的知识体系。"①

宁夏社会科学院理论研究中心叶长青说:"中国文化本质上是乡土文化,中华文化的根脉在乡村,我们常说乡土、乡景、乡情、乡音、乡邻、乡德等等,构成中国乡土文化,也使其成为中华优秀传统文化的基本内核。"②

中央农村工作领导小组办公室原主任韩俊说:"乡村文明是中华民族文明史的深厚根源。繁荣兴盛农村文化,不仅可以丰富农民群众的文化生活,为乡村振兴提供精神支撑和智力支持,而且对于弘扬优秀传统文化,筑好中华民族精神家园具有不可替代的重要作用。"③

中南大学中国村落文化研究中心主任、教授胡彬彬说:"而乡土传统,则在中华民族的土壤中土生土长并传承延绵了数千年,它早已经深深沁入了我们民族的集体血液之中。"④

新闻文本所展现的现实生活显现了人们对乡村精神家园所蕴含的传统文化及乡愁情怀的共有认知和现实行为选择。如浙江省衢州市柯城区九华乡妙源村举行的立春祭祀仪式是我国第三批国家级非物质文化遗产名录中的项目,是我国祖先在劳动生活中的智慧结晶,是中华民族的宝贵文化财富。中国民俗协会原会长刘魁立这样评价这个项目:"我们的祖先将二十四节气这一太阳历和阴历相结合,形成完整的时间制度,将劳动和生活紧密结合,证明了中华民族是尊重科学的民族,是智慧的民族。"⑤ 新闻报道还提及许多中华儿女从国外回到乡村寻根或参加各种活动,如"定居新西兰多年的山东省青岛即墨人马毅磊,每年春天都会回到这个有着1400年历史的老城住上一段时间。与他形影不离的,是一个厚厚的日记

---

① 李慧、訾谦、陈晨:《寻找散落乡村的"非遗"印记》,《光明日报》2018年1月31日,第15版。
② 叶长青:《弘扬乡村史志文化 助推乡村振兴战略》,光明网,http://theory.gmw.cn/2018-10/26/content_31830700.htm,2020年10月11日。
③ 韩俊:《新时代做好"三农"工作的新旗帜和总抓手》,《求是》2018年第5期。
④ 俞海萍、李慧:《乡村振兴,文化力量不可缺位》,《光明日报》2018年4月14日,第10版。
⑤ 严红枫:《立春第一祭 民俗系乡愁》,《光明日报》2017年2月5日,第4版。

本，扉页上写着这样几行字：'怀揣一缕乡愁，记载乡村记忆，寻根即得故土。'翻开笔记本，里面是密密麻麻的与即墨市'乡村记忆'工程有关的事件……"① "自 2 月 18 日发布以来至 6 月底截稿，共收到应征诗稿 2958 首，经评选和公示，最后获奖作者为 120 名，其中有来自德国和马来西亚的 2 位华裔诗人，也有 6 岁的小诗人。"②

（4）跨文化视域：民族文化与中国精神

在跨文化视域下，接触和了解乡村文化是异质性文化群体深入理解我国文化的重要方式和渠道之一，而丰富多彩的乡村文化有利于我国在跨文化传播中讲述中国故事、传播中国精神和中国价值。

乡村遍布世界各地，尽管由于地理环境、资源条件以及文化背景的差异，各国乡村建设和发展呈现不同的文化特征，但乡村在有些国家及民族文化中同样占据着重要的地位。如日本作为历史上的一个封建小农经济国家，其乡村文化内涵丰富，尤其是传统的家庭共同体和村落共同体深刻影响着日本人的精神结构和社会结构，乡村在日本文化中有着重要的作用，是日本人的精神家园。斯坦利·鲍德温（Stanley Baldwin）爵士曾说："英格兰就是乡村，乡村才是英格兰。"③ 英国人坚持认为乡村才是他们生活的家园、人生的理想和灵魂的归宿，他们特别注重乡村自然环境和历史文化的保护。自然风光、田园美景、矮篱鲜花、教堂古堡……今天英国乡村的田园胜景仍如百年前诗人画家们所吟咏描绘的模样。在我国，由于乡村众多且分布较为分散，不同地域的乡村文化内容呈现出一定的差异，正所谓"十里不同风，百里不同俗"。乡村文化在内容和形态上呈现丰富性、多样性和复杂性。在跨文化传播中，乡村文化相对于一般的大众文化而言更具有地域性和民族性，相对于精英文化更具有亲和力、感染力和生动性，相对于城市文化更具有新鲜性和趣味性，相对于流行文化更具有独

---

① 刘艳杰：《寻根即得故土——青岛即墨市全面推进"乡村记忆"工程》，《光明日报》2017 年 5 月 22 日，第 4 版。

② 牛梦笛：《"万年浦江·千年月泉"全球华语诗歌大赛系列活动完美收官》，中国江苏网，http://cul.jschina.com.cn/whgdxw/201710/t20171010_1101852.shtml，最后访问日期：2020 年 10 月 11 日。

③ Simon Miller, "Urban Dreams and Rural Reality: Land and Landscape in English Culture, 1920-45," *Rural History* 1 (1995): 89-102.

特性和历史性。因此，乡村文化更容易吸引异质文化群体的关注。如，山东青岛田横镇举办的祭海节就吸引了许多国外朋友的关注，来自美国的摄影师杰克·道森（Jack Dawson）认为祭海景象"太震撼！堪比春节！"他不仅观赏了祭海活动，还"用自己的镜头记录当地渔民们备三牲、蒸面塑、写文疏、列船等准备工作，近距离感受中国古老渔村浓浓的节日氛围"①。浙江省衢州市妙源村举行的立春祭祀仪式同样吸引了各国的朋友，他们在观赏立春祭祀仪式的同时，还参与了做年糕等相关活动，体验了中国乡村的民俗文化。

通过对不同维度认知情况的观察和总结可以发现，不同的认知主体对乡村精神家园有着不同的观察和理解维度，对其文化和价值内涵也有着不同的关注（见表1-3）。如作为乡村的、村民的精神家园，乡村精神家园的认知主体为村民，其精神家园除了经济、基本生活设施、生活保障外，在文化方面还有着对丰富多彩精神文化的需求。对于乡村、村民精神家园的建设，目前主要依靠政府组织和主导。作为城乡共享的精神家园，其认知主体是城市居民。他们不是从村民实际生活需求出发来对乡村精神家园提出建构要求，而是基于自己的精神文化需求或实际生活需要来审视乡村、乡村文化、乡村建设，并选择自己与乡村的互动行为。城市居民与乡村的现实互动客观上对乡村社会发展产生了一定影响，推动了乡村旅游、生态农业、互联网农业等产业形态的发展，加强了城乡文化的互动融合。城乡共享的乡村精神家园的建构仍较大程度体现在现实生活层面，如城市居民参与乡村旅游、休闲农业，成为乡贤、新农人等。从媒体的观点来看，民族共有的乡村精神家园主要体现为从乡村现实中抽象出来的意义家园。个体化的文化需求融入民族共同体的具有普遍性的精神文化需求中，对乡村精神家园的关注集中在其文化、价值体系所表现出来的自然、人文和哲学精神上。媒体在描述中所用的词汇也呈现抽象性的特点，如"承载中华民族的乡愁""连接民族情感的纽带""文化身份""民族精神""美丽田园"等。跨文化传播中其他民族人群是乡村精神家园的认知主

---

① 刘艳杰：《寻根即得故土——青岛即墨市全面推进"乡村记忆"工程》，《光明日报》2017年5月22日，第4版。

体，这些主体来自异质文化体系，丰富而多样的我国乡村文化对他们来说是陌生而神秘的，他们主要是通过亲身参与或媒体传播了解和认知乡村精神家园。

表 1-3　不同主体对乡村精神家园的文化需求比较

认知维度	认知主体	行为特征	主要文化需求
乡村的、村民的	村民	亲身参与、体验	文化平台、文化活动、文化服务
城乡共享	城市居民	消费性、亲身参与、意义分享、认同	生态环境、生态农业、乡村生活、传统文化、文化互动
民族共有	中华民族	意义共享、认同	田园风光、乡土人情、乡土文化、传统文化、民族精神、价值观念
跨文化传播	其他民族	亲身参与、意义认知	传统民俗、传统文化

现代乡村发展已经走出了传统、封闭的状态，这不仅体现在乡村劳动力向城市输出上，而且乡村经济和产业发展呈现外向型特征，如利用互联网等技术创新乡村产业与外界互动合作的模式。同时，乡村精神家园在更多层面上得到了关注和认同。如果仅把"乡村精神家园"局限于乡村、村民的精神家园这一单一维度，既不符合乡村发展实际，也忽略了社会更广泛层面对乡村精神家园的意义认同和文化需求，以及对乡村精神家园的多重现实影响。因此，本研究将乡村精神家园置于多个维度来思考其普遍性意义和价值，并研究电视媒介对其进行的意义建构和传播。

第二节　影响乡村文化场域的因素

"场域"是布迪厄实践社会学中的重要概念，"从分析的角度看，一个场域可以定义为在各种位置之间存在的客观关系的一个网络，或者一个构型"。[1] 布迪厄认为"场域"是一个客观关系的系统，有着自身逻辑和必然性，关系是"场域"的本质。高度分化的社会是一个大的场域，其

---

[1] 〔法〕皮埃尔·布迪厄、〔美〕华康德：《实践与反思——反思社会学导引》，李猛、李康译，邓正来校，中央编译出版社，1998，第134、143页。

中包含着很多各自独立又相互联系的小的场域。"场域"不是一个静止的空间，场域中各种力量围绕权力和资本分配处于不断博弈之中，对权力或资本的占有情况决定了不同力量在"场域"中的位置，各种积极活动的力量及其博弈不仅使场域空间充满活力，也使场域内部力量构型不断变更和发展，成为一个不断被建构的空间结构。

一　资本因素

布迪厄在其《实践与反思——反思社会学导引》一书中指出，对一个场域进行研究首要步骤就是分析与权力场域相对的场域位置。他认为，特定位置与场域中的行动者或机构对不同类型的权力（或资本）占有，以及对专门利润的得益有着重要的关联，它赋予行动者或机构一些重要的决定性因素。文化生产场域被布迪厄视为权力场域的一部分，是"一个各色作家、艺术家、音乐家和科学家进行符号创作的场域"[①]。乡村文化场域是文化生产场域这个"大场域"中的"子场域"之一，同样被包含在权力场域之中。我们可以把中华文化看作我国文化的"大场域"，其中包含着纷繁复杂的文化子场域，如"传统文化""各民族文化""外来文化""时代文化"等。由于文化是一个非常复杂的系统，存在多个维度的文化类别划分，在分析乡村文化场域时，我们主要将乡村文化和城市文化放在一个维度中进行分析。

"乡村"与"城市"是我国行政管理角度的一组相对概念。乡村在地理位置上远离城镇，长期以来以农业为经济主导，形成了与农业生产、生活需要相适应的农耕文明，农耕文明生产水平低、经济规模小，劳动产品主要用于自给自足、商品交换；城镇以非农业经济为主，以商业或工商业为中心发展了财富丰富的商业文明，并在此基础上创造和发展了高度的精神文明，如高等教育、科学技术、文学艺术等，体现出巨大的创造潜力。农耕文明封闭保守、稳定平和，强调集体协作，文化生产通常处于"有限生产场域"，文化资本比例大于经济资本，由于未受到市场竞争、商业

[①] 〔美〕罗德尼·本森、韩纲：《比较语境中的场域理论：媒介研究的新范式》，《新闻与传播研究》2003年第1期。

规则以及机制管理等影响,乡村文化场域在文化场域中最靠近"文化极"和"自主极",文化生产与农业生产一样,主要用于乡村精神生活的自给自足,与外界缺乏交流,受到经济、权力等他律压力小,整体靠向"自主极"场域;乡村文化经济效益偏低,资本总量偏低。商业文明开拓创新、积极进取、重契约精神,在其基础上形成的城市文化活跃、开放、繁荣、多元,是文化场域中最靠近商业极的文化内容,经济资本成为文化生产的重要资本之一,受到经济、制度等场域外力的"他律"明显。文化生产既有面向精英、特定受众进行的"有限生产",如文学、艺术等,也有面向普罗大众进行的"大规模生产",如大众化报刊、娱乐文化等,文化生产创造的资本总量远高于乡村文化。为精英和特定受众服务的有限生产使城市文化场域紧密靠近知识分子极和权力极,文化内容表现出不容置疑的合法性和权威性,形成一定的文化权力;大规模生产对市场占有率的追求将其拉向商业极从而面对商业法则、权力制度等他律力量的压力,但同时通过高覆盖率和市场占有率在权力场域中占据重要的位置。"伴随当前经济资本支配文化资本的历史状态,文化生产场域也依次被那些与经济权力最为靠近的场域——经济场域和政治场域所主宰。在文化生产场域之内,这种权力的等级被复制,其中一些场域比另一些场域更靠近'商业极'。"[①] 罗德尼·本森(Rodney Benson)等认为资本的权力决定了相关场域权力的等级,小场域会复制大场域的权力等级差异。从资本、权力关系来看,城市文化更接近经济、权力场域,在文化场域中占有明显的优势地位,乡村文化则处于较为弱势的位置(如图 1-8 所示)。

乡村精神家园在宏观权力场域中居于怎样的位置,与其他社会条件存在怎样的关联?自我国 20 世纪 90 年代实施市场经济体制以来,政府逐渐减少了对经济活动的直接干预,建立和发展了社会主义市场经济体制,这使我国经济得到快速发展,开放而充满活力。经济场域的资本总量得到大幅提升,活跃且实力强劲的经济场域产生一种聚敛力量,将相邻场域拉进位于更大权力场域中的商业极。同时,文化产业化使文化以物化的各种产

[①] 〔美〕罗德尼·本森、韩纲:《比较语境中的场域理论:媒介研究的新范式》,《新闻与传播研究》2003 年第 1 期。

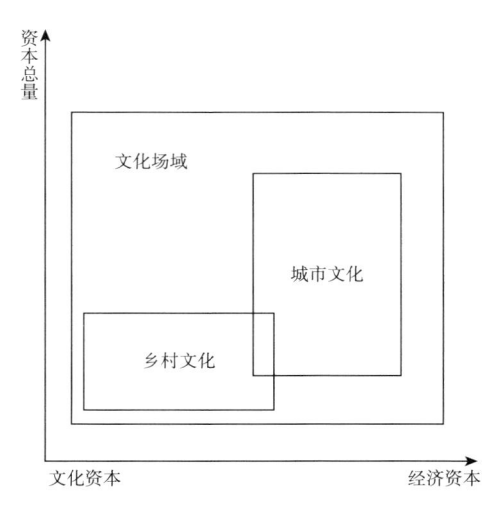

第一章 概念及关系：乡村精神家园与电视传播

图 1-8 乡村文化在文化场域中的位置

品和多种形式的服务进入生产、流通及消费之中，将文化与市场紧密结合，增加了商业极对文化场域的压力，文化场域的资本总量在不断提升的同时，也向更大权力场域中的商业极不断靠近。处于文化场域中的精神文化家园也跟着文化场域在大的权力场域中向商业极靠近，不可避免地受到了来自商业极的他律性影响，经济资本进入乡村精神家园场域之中，对该场域形成作用和影响。随着全球现代性危机的显现，乡村精神家园作为人类共有精神家园场域中的部分之一，受到了社会的肯定与重视，尤其是国家和政府层面对乡村精神家园的重视，政府对"文化礼堂"等客观的物质的"乡村文化记忆"修缮、打造，对乡村文化的挖掘和相关文化活动的举办等，增加了乡村精神家园场域的文化资本，对非物质文化遗产、文化传人等的认定增加了乡村精神家园文化资本中的体制资本。社会的普遍重视、政府的着力打造也提升了乡村精神家园在权力场域的位置。同时，基于乡村传统文化、特色文化的乡村旅游经济的打造又将乡村精神家园拉向了商业极，将经济资本与文化资本结合起来形成紧密的关系。因此，乡村精神家园的资本总量在如今得到了大幅提升，整个场域向经济场域、权力场域靠近（如图1-9所示）。

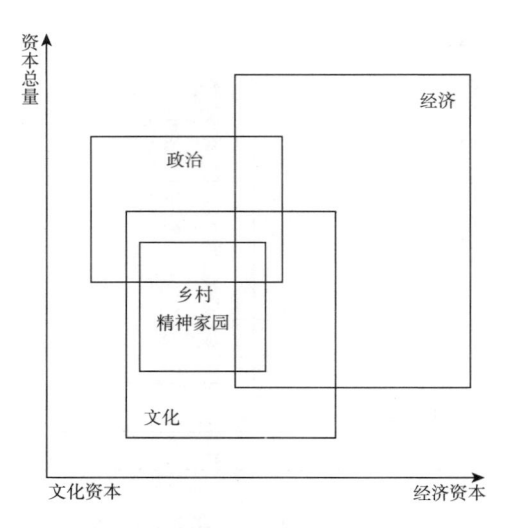

图 1-9　乡村精神家园的位置结构

二　内部因素

不同行动者在乡村文化场域中占据着不同的位置，各行动者所拥有的资本数量，以及在场域作用下生成的"惯习"对特定场域发挥着积极或消极的作用，并形成一定的他律性压力。

（一）内部动因：行动者及其场域位置变迁

布迪厄认为，场域中各种力量关系形成的吸引力和排斥力就像一个巨大的磁场，使置身其中的人群在各种力量的博弈中像"粒子"一样呈现不同的倾向、状态。他认为，个人通常是以"行动者"的方式进入场域中的，与生物性个体、行为人或主体不同，"行动者"不是"被外力机械地推来扯去的'粒子'，正相反，他们是资本的承载者"，[1] 具有在场域发挥作用所必需的禀赋（或资本）。这些行动者在被遴选出来进入特定场域时就被赋予了合法性，利用自身所拥有的资本数量在场域中占据一定的位置，成为场域中积极而有所作为的个体。通常，拥有资本数量较少的行动

---

[1] 〔法〕皮埃尔·布迪厄、〔美〕华康德：《实践与反思——反思社会学导引》，李猛、李康译，邓正来校，中央编译出版社，1998，第 149 页。

者行事较为消极被动，而拥有资本数量较多的则表现出活跃积极、踊跃行事的倾向。在传统乡村文化场域中，地主、乡绅、知识分子、术士、艺人（民间表演艺术、戏曲艺术的人等）、匠人（木匠、石匠、漆匠等）、农民等都是其中的行动者。地主垄断了乡村中最重要的经济资本——土地，是乡村经济生活的主导者，是统治的经济权力。在我国古代对乡村社会实施的是"乡绅之治"，即"国权不下县，县下惟宗族，宗族皆自治，自治靠伦理，伦理造乡绅"。[①] 乡绅主要由科举及第未仕或落第士子、较有文化的中小地主、退休回乡或长期赋闲居乡的中小官吏、宗族元老等有影响力的人物构成，这些人靠近朝廷官府等政治场域，充当乡村社会的政治首领或代言人，是乡村社会宗法制度的积极维护者，是乡村社会统治性的政治权力，是重要的支配权力。知识分子是乡村社会的精英阶层，凭借文化素养和专业知识成为乡村的文化权威和批判力量。术士通过问卦算命、医卜星象等获得一定的经济收益，并通过出世、入世、占卜等传播一种特定的人生观、世界观，成为乡村社会统治的精神力量之一。艺人、匠人所持有的特殊技艺以及制造出来的文化产品成为其重要的文化资本之一，他们所进行的生产受权力、经济的"他律"影响小，是为特定对象服务的"有限性"生产，具有较高的"自主性"，口口相传的口碑成为他们的制度文化资本，他们通过所持有的文化资本在商业经济极为匮乏的乡村获得一定的经济利益和社会效益回馈。农民是乡村文化的实践者，缺乏经济资本和文化资本，在乡村文化场域中通常处于受其他各场域力量支配的地位。传统乡村社会在传统宗法制度下运行，其中的行动者离国家制度化体系较远，商业经济也较为匮乏，整个场域与自主的文化场域靠近，社会资本总量低，文化资本略低于经济资本，传统文化在乡村中影响力较强。（如图 1-10 所示）

进入 21 世纪后，我国乡村社会经济状况、知识结构、人口流动等发生了巨大变化，乡村文化场域的权力结构、资本结构、力量结构等都发生了变迁。传统乡村社会中的地主阶级已经不复存在，农民拥有了土地这一

[①] 班固：《百官公卿表：第七（上）》，载《汉书：卷十九（上）》，中华书局，1962，第742页。

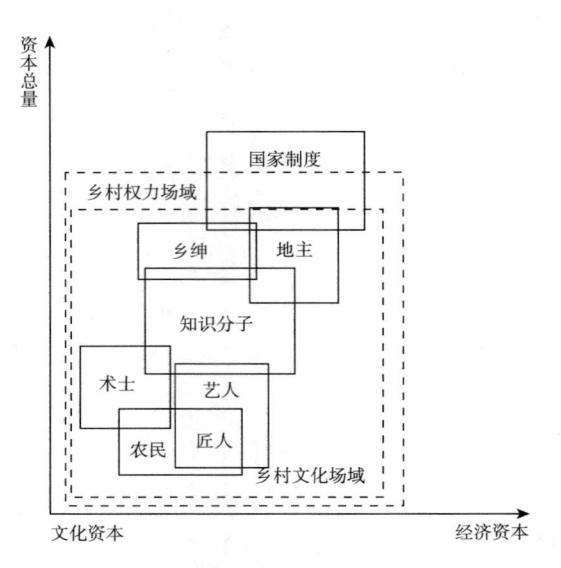

图 1-10 传统乡村文化场域中"行动者"的位置结构

乡村中最重要的经济资本；通过"村民自治"取代"乡绅之治"，村民掌握了管理乡村社会的权力资本，成为乡村权力场域中的"行动者"；随着国家基础教育的普及，农民成为乡村社会"知识分子"场域中新的"行动者"，农民在乡村社会中的地位和影响力得到综合提高，他们创造的资本量比任何时代都丰富。"乡绅之治"的消失一方面使村民在精神上获得了解放和自由，得到了一定的社会赋权，另一方面则解构了传统乡村精英文化的核心与灵魂，使传统乡村文化的凝聚力缺失。由于长期实施的城乡二元结构体制以及我国城市的快速发展，乡村社会有为青年通过学习或工作走出乡土，在城市安家置业，失去了在乡村原有的土地使用权，退休后返乡"归根"失去了现实的驱动力。传统社会那种官员归乡、青年才俊出乡的人才循环模式不复存在，靠近权力极、高端人才的精英阶层"行动者"在乡村社会大幅减少，传统权力场域的"行动者"数量极大减少，对其他场域的"他律"能量减弱。在科学技术知识不断普及的背景下，村民对自然和世界有了更加理性的认知，方术之士的一些封建迷信做法也受到了社会的批判和制度的禁止，瓦解了其作为精神力量的统治地位和影响力。在城市商业雄厚的经济资本面前，传统技艺这种文化资本在获取经济效益方面式微；现代工业制造技术的发达和产品形式的多样也使传统技艺存在的合法性受到挑战和质疑；20世纪90年代后大量农村剩余劳动力转移到城市，传统艺人、匠人中的青壮年大量流失，技艺传承后继乏力，在乡村生活中的地位不断降低甚至被边缘化，创造的资本量越来越少，渐渐远离他律的经济场域，走向自主的文化场域。

在乡村社会文化原有力量结构发生变化的同时，一些新的"行动者"快速流入场域之中，成为推动场域变革的力量。首先是政府机构与"村民自治"进入乡村的权力场域，政府机构取代乡绅阶层成为主导。其次是企业商业组织作为新的经济资本加入场域。企业位于大规模生产场域，靠近他律的经济、政治极，如游走在乡村的红白喜事餐饮服务公司、仪式服务公司等，靠近商业极场域的这些企业、商业组织将乡村文化整体拉向经济场域，而远离文化场域。最后是媒介机构与各场域紧密勾连，他们合法地在各场域游走并与各场域分享所收集到的信息。传统媒介机构靠近国家政治权力，以社会效益为主、经济效益为辅，通过信息传播，将权力政治的逻辑施加到乡村文化之中，并将之整体拉向权力的、精英（这里的精英指社会的精英，而非传统乡村文化中的精英阶层）的场域。互联网、手机等新型传播媒介主要靠近市场、商业领域，新型媒体的传播行为增强了乡村文化中他律的经济场域影响，并将所有场域拉近位于更大权力场域中的商业极。总的来看，无论是企业、商业还是媒介机构，都不约而同地对乡村文化场域增加了他律的政治、经济压力，使他们合力将乡村文化场域整体拉向经济场域。在当代乡村社会中，经济资本比例大于文化资本，并与文化资本形成了支配与被支配的关系，乡村文化场域向经济资本、权力场域大幅靠近，自主的"文化场域"对乡村文化场域的他律能力减弱。

（二）惯习因素

布迪厄认为，场域是社会行动者在实践中同各社会条件之间的一个关键性中介环节，在对置身其中的行动者产生外在决定影响的同时，其固有的必然属性对行动者的性情和认知等进行形塑，生成该场域行动者的偏好结构或性情倾向系统，即"惯习"。"所谓惯习，就是知觉、评价和行动的分类图式构成的系统。"① 它形成于场域中的各种社会条件之中，又寄居在行动者的身体之中，使行动者体现出社会性。布迪厄指出，场域和惯习之间存在两种作用关系。一是条件制约关系。场域形塑惯习，惯习是场域作用下的产物。通常，一个场域的自主性越强，其自身特有逻辑对行动者的影响也会越强，就越能使行动者形成体现该场域特征的惯习。二是认知建构关系。惯习赋予场域感觉、意义和价值。惯习具有以下几个特点。（1）惯习是历史的产物，是行动者在实践中通过对各种外在刺激、制约性经验进行感知领会逐渐建构起来的，具有一定的稳定性和持久性。（2）惯习具有一定的封闭性。原初实践和经验在惯习中占有重要地位，在实践中常常被优先考虑；如果行动者在实践中遭遇的情境、实践经验与最初形塑的惯习相一致，那么最初的惯习会被巩固和强化。（3）惯习具有开放性。它是一个开放的性情倾向系统，行动者基于之前形成的惯习进行实践，同时随场域中社会条件的变迁和自身实践经验的丰富而不断完善和调整以往的惯习结构和系统。（4）惯习具有个体性。不同的场域会形成不同的惯习，同一场域中居于不同位置的行动者会形塑成不同的惯习。（5）惯习具有一定的主观性。惯习是寄居在行动者身体之中的社会性，是每个行动者对一定社会条件和经济条件的内在化，所以惯习既是个体的主观性，也是社会的、集体的主观性。（6）惯习具有能动性。布迪厄认为惯习寄居在行动者的身体中，甚至成为行动者的无意识结构的内容，可以在毫无察觉的情况下对行动者产生影响。同时，在确定的结构关联中，惯习会以一定的话语或实践活动展现出来，"我们应该把惯习看成是一种发条，需要去发动它。完全相同的惯习，在不同的场域刺激和结构中，会产生出不同的、甚至是相互对立的结果"。②

不同场域生成的惯习不同，同一场域不同位置的行动者在实践中会形成不同的惯习。政府、媒介、村民及其他"行动者"在各自不同的场域形成不同的惯习，它们对乡村精神家园建构发挥着不同的作用。政府作为

---

① 〔法〕皮埃尔·布迪厄、〔美〕华康德：《实践与反思——反思社会学导引》，李猛、李康译，邓正来校，中央编译出版社，1998，第171页。
② 〔法〕皮埃尔·布迪厄、〔美〕华康德：《实践与反思——反思社会学导引》，李猛、李康译，邓正来校，中央编译出版社，1998，第179页。

乡村精神家园场域中的"行动者",其惯习并不形成于乡村精神家园场域中,其"性情倾向系统"体现了更大场域的位置及关系。在乡村建设方面,政府必然会从更加宏观的关系视域来考量乡村在全局中的位置和作用,从宏观层面来制定乡村发展战略规划,引导乡村社会的各项建设。如"生态文明建设""美丽乡村建设""乡村振兴战略"等。在乡村精神家园场域,政府作为权力场域中位置最突出、他律性力量最强的一极,在乡村精神家园建构中不仅担负着物质文明建设、传统文化保护传承的重要职责,而且主要对乡风文明、精神家园建构起着价值引导作用。

媒介作为各场域的观察者和信息分享者,也有其惯习。我国广播电视、报纸等媒体是党和人民的耳目喉舌,在实践中重视社会效益,在场域中紧靠政治场域,其"性情倾向系统"表现为在新闻选择中强调客观真实,强调社会责任感和人文关怀,弘扬真善美,批判假丑恶,坚持正面积极的价值观取向。传播空间范围形成了以城市为中心的状态,传播实践主要服务于国家意识形态传播、政府工作、相关信息发布、上情下达、下情上传的需要,服务于城镇居民的信息需求,以及受众的娱乐化追求;传播内容以城市生活为主,乡村社会生活表现较少。互联网等新型传播媒介的诞生得益于人类科学技术的创新,成长于 IT 行业的市场开拓,在场域中紧靠经济场域,信息传播实践以经济增效为目的。媒介通过技术充分把握受众兴趣爱好,极力迎合并满足受众需求,借机搭建传媒信息平台建构用户网络,为最终获取经济利润铺垫道路。其惯习表现为将经济利益置于传播实践的首位,以市场和用户需求为导向创新传播内容和形式,不甚重视信息生产的专业性,社会责任意识较为缺乏。

村民作为乡村精神家园结构中重要组成部分之一,是乡村物质文化的建设者、行为文化的体现者、制度文化的实践者、精神文化的建构者之一。村民的惯习在乡村权力场域中形成,随着历史发展变迁而调整、更新。在封建社会,农民在乡村权力场域中处于被支配的位置,受其他场域力量的他律作用,缺乏文化的自主性或自主能力;新中国成立后,农民掌握了土地这一经济资本,通过"村民自治"获得了一定的权力资本,彻底改变了以往在乡村权力场域中所处的被动局面,提升了政治地位。但是,权力地位的提升并未带来村民在文化场域中位置的根本变化,村民仍然处于较为被动的位置，究其原因，主要有以下几个方面。一是村民深受历史形成的最初惯习的影响。历史上处于被支配地位的村民在文化方面同样处于被动地位，对他律力量的影响和制约逆来顺受，文化生活中顺其自然，既缺乏文化自觉和文化自信，更缺乏文化创新精神。二是当代乡村人口加速流动造成中青壮年村民的流失，使村民在乡村文化建设中的人力资本匮乏。三是村民受当代商业极经济文化的影响，整体被拉向商业极，商业文化严重渗透到乡村文化生活中，对乡村传统文化形成压力。四是乡村文化在媒介传播场域中居于边缘位置，在公共文化领域缺乏话语地位和文化影响力；居于主要位置的多元的城市文化对乡村文化产生了极强的他律性作用，强势渗透到乡村社会生活中，挤压了乡村传统文化的生存空间。五是现代文明使村民从本质上开始脱离传统乡村社会。现代文明的科学观念、民主思想、人权思想、法治精神、权力监督制衡思想等在乡村的传播和普及，使村民的主体意识、公民意识增强，他们逐渐从传统乡村集体社会中独立出来，对自己在国家、社会中的地位进行重新认知，在更大的社会空间寻求心理认同和理性自觉。重新确立自我身份的当代村民，从本质上已经开始脱离传统乡村社会而走向现代文明。

一些其他"行动者"对乡村精神家园建构也怀有更多期待，并形成了一定的他律性压力。如离乡之人、艺术工作者、城镇知识分子等，这些"行动者"或曾经置身于乡村场域之中，是其中的一分子；或与乡村社会有着接触经历，或存在其他各种各样的渊源，无论怎样，他们都与当下的乡村文化场域形成了时空上的区隔。离乡之人对乡村精神家园的内涵认知建立在自己的乡村生活经历之上，同时形成了最初的惯习；离乡之后他们置身于新的场域空间，重新建构起不同位置的关系网络，不可避免地靠近了新场域中的主导权力场域，并形成了与新场域相吻合的惯习，这些惯习更新或替代了最初的惯习，并在他们进行乡村精神家园建构的话语和实践活动中有意无意地体现了出来。很多关注乡村社会、乡村文化的艺术创作工作者都怀有深厚的乡村情怀；城镇知识分子将乡村的自然、传统视为人类摆脱现代性危机的"避难所"，对乡村建设怀有殷切的寄望，并通过多种艺术形式、话语等方式进行乡村精神家园的建构，他们的建构实践同样基于自己所处场域形成的惯习，是不同关系构型的外化形式。

无论政府、媒介、村民，还是离乡之人、艺术工作者、城镇知识分子，在乡村精神家园建构中他们都不是在力图单纯地还原乡村传统文化，而是基于各自场域的关系构型对乡村文化的位置、作用予以重新确定，并在不同惯习指示下试图建构适合"行动者"想象和意义需要的乡村精神家园。在乡村精神家园建构中，时代的特征也随着各场域作用力的发挥渗透进来，使之成为"当代的乡村精神家园"。这从另外一个角度表明，乡村精神家园并不是"乡村的精神家园""村民的精神家园"，其价值观内涵不是乡村特有的价值观内涵，而是由众多"行动者"共同建构的人类共有精神家园的内容之一，是一个特定的文化场域，是在人类共同价值理想和价值追求视域下建构的价值系统。那么，乡村精神家园建构的价值目标和价值体系由谁来确立？哪个场域对这个特定的文化场域施以主导性权力，形成他律的压力作用呢？"改变了不同资本形式的分布及其相对的分量，也就改变了这一场域的结构。"①"资本"的占有情况决定了场域的关系构型，在乡村精神家园这一特定的文化场域中，占据资本较大优势位置的无疑最具强势力量，占据这些位置的行动者或机构就成为该场域中具有合法性的权威。从前面的分析中我们可以看到，文化资本更多被政府、媒介和村民所掌握，他们在乡村精神家园场域中发挥着不同程度的权威力量，尤其是政府在乡村文化建设中发挥着主导性作用。

三 媒介因素

布迪厄认为文化生产场域由有限生产场域和大规模生产场域两部分组成，"自主"程度是区分两个场域的主要标准；"自主"应当被重视，因为它可以提供实现每个场域完全创造性的先决条件，并从根本上抵制等级化支配体系的"他律"力量，但是完全自主的场域是不存在的，每个场域都会或多或少受到政治的、经济的外力"他律"。本森认为，大规模生产场域是主要为一般受众生产的场域，该场域最靠近经济场域，受到"他律"极的制约和影响；而有限生产场域最靠近文化场域，体现出较强的自主性、科学性和艺术创造性。布迪厄指出，场域中积极活动的各种力

---

① 王岳川：《布迪厄的文化理论透视》，《教学与研究》1998年第2期。

量之间有一种至关重要的差异——特定的资本。"这种资本赋予了某种支配场域的权力,赋予了某种支配那些体现在物质或身体上的生产或再生产工具(这些工具的分配就构成了场域结构本身)的权力,并赋予了某种支配那些确定场域日常运作的常规和规则、以及从中产生的利润的权力。"① 布迪厄的场域理论中的资本概念不同于经济学领域的资本内涵,他认为,资本是积累起来的劳动,这种劳动可以作为社会资源被行动者或群体所占有而成为资本形式。布迪厄把资本分为经济资本、社会资本和文化资本三种基本类型,其中,文化资本通常呈现三种状态:具体状态的文化素质、客观状态的文化产品和体制状态的文化能力认证。

实际上,大规模生产和有限生产的差异性在文化生产场域的每个子场域都广泛存在,并得到了复制。乡村文化作为文化生产场域中的"子场域"之一,有其特有的历史发展过程和文化生产规律,大规模生产和有限生产的差异性在其发展的不同时期呈现不同特点。在人类历史早期,乡村社会流动性弱,文化传播媒介落后,文化传播范围有限,乡村文化主要表现为有限生产场域,即由掌握了特定文化资本的生产者为其他生产者生产的文化内容,场域中文化资本比例大于经济资本,且文化资本主要存在于乡村社会之中。场域受到政治的、经济的外力作用小,更加靠近文化场域这一"自主"极(见图1-11),文化生产的目的主要不是获得经济利益,而是娱乐、祭祀、仪式等生活和习俗的需要,所以文化生产所获得的资本总量并不高。

近代社会进入大众传播时代,乡村社会流动性增强,传播媒介作为"中介"进入乡村文化生产场域,在对乡村文化生产进行探查的同时,也向公众分享其发现和观察的独特视角。媒介场域和其他场域一样有着复杂的力量关系网络,大规模生产与有限生产的差异同样在其场域各层得到复制,因此,媒介场域是一个关系极为复杂的场域。在我国,中华人民共和国成立之前的农村报刊是带有反思性、批判性的革命报刊,是党的革命事业的一部分,中华人民共和国成立至20世纪90年代,我国在农村传播科

---

① 〔法〕皮埃尔·布迪厄、〔美〕华康德:《实践与反思——反思社会学导引》,李猛、李康译,邓正来校,中央编译出版社,1998,第139页。

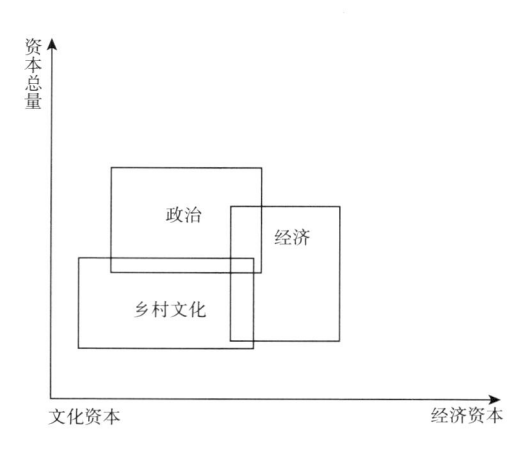

第一章　概念及关系：乡村精神家园与电视传播

图 1-11　早期人类社会乡村文化生产的场域

学知识，进行反封建迷信活动，对封建社会遗留的文化残渣予以清除；报纸、广播、电视等媒体在"党管媒体"的新闻思想指导下，契合时代发展需求对农村展开新闻报道，如宣传党的路线、方针、政策，配合国家对农业的社会主义改造，引导农民走合作化道路，服务农村信息需求等。向政治场域和"知识分子极"靠近的媒介场域传播着精英的、主流的文化话语，维持着不可挑战的合法化的权力，成为一个强能量的"他律极"，对乡村文化场域形成强有力的影响，推动乡村文化场域向政治场域靠拢。这个时期，文化资本比例高于经济资本，但乡村文化资本占有比例有所下降，媒介场域、政治场域都成为乡村文化场域文化资本的拥有者，虽然乡村文化资本产生的经济效益仍然不高，但由于媒介文化资本的融入以及经济资本的效能增加，资本总量有所提升（见图 1-12）。

20 世纪 90 年代后，我国乡村社会人口流动进入加速期，大量青壮年村民流入城市，乡村文化资本被大幅抽离。与此同时，商业化的服务团队、文艺团体游走于乡村社会，替代原来的文化资本服务于传统生活和习俗，将乡村文化场域整体拉向"商业极"。同时，在乡村文化场域影响深刻的媒介场域内部发生了力量结构的更新与重组，靠近"商业极"的新兴传播媒体把媒介场域整体带入更广域的大规模生产场域，改变了媒介场域原有的力量均势。新兴媒体由于比广播电视具有更强势的扩散性、互动性而迅速

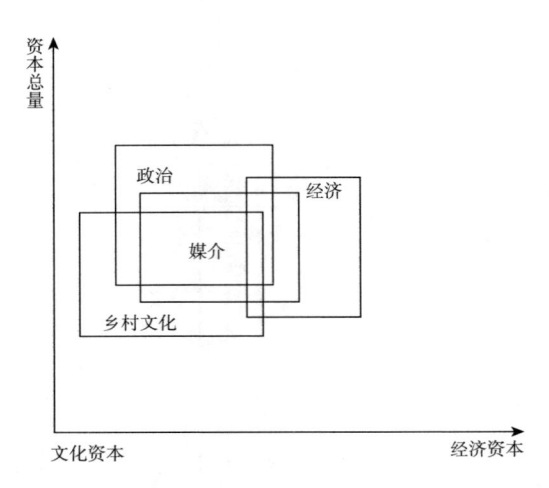

图 1-12　20 世纪 90 年代前我国媒介场域对乡村文化的影响

占领了广阔的受众市场，使强大的商业压力引入媒介场域之中形成强大的"他律"力量，将整个媒介场域从"权力极""知识分子极"拉向"商业极""公众极"，媒介场域影响下的乡村文化场域也被带动向"商业极"移动。乡村文化场域的文化资本被严重削弱，它在经济的、商业的"他律"极的资本影响和支配面前缺乏足够的抵制能力，"自主性"的文化生产萎缩，商业化、市场化的文化生产快速增长，场域资本总量快速增加（见图 1-13）。

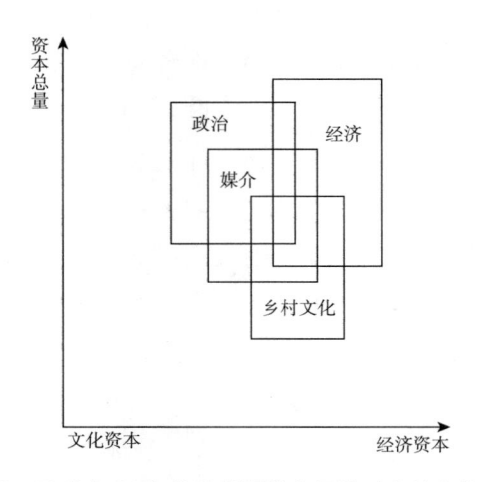

图 1-13　20 世纪 90 年代后我国媒介场域对乡村文化的影响

第三节　文化建构中电视媒介的文化身份

电视是现代科学技术发展的成果，电视传播是人类文化传播的重要方式之一，是传播者以社会感觉、认知为基础，进行现实选择和意义再造的文化生产过程。在我国广播电视"村村通""户户通"工程建设后，电视媒体在乡村社会全面普及，真正实现了电视信号在全国城乡区域的全覆盖，既成为城乡之间信息传递、沟通的重要平台，也成为乡村精神家园媒介建构、价值传播的重要手段之一。

一　传媒变革中的电视传播

现代信息技术在深刻变革媒体传播格局的同时，也使人类的文化生态发生了现代变迁。受技术变革影响，电视传播在理念、经营等多方面进行了转型探索和改革。

（一）传媒变革中的文化生态变迁

生态是指生物在一定的自然环境下生存和发展的状态。文化生态研究是对文化与社会环境关系的研究，主要剖析文化发展、演变与社会进化变革的内在关联，探索文化如何在特定的环境中产生并与之相适应，以及如何在环境的多种因素作用下发展演变。马克思主义认为，人类的一切文化现象，毫无例外地都要用人类生产力发展水平加以说明[1]。媒体传播的信息、符号及其媒介仪式等形成了人类对社会的感知和认知环境，它浸润在社会生活的方方面面，对人们的思想观念、价值取向、行为选择产生着潜移默化、难以察觉的影响。尼尔·波兹曼（Neil Postman）的"媒介生态学"将媒介作为环境进行研究，认为"处于变革中的各种技术不是简单堆积在一起的，而是生态性的"[2]。1994年，芬兰总统马尔蒂·阿赫蒂萨里（Martti Ahtisaari）在国际传播研究会年会致辞中首次使用"文化生

---

[1] 刘敏中：《文化学学·文化学及文化观念》，黑龙江人民出版社，2000，第120页。
[2] Neil Postman, *The End of Education: Redefining the Value of School* (New York: Alfred A Knopf, 1996), p.192.

态"来表达对飞速发展的信息技术给社会造成的严重影响的担忧，他说："政治家们现在呼吁全球关注可被称作'文化生态'的问题。我们共有的未来不仅取决于自然环境，还取决于文化和信息环境。"① 数字传播引发的传媒变革对人类文化的生成、发展和演变带来了深刻影响，并逐步形成数字传播时代的文化特征。

传媒变革开辟了新的文化空间。"文化空间"一词首先出现在联合国教科文组织发布的《宣布人类口头和非物质遗产代表作条例》中，是非物质文化的重要形态之一。"文化空间"作为人类学范畴的概念，既指物态的文化场所，也指人类周期性的文化行为或活动，如聚会、文化表演等独特的文化空间或文化场。在数字时代打造网络虚拟空间之前，人类的文化空间无论是物化的，还是周期性的、仪式性的文化行为（活动），都存在于客观现实空间之中，可闻可见，可通过视听觉、触觉获得感知。人们通过数字时代虚拟的网络平台交往互动、购物缴费、聊天交流、沟通分享，通过微博、博客、空间、朋友圈发表个人生活状态或所思所感；网络媒体定期播放娱乐节目、电视剧；网络主播每天定期在摄像头前与受众互动直播、电商平台每年"双11"举办购物狂欢节等。虚拟的网络虽然看不见也无法触摸，但已经不可否认地成为人类生活中一个重要的新的文化空间。

传媒变革导致文化分层和信息沟的产生与扩大。飞速发展的数字技术不断刷新和再造人们的知识体系、技术能力、生活经验。便携式智能移动终端让人们可以随时随地掌握世界和生活的最新动态，如网络金融、网上购物、无现金支付、自助化服务、电子邮件、移动互联、云计算、大数据、可穿戴设备等，人类已然进入数字化生存模式。基于数字技术打造的新型传媒传播高效，致使信息流迅速增长，由于不同群体的技术能力、知识结构、接受程度的差异，信息在传播过程中容易形成不同的文化层次，那些经济条件好、文化程度高、接受能力强的群体在接受信息、新的知识和技术方面具有更多的机会和更强的能力，他们知识更新节奏快，知识更

---

① 黄育馥：《20世纪兴起的跨学科研究领域——文化生态学》，《国外社会科学》1999年第6期。

加丰富，知识体系更加健全。传媒变革和飞速发展不仅没有缩小不同群体间的差距，反而加深并扩大了他们的信息鸿沟。正如前面所提到的芬兰总统阿赫蒂萨里所担忧的，信息技术的飞速发展有可能扩大了"信息有产者"与"信息无产者"之间、生存在发达地区和贫穷地区人民之间的差距[①]。实际上，这种文化分层和信息鸿沟问题已经在老年人、中年人与青年人之间，在城市与乡村人口之间显著地表现了出来，老年人作为"数字难民"在数字时代越来越边缘化。

传媒变革重构了不同文化形态之间的关系。我国改革开放四十余年，在本土文化与外来文化、传统文化与现代文化的交汇融合中，文化形态呈现多样化特点，基本形成了以主流文化、精英文化、大众文化为主的多元共生格局。在电子传播时代，由于我国报纸、广播电视等媒体以公有国营为主导的管理体制，以及大众对媒体的进入存在一定的门槛，主流文化是社会的主导型文化，承担着传播主流意识形态和引领文化发展方向的重要职责；精英文化作为知识分子文化的主要表现形态，既担负着传统文化的传承、主流文化的传播的重任，又承担着对文化的批评与反思职责。大众文化是现代传媒生产的一种文化形式，具有工业化、商业化和世俗化特征。在印刷传播、电子传播时代，受众不能直接参与信息生产过程，尽管报纸、广播电视等传统媒体在大众文化生产过程中尽量全面地考虑了大众的需求、兴趣特点和市场环境等，但总体来看，这个时代的大众文化在较大程度上还是受到了主流文化的制约和引导。在数字传播时代，传媒制作技术简单易学，内容发布平台和渠道多样，大众进入传播媒介的门槛大幅降低，大众文化真正转变为大众自己生产的文化，表现出生产主体海量、信息内容丰富、话语形态纷呈、价值观念多元等特点，各种以前被主流文化制约的文化形态强势抬头，如恶搞文化、淫秽色情等低俗文化等；各种新的文化形态被催生，如快餐文化、佛系文化、吐槽文化、伪文化、"尬文化"、"污文化"等；拜金主义、享乐主义、个人主义、利己主义滋长蔓延。同时，主流文化对大众文化的制约和引导能力减弱，在文化结构中

---

① 黄育馥：《20世纪兴起的跨学科研究领域——文化生态学》，《国外社会科学》1999年第6期。

的主导作用受到了较大冲击，尤其是报纸、广播电视等媒体的市场占有率被分化、媒体影响力减弱，导致主流文化建设力量匮乏。

　　传媒变革形成了不同于其他时代的文化风格和特征。于数字时代诞生的新型媒体不同于以往的报纸、广播电视等传统媒体，传统媒体通过信息传播承担着信息传播、社会监测、娱乐等功能，以满足受众的信息需求，将社会效益置于经济效益之上。QQ、微信等新型媒体应用于市场主要是为企业赚取利润，它们免费为受众提供信息不只是为了服务，更是为了构建平台、占领市场、为企业盈利打造媒体空间，因此，这些媒体的信息传播与传统媒体相比具有不同特点。①以单条信息推送为主，通过图片、视频、排版等方式尽可能把精彩内容进行视觉化呈现，在短时间内提高受众阅读兴趣。②新闻报道主要以受众兴趣为核心，注重抓取信息中受众最容易感兴趣的部分做文章，以吸引受众的眼球和获得点击量，新闻信息成为营销商品，标题党、虚假新闻、反转新闻等问题突出。③强调对细节、现象的微观化传播，不强调报道的完整性和文本结构的整体性。④强调经济效益至上，以市场推广、运营为中心，缺乏社会责任意识。⑤对工作人员的新闻业务专业能力要求不高，强调视角、思维新颖，善于迎合受众和挖掘受众。因此，传播的信息经常存在基本事实错误、新闻要素不全、文字语法错误、价值观迷失、趣味低俗、拜金主义、舆论导向偏颇等问题。同时，普通大众可以通过社交平台和个人媒体空间广泛参与到信息生产和传播中，其传播的内容个人化、生活化、娱乐化、事件化、趣味性强。数字技术再造了媒体和人类的行为模式，改变了人们意义表达的习惯和方式，这一方面增强了大众的文化自信和自觉，推动文化生活呈现空前的繁荣景象；但另一方面，信息传播碎片化、浅显化、感性化、娱乐化，导致娱乐文化、享乐文化、非主流文化盛行，非理性文化突出，对主流文化、优秀传统文化、精英文化传播形成了强大挑战。

（二）传媒变革中的电视传播

　　数字传播时代变革了媒体传播的格局，大致表现在以下几个方面。①数字技术使传统媒体实现了从模拟到数字的改造，打破了传统媒体之间的技术壁垒，使媒体间的差异缩小；数字技术打破了媒体与受众的壁垒，将人类社会带入到人人都是媒体的时代；数字技术时代的移动互联、云计算、大数据等新技术开启了信息工业化进程,传媒技术向多个领域和行业渗透,传媒业有了更加宽阔的市场空间。②新型数字媒体活力旺盛,传统媒体社会影响力下滑。网络媒体、手机 App 等新型数字媒体为受众提供了海量的信息内容、超链接阅读方式、模式多元的互动方式,提供了较为自由的意见反馈和表达平台,并赋予受众更多的信息选择权,因而备受用户青睐,用户普及率日渐攀升;而以往居于主导地位的报纸、广播电视的社会影响渐显乏力,受众普及率大幅下降,广告收入大幅下滑。③信息内容生产主体多元化。在数字传播时代,普通用户也成为信息生产和传播的主体之一,多元化话语、观念、态度、文化等在社会空间流动,网络社会对现实生活的影响增强。④媒体形式和传播模式多元化。除传统媒体、影响力较大的新型数字媒体等进行的大众传播外,还有通过微信群、QQ 群等社交媒体进行的群体传播,通过 QQ、微信等社交平台进行跨越时空的人际传播,利用 QQ 空间、微博、博客、直播间、抖音等个体化媒体进行的自我传播等。⑤媒介话语多元化。数字传播时代向普通大众开放了许多低门槛的媒介平台,主流话语、精英话语、市井话语等不同社群体的话语在这些平台呈现、杂糅,形成一派热闹喧嚣的图景。

数字时代推动了电视传播的技术变革。数字化改造①是电视从电子传播时代走向数字传播时代的第一步。1990 年美国通用仪器公司(GI)开发出世界上第一套全数字高清晰度电视系统②,1994 年 6 月,美国率先通过卫星实现数字电视业务播出③。我国中央电视台于 1995 年率先开办加密频道;1998 年,我国第一台数字高清晰度电视在北京研制成功,1999 年在中华人民共和国成立 50 周年之际,中央电视台高清晰度电视试验频道成功进行了高清晰度现场直播。2013 年,国家新闻出版广电总局在《地面数字电视广播覆盖网发展规划》中提出,在 2020 年前逐步完成全国城乡地面数字电视的覆盖任务。数字化改造不仅使电视节目信号质量得

---

① 数字化改造是指电视信号从图像信号的产生到节目制作,从信道传输再到接收端解码所有环节都使用数字化技术。
② 王锡胜:《我国发展数字电视的现状、问题与对策(上)》,《中国有线电视》2003 年第 11 期。
③ 唐毅敏:《数字电视的现状和发展趋势研究》,《电子世界》2013 年第 2 期。

以提高，设备更加轻型便携、成本低廉，节目的制作、录制、特效包装等更加丰富高效，而且更新了传受双方的互动模式，实现了从传统的一对多到点对点的点播互动等，还为电视系统与计算机设备、互联网系统的联通提供了技术基础。21世纪以来，互联网技术、智能手机广泛应用，与网络等新兴媒体融合发展成为电视传播的必然选择。2014年8月18日，中央全面深化改革领导小组第四次会议审议通过了《关于推动传统媒体和新兴媒体融合发展的指导意见》，媒体融合上升为国家发展战略，我国开始正式步入媒体融合发展元年。2018年3月，国家将原中央电视台、中央人民广播电台、中国国际广播电台合并组建中央广播电视总台，深入推动电视传播多媒体融合发展，强化电视传播的国际传播能力。

数字传播时代变革了电视传播的理念。数字传媒技术再一次延伸了人的视听觉和触觉，消除了物理空间屏障，缩短了人与人之间的感觉距离和生活距离，使世界各地的人们可以保持近距离的密切联系，人类在全球范围内实现了部落化生存。信息传播不再局限于电子传播时代的大众传播单一模式，通过数字技术，媒体可针对不同的用户进行信息的分众传播、精准投放，社会大众也可以通过新兴传播平台进行社交传播、人际传播、自我传播，信息流动呈现多元化的向度和路径。新媒介赋权使新兴媒体成为权力实现的重要空间，民众、群体等在通过新兴媒体获取信息的同时，还可以表达思想、相互合作，为其行动选择和目标实现带来可能。在数字传播时代，传统意义上的受众已经从被动的信息接受者转变为能够自主选择、自主参与、自主表达的具有能动性的消费者，媒体生产从以"受众"为中心转变为以"用户"为中心。这些变化导致电视传播的理念发生了转变，如从"面向受众"到"面向用户"，从"媒体传播"到"平台服务"，从独有的受众群体优越感到用户市场竞争的危机感，从互动渠道的提供到互动平台的打造等。

数字时代电视传播的改革探索。改革创新一直伴随着电视事业前进的步伐，自20世纪80年代以来，随着时代的发展进步，我国不断从体制、管理、技术等方面对电视事业进行改革探索。如1980年第十次全国广播工作会议确立了广播电视"自己走路"的方针；1983年，第十一次全国广播电视工作会议明确提出"四级办广播、四级办电视、四级混合覆盖"

的事业建设和发展方针；1992年确立了广播电视产业化运营理念；1998年，确立了广播电视"自主经营、自负盈亏"的运营制度；2000年，全国广电厅局长座谈会议确定"着手组建中央一级和省一级的广播影视集团"的改革方向；2005年，广播电视着眼于行政"管""办"关系的改革和"制播分离"的改革探索；2013年，中共十八届三中会议通过的《中共中央关于全面深化改革若干重大问题的决定》提出"对按规定转制的重要国有传媒企业的探索实行特殊管理股制度"，鼓励非公有制文化企业发展，降低社会资本进入门槛，在播出权特许前提下，允许制作和播出分开；2018年，中共十九届三中全会通过《深化党和国家机构改革方案》，组建国家广播电视总局和中央广播电视总台，推动广播电视媒体与新兴媒体融合发展，加快国际传播能力建设。"媒体融合"最早由尼葛洛庞蒂（Nicholas Negroponte）于1978年提出，他认为计算机、印刷和广播的技术交叉处将成为成长最快、创新最多的领域。20世纪末，报刊媒体开办网络报刊开启了我国媒体融合的步伐。为顺应数字时代的传媒变革，各级电视媒体积极利用新平台、新应用开发广播电视的新功能，从多个路径进行了电视传播媒体融合探索。首先是大力发展网络电视台。2009年，中央电视台开办的CNTV上线开播；此后，各省级网络电视台或广播电视台陆续开播，截至2016年5月，各级电视台开办的网络广播电视台达31家。其次是"两微一端"（微博、微信、新闻客户端）的打造。2012年11月，中央电视台开通"央视新闻"官方微博；2013年4月，推出"央视新闻"微信公众号；分别于2013年5月和7月推出搜狐新闻客户端和独立新闻客户端。各省及地方电视台紧随中央电视台的步伐推出了各自的"两微一端"传播平台。"两微一端"的打造为电视传播的融媒体发展提供了多样化的平台。再次，聚合电视行业资源深度开发，进行整合营销。如中国网络电视台不仅聚合了央视的海量独家资源，而且汇集了各省卫视以及地方卫视的频道资源，为用户提供电视直播和点播服务。同时，对频道资源进行深度开发，以更适合于网络传播的方式进行推送。最后，与网络视频传播平台进行合作，形成网台联动。如2012年春节前后，PPTV聚合国内及韩国、日本等多家电视台的跨年晚会、颁奖盛典等打造跨年盛宴，热播电视剧、电视综艺节目登录网络平台播出；网络自制剧在各卫视频道播出等。深圳卫视、湖南卫视还探索了网台内容互补的传播模式——电视台播出节目、网络播出节目花絮,通过这种方式将电视台和网站内容有机联动、互动营销。当前,电视传播的改革探索主要为在内容资源领域进行深度开发和进行传播路径、模式的创新,在用户服务方面还有更多可发展和开拓的空间。随着数字传播时代的进一步发展和多个媒体、平台的深度融合,电视传播在未来社会生活中还有着更加广阔的发展前景。

二 对电视传播的再理解

新的媒介生态既改变了电视传播的理念和范式,也深层次改变了电视事业发展和经营的模态,新媒体技术为电视媒体带来了更多的发展空间和可开拓的领域。但是,由于以手机、iPad 等为介质的移动新媒体的产生,用户对于电视信息的接收方式和习惯也发生了变革;一些新的视频媒体平台对电视观众和用户进行了分流。在学界和业界,不乏存在电视传播已然过时的观点,对此,本研究对相关的质疑和一些关于电视传播的刻板印象进行了反思。

1. 反思:关于"电视传播"存在合理性的质疑

21 世纪飞速发展的信息技术渗透到社会生活的方方面面,人类社会进入信息化时代。信息传播领域多种新型媒体广泛普及,信息传播渠道多样化;人人都成为信息生产和传播的主体;信息内容海量化、碎片化。新的传媒生态使传统媒体面临着改革创新的紧迫任务,"电视传播"不仅面临新型传播媒体的冲击,还受到了存在合理性的质疑。2006 年,NBC 总裁杰夫·祖克尔(Jeff Zucker)宣称,电视业务已步入最重要的拐点,电视面临重大改变是不可逃避的事实。美国物联网先驱人物之一亨利·霍尔茨曼(Henry Holtzman)于 2011 年 9 月抛出"电视台将死"而视频兴盛的预言。针对这些观点和主张,许多研究者纷纷发表自己的观点和看法,如《电视跨进 2.0 时代》一文认为"正如广播不能代替报纸,电视不能替代广播一样,互联网并不能使电视台彻底消亡"。在互联网冲击之下,"电视也在不断进化"①。《从"电视消亡论"看电视节目的生存之道》一

---

① 维尼:《电视跨进 2.0 时代》,《市场观察》2011 年第 11 期。

第一章 概念及关系：乡村精神家园与电视传播

文从电视传播的影响力、专业性，以及大屏传播的优势等角度来力证电视不会消亡。胡智锋教授认为"信息来源的权威性、直播的日常化、高端的大制作"[①]是电视媒体的优势所在，在新的媒介环境下，电视仍有其旺盛的生命力，应积极开拓创新。

实际上，从2006年开始，网络、手机等新型媒体发展至今，事实已经回答了电视能否消亡的问题，在此不需再做论证。但亨利·霍尔茨曼在预言中将"电视"和"视频"概念进行二元对立的做法应该引起研究者的进一步思考和研究。因为电视传播对动态影像的捕捉、纪录、处理、存储、传输和重现都是以视频技术为基础的，从技术层面来看，视频是一种信息处理信号，或是一种信息内容形式；而电视节目内容也是通过音视频信号呈现出来的，应在"视频"外延范围之内，但从技术和形式上来看，视频又不能完全包含电视，因为电视还涉及"音频"。两个概念虽然相关但并不相同，也难以形成对立关系。在我国较早分析电视未来严峻发展形势的著作《即将消亡的电视》中，也有与霍尔茨曼较为一致的观点。该书认为，新的传播介质带来了视频传播的多样化，应当将传统的电视与新兴的视频内容加以区分，并主张将"通过互联网、通信网获得的双向传输的节目统称为'视频'"[②]。同时，该书作者也意识到，实践中将"电视"与"视频"区分开来已经不可能了，大家已经约定俗成地把它们都称为电视。为什么科学家和业界人士都认为"电视"与"视频"应当区分，而大众却没有区分地使用了同一概念，难道仅仅是因为大众缺乏严谨和科学的态度吗？这些观点和现象表明，人们在面对"电视"和"视频"两个从内涵到外延存在包含关系的概念时存在着困惑和迷茫，也表明我们对于"电视"概念的理解可能还存在一定的局限，缺乏更为科学合理的认知和本质化抽象的概括。

人们理解"电视"时，总是从电视技术发明为起点开始梳理。在纵向的历史脉络梳理中，我们对于电视的理解顺乎自然：电视是可以接收图

---

① 胡智锋：《新环境下中国电视的创新与发展空间》，《新媒体与社会》2017年第1期。
② 王明轩：《即将消亡的电视：网络化与互动视频时代的到来》，中国传媒大学出版社，2009，第112页。

像信号的机器；电视是一种信息传播技术；电视是一种信息传播媒介；电视是一种媒体机构（电视台）；电视是媒体生产的节目内容；电视是一种艺术形式。这些理解分别将电视"归入"不同的属概念，也体现出从不同维度出发对电视的意义认知，但很显然这些理解都不是对电视本质化特征的抽象概括，当然也不是电视的"概念"。那么，电视到底是什么？《新编现代汉语词典》对"电视"给出两个解释义项："①利用无线电波传送物体影像的装置。②用上述装置传送的影像。"① "装置""影像"两个属概念指引我们从技术和内容特征两个方面对电视进行理解。国际电信联盟所属的国际无线电咨询委员会将"电视"定义为"电信的一种，用于传送代表景物的信号，在收到信号之际将它储存后，使景物的画面重显"。② 这里仍是从技术层面对电视加以阐释。

概念既是对事物本质特征的概括，也是对事物价值的限定。从人们对电视的不同理解可以看出电视表现出来的多样化特征：技术性、工具性、媒介性、组织性和艺术性。但是，电视的主要社会价值是体现在其技术功能、工具功能，还是媒介功能、社会结构功能或艺术功能上呢？毋庸置疑，电视只是技术的产物，并不是技术本身，电视的主要社会价值在于其信息传播功能。从贝尔德在接收机上看到他的木偶"比尔"头像的那天起，电视就被用来表示跨越不同空间、远距离传送活动影像的信息传播行为，电视的本质是一种信息传播方式——对活动影像的传播；但电视又区别于同样进行活动影像表现的电影，因为电影在拍摄完成后还需要经过复杂的后期技术的精细打磨，才能在影院以一种仪式化的传播方式向观众呈现，而电视是对活动影像的即时传送，传播速度快捷、获取方便、收视随意。

人们运用电视技术传输图像信息、通过电视机接收活动影像，或通过专门的或专业的机构生产用于远距离传送的影像内容，这些都只是活动影像传播过程中的具体行为内容之一。对于电视的理解，我们应该将其属概念定义为"信息传播方式"，而概念的种差应该是这种信息传播方式的具

---

① 罗琦、周丽萍主编《新编现代汉语词典》，吉林大学出版社，2003，第246页。
② 叶家铮：《电视传播的艺术》，北京广播学院出版社，1988，第27页。

第一章　概念及关系：乡村精神家园与电视传播

体描述。因此，电视的概念应当是"运用信息技术，即时记录、处理或传送活动影像的信息传播方式"。从这个概念来看，观众自发地将互联网、通信网获得的视频内容统称为"电视"，倒是表现出他们基于实践体验，对电视这种信息传播方式的本质理解和把握。将电视定义为一种信息传播方式，可以将电视从技术桎梏中解放出来，不至于每出现一种新的信息技术，研究者或业界人士就开始惶惑电视是否应当被重新定义。正如用胶片拍摄和以数字介质拍摄的电影都是电影，在影院播放的电影是电影，在电视机、手机、网络上播出的电影仍是电影一样，基于云技术即时记录、处理或传送活动影像的叫云电视，基于移动通信技术即时记录、处理或传送活动影像的叫手机电视，基于网络技术即时记录、处理或传送活动影像的叫网络电视，而高清电视、智能电视、3D电视、AI电视、VR电视等，无非是不同技术运用在电视这种信息传播方式之中的结果，技术的进步并未改变电视传播的本质特征。

2. 反思：关于电视传播的刻板印象

关于"传播"的定义非常多，但实际上众多定义对"传播"的认识大同小异，可以概括为：传播是主体利用媒介和符号进行信息传受的行为（或活动）。"电视传播"可以理解为：人类运用信息传播技术和视听符号进行信息传播、信息交流和信息服务的社会行为（或活动）。这样理解"电视传播"可以纠正一些关于"电视传播"的刻板印象。

刻板印象1：电视传播是专门的组织机构进行的大众传播。早期由于技术条件限制，电视制作和传播设备投资成本高昂，电视传播长期被国家或财团掌有并用于大众传播领域，由此导致电视传播只限于大众传播领域而非群体传播、人际传播领域。实际上，即便是在技术条件不发达的时期，电视传播用于学校、企业、机关等群体传播的实践并不鲜见。"电视传播"的概念将电视传播主体定义为"人类"而非专门的组织机构，纠正了早期形成的"电视传播只限于专门的组织机构用于大众传播"的刻板印象，将电视传播从大众传播模式中解放出来，置于人类社会普遍进行的信息传播行为或活动内容中。电视传播既可以由专门机构来进行，也可以由个体运用相关技术来进行。

刻板印象2：电视传播是用电视机作为信息接收的媒介。这一刻板印象也是部分研究者认为"电视"和"视频"应该加以区分的根本原因。传播是需要媒介的，但媒介是什么？通常我们对于媒介的理解过于强调其静态性和物质性，忽略了其可发展性和可变化性。传统纸媒可以运用现代电子信息技术制作"电子版"进行传播，广播可以离开扩音喇叭进入车载系统伴随收听，而对于电视传播却要坚决地将其固定在电视机这一物质媒介之上，这无疑是狭隘而不合理的。信息传播固然需要物质的媒介作为终端来呈现，但以媒介介质的特征来固化媒体的传播特征，是一种认识上的偏误。电视传播技术从电子技术、通信技术到数字技术、互联网技术、AI 技术的应用，在对新技术的应用中，电视信号通过电脑显示屏、手机、iPad、投影幕、楼宇显示屏或穿戴设备来显像，是技术变革下呈现出的新的传播特征。

刻板印象 3：电视传播只能用于信息传播活动。当手机媒体、互联网媒体在用户参与、互动等方面表现出突出的能力时，传统电视传播面临广告客户下滑、收视率降低的困境。但危机之中常常蕴藏着发展的契机，以视听符号为话语方式的电视媒体在新的媒介环境中依然有着自身的优势，可以通过积极改革创新、转型升级，彻底变革传统的经营模式和产业形态，开拓灵活多样的经营和发展模式，拓展电视媒介的市场能力。以中央广播电视总台的融合创新实践为例，该台在转型升级中首先进行了平台融合，将智能电视与移动终端、互联网终端对接融通，建立平台联动机制；其次是实现与用户对接，通过网络等多终端进行视频直播、短视频推送、大小屏融合传播等将电视与用户相连接，实现用户资源共享；再次是在生产制作领域实现电视和新媒体的融合一体化，实现电视受众与新型媒体用户的转化和共享；最后是积极开拓电视与市场的融合，以用户为中心，把电视与各种社会资源、市场资源相连接。① 新媒介技术不仅丰富了电视传播的终端平台和传播渠道，还使电视传播的市场功能得到了新的拓展，如依托节目开发衍生产品，提供网络购物服务，实现各种市场资源和服务项目跨界融合，开发未来智慧家居服务业务等。电视媒介已经从单一从事信息传播活动的媒介转化为与社会生活、市场发展深度结合的媒介。

---

① 钱蔚：《央视网：构建融合新生态　拥抱转型升级》，《电视研究》2018 年第 5 期。

三 电视传播的文化身份

经过四十多年的改革开放,进入数字传播时代的中国经济实力显著增强,科技事业蓬勃发展,物质文化充分发展和繁荣,社会主要矛盾已经转变为人民日益增长的美好生活需要和不平衡不充分的发展之间的矛盾,综合国力和国际竞争力显著提高,国际地位和影响力明显提升,在国际事务和世界舞台上发挥着越来越重要的作用。高速发展的中国持续推进改革开放,积极参与全球治理,携手世界各国分享我国发展红利,"一带一路""人类命运共同体"的倡议展示出我国自信开放、包容合作的中国气派和大国担当。在新的历史发展时期,我国文化建设朝着更宽广的视野和更高的目标迈进。尽管数字传播时代媒体形式多样、信息平台不胜枚举、信息内容包罗万象,电视媒体在社会传播中的主导地位受到了极大冲击,但作为媒介体系中的重要一维和以社会效益为首要原则的大众传播媒介之一,电视传播在社会生活和文化建设中仍然发挥着重要的作用,担负着文化传播、文化传承、文化引领和文化创新的重要使命。

传播和传承优秀传统文化,坚守中华文化根本。作为世界上最古老的文明之一,中华文明源远流长,形成了博大精深、内涵丰富、特色独具的中华文化,悠久璀璨的优秀传统文化是中华民族的精神财富。习近平总书记在讲话中多次强调了中华民族优秀传统文化的重要性,"中华民族在几千年历史中创造和延续的中华优秀传统文化是中华民族的根和魂""当代中国是历史中国的延续和发展"[1],优秀传统文化是中华民族的精神家园,是强起来的中国屹立于世界民族之林的坚强支撑,若要树立新时代中国的文化自信,就要传播和传承优秀传统文化,坚守中华文化根本,汲取优秀传统文化的思想精华和道德精髓,充分发挥其巨大作用。什么是优秀传统文化?张岱年先生认为,中华文化的基本精神内涵体现在天人合一、以人为本、刚健有为、以和为贵四个方面。[2] 学者赵东海、梁伟概括中国传统

---

[1] 《习近平主席在庆祝澳门回归祖国15周年大会暨澳门特别行政区第四届政府就职典礼上的讲话(全文)》,中国政府网,http://www.gov.cn/xinwen/2014-12/20/content_2794531.htm,最后访问日期:2021年5月3日。

[2] 张岱年:《文化与价值》,新华出版社,2004,第212页。

文化的精髓主要为君子文化、尚贤文化、谋略文化、耻感文化、礼仪文化、忠孝文化、爱国主义以及人道主义精神等。① 学者李宗桂概括中华民族精神为：爱国主义的民族情怀、团结统一的价值取向、贵和尚中的思维模式、勤劳勇敢的优良品质、自强不息的进取意识、厚德载物的博大胸襟、崇德重义的高尚情操、科学民主的现代精神。② 电视传播应积极创新传播方法和手段，大力弘扬中华文化中优秀的精神风貌和价值取向、自强不息的奋斗精神、兼收并蓄的博大胸襟，深入阐发传统文化中民本、仁爱、尚德、重义、诚信、贵和、求大同等价值观念，用传统文化精髓滋养受众的文化生活，引领健康的精神文化方向，激发民族自信心和自豪感，增进文化认同和民族认同。

　　培育社会主义核心价值观，凝聚民族精神。自 20 世纪 80 年代以来，我国致力于改革开放和经济建设，实现了从计划经济向市场经济的转变，社会物质财富丰裕，人们生活总体上达到小康水平。在物质文明发展过程中，社会价值观念不可避免地受到了物质追求和市场行为的冲击，一些不正当竞争手段，以及不讲信用、造假欺诈、破坏环境、唯利是图等行为不仅严重破坏了市场秩序，而且导致了自由主义、个人主义、利己主义、实利主义等价值观盛行，对社会道德和价值观造成了恶劣影响和极大冲击。2001 年，我国加入世界贸易组织，参与到世界经济一体化、全球化的发展主流之中，世界贸易往来和经济合作既使不同国家和地区的文化交流融合，也使不同文化大量涌入，对我国传统价值观、社会主流价值观带来了不小的影响。多元价值观不仅造成了人们在价值取向、理想信念、道德伦理等方面的困惑和迷失，而且造成了社会的精神危机、道德危机和信仰危机。党的十八大提出培育和践行社会主义核心价值观的战略任务，并从个人、社会、国家三个层面分别提出了价值观理念和构建要求，形成了我国社会主义核心价值观的基本内涵。在公民个人层面，社会主义核心价值观倡导树立并践行爱国、敬业、诚信、友善的价值准则；社会层面，倡导自

---

① 赵东海、梁伟：《中国传统文化精髓述略》，《内蒙古大学学报》（哲学社会科学版）2011 年第 1 期。
② 李宗桂：《中国文化精神和中华民族精神的若干问题》，《社会科学战线》2006 年第 1 期。

由、平等、公正、法治的价值取向；国家层面，倡导富强、民主、文明、和谐的价值目标。社会主义核心价值观是中华民族的价值共识和共同的价值追求，既是对中华优秀传统文化价值内涵的传承和发展，也是对世界文明有益成果的兼收并蓄；既体现了社会主义的本质要求，也体现了时代精神，在凝聚民族共识、稳定社会关系、促进国家发展方面起着重要的作用。作为主流文化传播的重要方式，电视传播在社会价值观的建构中有着强大的力量。电视传播应积极改革传播模式，创新传播方法，用人们喜闻乐见的方式阐释、传播社会主义核心价值观，实现核心价值观与个人价值取向、公共价值取向的有效对接，建构受众对核心价值观的认同。

讲好中国故事，传播中国形象和中国精神。信息传播在数字传播时代进入全球传播的广阔领域，不同国家、跨国团体或组织、跨国企业以及互联网网民都成为全球传播的主体之一，不同国家的民族文化、价值观、意识形态在信息传播中既相互沟通理解，也产生摩擦和碰撞，在异质文化交流传播的背后隐藏着意识形态、价值观甚至经济利益的博弈。各国、各地区由于经济发展水平不同，信息生产和传播能力存在着较大差距，全球信息传播出现"信息富有国""信息贫困国"两极分化现象，"信息富有国"凭借雄厚的资本、发达的文化产业和强大的技术能力形成信息优势，造成全球信息单向流动的不平衡、不平等现象，严重阻碍了跨国信息传播自由，挫伤了发展中国家的文化自信，同时，随着大量信息的跨国传播，"信息富有国"将本国的文化、思想、意识形态、价值观等潜移默化地渗透到其他国家。1973年，第四次不结盟国家首脑会议通过的《阿尔及尔宣言》对信息领域的殖民化现象进行批判，提出"新世界信息秩序"观念，主张发展中国家共同采取行动，改变现有的信息传播格局。作为发展中国家，我国在全球信息传播中同样长期处于弱势地位，尤其是在对中国形象和中国精神的传播中，发达国家长期以来掌控着"传播什么""怎么传播"的决断权，在传播中歪曲、抹黑我国形象的现象屡见不鲜，导致世界各国对中国的误解和偏见加深。随着我国成长为世界第二大经济体，中国越来越受到世界瞩目，但要成为一个世界强国，除经济之外，还需要在文化上与世界进行沟通，让中国理念、中国思想、中国精神在世界上产生足够的影响力，因此，加强精神文明建设、增强文化软实力是我国实现强国梦的战略重点。2013年,习近平总书记提出"讲好中国故事"的要求,为中国做好对外传播、更好地融入世界指明了方向。电视传播的视听语言可以为受众生动呈现人物及其生活的真实面貌,具有极强的现场感染力和视觉美学张力,为跨文化讲述中国故事提供了有利条件。电视传播应立足于中华文化之魂,做好中国价值、中国精神与人类共同价值和理想的对接,寻找异质文化在价值观念、道德伦理、理想信仰等方面的契合点,结合受众的阐释语境,创新话语方式和叙事技巧,创新传播方法,把握传播时机,用生动形象、感人至深、引人入胜的中国故事传播中国形象和中国精神,实现跨越国界的文化认同,产生世界共鸣。

重塑全球电视文化格局,彰显人类命运共同体理念。在经济全球化驱动之下,"一切国家的生产和消费都成为世界性的了。……精神的生产也是如此。各民族的精神产品成了公共的财产"。[①] 世界各国处于相互依存、多元共生的国际关系之中,形成了国际社会的集体主义意识和共有家园意识,其中每个行为主体都必须在追求本国利益最大化的同时,合理关切他国的利益,互信认同、开放包容,以共同体意识推动国际体系和谐共生发展。党的十八大报告中提出"人类命运共同体"的国际交往价值理念,在谋求本国发展的同时促进各国共同发展,推动人类社会和谐共生发展。习总书记在党的十九大报告中强调"没有高度的文化自信,没有文化的繁荣兴盛,就没有中华民族伟大复兴",[②] 和谐共生的全球发展观对世界电视文化格局提出了新的要求。尽管电视媒体在21世纪遭到新兴媒体的强势冲击,但在跨文化传播以及文化共同体建构中仍具有难以替代的地位,中央广播电视总台组建的目的之一正是提高我国国际传播能力,推动我国文化"走出去"并建构文化认同和价值认同。随着世界经济格局的重组,以往由美国为主导的电视文化权力格局、话语形态被打破,全球传媒文化产品日渐多样化,发展中国家的传媒产品不仅在地区影响力上有所提升,而且开始向欧美地区输出,产品流向由以往的美国输出全球的单极

[①] 《马克思恩格斯文集》第2卷,人民出版社,2009,第35页。
[②] 习近平:《决胜全面建成小康社会 夺取新时代中国特色社会主义伟大胜利——在中国共产党第十九次全国代表大会上的报告》,共产党员网,http://www.12371.cn/2017/10/27/ARTI1509103656574313.shtml,最后访问日期:2021年5月3日。

流动变为多极流动。半岛电视台、俄罗斯电视台在新闻报道中另辟蹊径，从多元视角打造新闻舆论场，力图重构国际新闻传播的话语格局、传达更加多元的观点和态度，成为了全球主流电视频道之一。我国实施的"一带一路"倡议和"人类命运共同体"构建方略为我国电视媒体参与全球传播提供了机遇和条件。我国电视媒体通过积极参与全球电视文化变革、提供公共文化产品和搭建全球媒体合作平台，体现出了中国电视文化在全球电视文化新格局中的重要地位和积极作用，努力在超越地域和文化偏见的相互尊重和共同发展中，建构人类命运共同体意识和全球共同价值观。

第二章 价值构型：乡村精神家园的认知性建构

价值是人们欲望、情感形成，以及行为判断和选择的基础。从不同的立足点出发，人们对价值有着不同的理解，也因而导致人们在行为动机、目的和方式上存在较大差别。精神家园本质上是一个被广泛认同的文化价值矩阵，价值构型是理解和认知精神家园时所依据的意义框架和评价体系。乡村精神家园的价值构型表现出多个维度，一是人类在乡村社会发展实践中所确立的意义框架和行动规则；二是政府机构在社会发展和治理过程中对乡村精神家园制定的意义框架和行动准则；三是传播媒介在对乡村精神家园认知的基础上，基于各自的社会功能和传播目的，对乡村精神家园进行的意义框架和价值评价体系的重构；四是个人、群体以及不同阶层和信仰的人们对乡村家园理解、认知的意义框架和价值评价标准。正因为价值构型的多元化特点，电视传播在对乡村家园进行建构时有必要将其放在一个意义框架和评价体系之中进行价值描述和意义定位。作为在文化场域中靠近政治极、文化极的大众传播媒介，我国电视媒体对于乡村精神家园的价值构型主要从国家视域、历史传承、社会发展三个维度来展开，为其在乡村精神家园建构实践中确立合理的行为目标。

第一节 时代语境：乡村精神家园建构的现实观照

现代性是现代社会发展和文明变迁的特征和结果，其根本属性表现为

第二章 价值构型：乡村精神家园的认知性建构

文化的规定性，这种属性在政治、经济、环境等现代性表征中广泛而多维地体现了出来[①]。现代性作为对人类社会发展状态或情境的描述，既是全球化的一种历史体验，也是当代思考和言说的基本语境。作为现代社会文化的内在机理和基本图式，现代性对我国乡村社会的思想观念、文化精神、道德伦理、价值取向、行为方式以及相应的制度等都产生了极为深刻的影响，乡村文化呈现出新的质态和形态特征，乡村文化遭遇了内在精神结构的解构和重构过程，传统价值观念、文化内涵及制度在与现代性碰撞、交融与博弈中发生转型和变迁并被重塑。

一 社会转型：乡村精神家园的现实语境

现代社会创造的强大生产力给人类带来了前所未有的文明成果。现代化在我国乡村的推进，实现了乡村政治管理的民主化和传统农业向市场经济的过渡，村民的自我主体性得以确立和彰显，自我意识和自我发展能力不断增强，个体价值得到尊重和强调，形成了以人为核心的价值理念和体系，公民意识、民主意识和法制意识在乡村逐步普及。乡村的社会变迁体现了现代社会的进步，展现了人类文明新的发展成果。但与此同时，社会结构变迁、市场经济冲击等彻底改变了乡村的存在状态，封闭、静态、贫困的传统村落转变为开放、流动、发展的现代社会空间；同时，村民们在心态、认知和思想上深受现代社会、商品经济价值观的影响，表现出精神家园的迷失。

社会结构变迁对乡村精神家园的影响。在现代社会的发展改造下，乡村群体组合结构由以个体为中心的"差序"格局转变为以平等为基础的组织格局，由以往以家族、血缘为中心转变为以社会组织为依托；村民生存的地域空间由以乡村地域为主转变为乡村地域与城镇地域相结合，城乡之间的空间距离被缩短、心理距离被拉近，同时村民开放了眼界和思想；乡村生活及生产方式由以农业生产为主转变为多种产业相结合，传统农业被改造为现代农业。尤其是农业现代化促使乡村剩余劳动力向城镇转移，劳动力流失导致传统农业迅速衰落、现代农业全面发展。随着乡村人口的

---

① 刘伟斌、胡海波：《现代性批判的文化向度及其思想演进》，《现代哲学》2015 年第 6 期。

城乡流动，越来越多的村民受到城市多元价值观的洗礼，乡土文化认同受到挑战。同时，村落老龄化、空心化现象严重，原来稳固的家庭结构、紧密的家族系统、浓厚的宗族意识被解构，曾经对传统乡村社会具有教化性权力和精神凝聚力量的礼俗制度、道德体系、价值观念等日渐式微，逐渐退出乡村社会治理的权力场域，传统乡村精神家园价值内核被动摇，新的价值体系亟待重构。

市场经济对乡村精神家园的影响。市场经济在彰显其活力与效率的同时，释放了市场竞争的压力与动力，极大膨胀了逐利欲望。其重利性、竞争性、等价交换原则等特点导致拜金主义和对物化原则的崇尚，实用主义、功利主义、享乐主义盛行，一切向钱看的价值观催生了为牟取利益不择手段的腐败现象和违法行为，在商品和金钱的奴役下人的能动性丧失，导致人的异化。市场经济的负面效应对乡村精神家园的价值内核形成了影响和冲击。由于在社会变迁中，传统乡村精神家园的价值、道德、理想信念的教化力量退化，新的价值观在乡村尚未形成普遍的自觉意识；村民对市场经济的本质及规律认识不足，缺乏理性认知和判断能力等，当村民从封闭保守、贫穷落后融入市场经济后，虽然实现了改善物质生活和摆脱贫穷落后面貌的愿望，但也受到了市场经济负面效应的深刻影响，对利益的崇尚与追逐导致其价值理念和道德观念转向，淳朴厚道、勤劳善良等优秀品质受到质疑甚至抛弃，唯利是图、见利忘义等现象和行为屡见不鲜。物质生活的富裕和经济利益的满足并不能充实村民们的精神世界，相反还促使了其他各种欲望的肆意滋长，导致落后恶俗重现、道德滑坡、伦理失序、精神空虚等问题在乡村悄然蔓延。

二 文化冲击：乡村精神家园的价值迷失

乡村传统文化是村民在传统农业生产和生活实践中积累起来的物质文明和精神文明，它赋予村民生活生产以意义、规则、价值和精神寄托。传统道德观念和礼俗文化是乡村传统的"超越性价值"，在现代性对乡村文化的解构和重塑中，商业文化、消费文化、大众文化、娱乐文化等裹胁而来的西方文明、城市文明在乡村强势渗透，潜移默化地改变着我国乡村传统的价值观、道德观和礼俗传统；现代媒介对乡村文化现

第二章 价值构型：乡村精神家园的认知性建构

象化、符号化的提炼、整合与再造，使媒介化的乡村文化与传统乡村文化的内涵意义相剥离，乡村传统文化中的道德观念体系、礼俗文化内核被弱化和边缘化。

乡村精神家园在现代性中的迷失。在乡村经济快速发展的同时，现代性内部深刻的矛盾性随之显现和扩展，甚至激化为人类不得不面对的现代性困境与危机。王海滨认为，现代性的"突出问题集中于内在的精神性维度，而该维度的问题进一步聚焦为传统超越性价值失落之后，欲望的主宰和感性至上原则成为现代性精神生活的主流"。[1] 现代化发展和城乡文化的交汇带来的多元价值观解构了乡村道德伦理、礼俗教化传统，导致村民对乡土文化认同缺失，思想和文化出现与传统的隔膜与断裂，乡村陷入对传统文化的作用和价值迷惘、质疑乃至失望的文化焦虑之中。究其原因主要有以下几个方面。其一，随着乡村人口社会流动加速，西方文明、城市文明的消费习惯、生活方式、思想观念、价值观等向乡村扩张，对乡村精神家园造成影响和冲击。其二，乡村青壮年劳动力离乡务工导致乡村文化建设的主要群体缺位，乡村精神家园寄寓的生产和生活语境消失，文化生态遭到结构性破坏；传统仪式、风俗等乡土文化形态无法开展，大量非物质文化遗产面临无人传承的困境。其三，被现代农业解放出来的乡村留守村民生活单调、精神空虚，打麻将、赌博、涉黄等问题突出，封建迷信、邪教活动开始活跃，社会风气、道德风尚下滑，表现出较为严重的文化衰落现象。乡村社会及其传统文化的消退致使乡村精神家园内核虚空、难以找寻和安顿。

消费文化冲击下乡村精神家园的意义迷失。不同乡村所拥有的风格迥异的传统文化作为被标出的文化现象，在市场经济发展语境中成为地方旅游及相关产业的重要文化资本，很多有着特色鲜明传统文化的乡村成为各种资本要素流动的消费空间。在消费文化的打造下，乡村传统文化逐渐脱离乡土社会语境，被按照市场消费的逻辑改写，符号意象从传统文化中提炼、剥离出来，借助资金的力量进行发掘、整合和改良，通过各种器物、仪式、表演和产品等进行规范化、标准化呈现并大量生产，成为被消费的

---

[1] 王海滨：《现代性、中国问题和精神重建》，《求实》2016年第4期。

文化商品。消费者以欣赏和猎奇的眼光浮光掠影地进行乡村传统文化消费，在他者视域下对所呈现的符号意象进行意义阐释和理解。以传统文化为资本的市场开发获得了比传统农业甚至外出务工更多的经济利润，村民们意识到传统文化这一宝贵财富和资源优势，尽管整合改良后的文化内容未必与传统文化相符，但他们仍乐于按照市场的需求去展示和表演。在市场语境下，不仅乡村传统文化的精神内涵及其真实的社会功能受到忽略和抛弃，而且被整合改良的文化符号携带着市场赋予的新的意义内涵，在消费者娱乐和消费中被误读为真实的传统文化被接受和推广，使真正的乡村传统文化逐渐被边缘化并走向消亡。

　　大众文化对乡村精神家园的冲击。瓦尔特·本雅明（Walter Bendix Schoenflies Benjamin）将大众文化时代称为"机械复制的时代"，认为艺术借助机械复制技术走向了大众，实现了艺术民主化，但同时，机械复制技术下的大众文化使艺术成为商品，艺术的崇拜价值转变为展示价值，传统文化需要的专注感受体验缺失，造成了现代意识与传统文化的断裂。法兰克福学派的马克斯·霍克海默（M. Max Horkheimer）、西奥多·阿多诺（Theodor Wiesengrund Adorn）等则用"文化工业"来指称大众文化，强烈批评大众文化带来的负面影响，认为技术理性之下的文化艺术丧失了价值理性、失去了超越性和创造性属性，成为被标准化生产出来的商品，并沦落为经济的附庸。大众文化通过娱乐、消遣的方式提供虚假的幸福感，以遮蔽世界和生活的真实，带来一种虚假满足而麻木人们的思维、控制人们的精神。本雅明和阿多诺等法兰克福批判学者分别从不同的视角对大众文化进行了理解和批判，为我们认知大众文化提供了宝贵的理论参考。毋庸置疑，每一项新的传播技术都深刻地影响着人类的生活和生产方式，在新的媒介技术影响下，人们的社会角色、交往关系等被重新建构，正如从20世纪大众传媒时代步入21世纪自媒体、社交媒体时代后，人们的生活方式、生产方式、社会角色和交往模式等被重新建构一样。工具理性支撑的大众文化一方面使文化艺术走下神坛蜕去神秘光环，成为普通民众共同享用的精神文化；另一方面，大众文化的工业化生产经营模式催生了娱乐至上的文化氛围，导致意义价值、思想道德、理性智慧、传统精神迷失，感性文化、低俗文化、审丑文化等盛行。村民通过使用现代媒介技术和媒介产品深受大众文化的强烈冲击，导致流行文化、消费文化、享乐文化、非理性文化等在乡村的泛滥，强调理性、内在感受和精神价值的传统文化在大众文化冲击下被边缘化；大众文化形成的娱乐、消费、功利和恶搞等语境，使传统文化沦为大众文化利用、消费、娱乐消遣的对象和内容，其道德价值体系、意义内涵和精神境界被解构、歪曲和异化。

三 价值坚守：乡村文化传承的多重语境

现代性解构了我国传统文化的价值体系，造成了现代社会与传统文化的疏离，以及思想和文化的结构性断裂。然而，扎根于几千年悠久历史之中的中华民族传统文化有着深厚的根基和土壤，在现代性强劲的冲击和碰撞下仍保有坚强的文化定力和价值自信。流淌在中华儿女血脉中生生不息的文化基因和价值传统也使他们在现代性困扰中不断自我反思和成长，在理性审视基础之上实现文化自觉、增强文化自信。传承优秀传统文化及其价值信仰是中华文脉世代传承、中国精神铸造的必然选择，这已经成为民族共识，围绕复兴、弘扬和传播中华民族优秀传统文化的共识，政府和社会各层营造了有利于传统文化传承及其价值坚守的多重语境。

宏观语境：乡村优秀传统文化复兴的国家行动。我国政府高度重视中华民族优秀传统文化的文化价值和历史意义，以及其在民族凝聚、国家发展等方面的重要功能，并从国家战略、政府决策、政策措施等方面进行积极导向，形成了有利于乡村发展和优秀传统文化复兴的政治语境。如，2017年1月，中共中央办公厅、国务院办公厅印发《关于实施中华优秀传统文化传承发展工程的意见》，明确指出"文化是民族的血脉，是人民的精神家园"，[1] 并提出实施中华优秀传统文化传承发展工程任务，以及深入阐发文化精髓、把中华优秀传统文化贯穿于国民教育始终、保护传承

---

[1]《国务院办公厅印发〈关于实施中华优秀传统文化传承发展工程的意见〉》，中国政府网，http://www.gov.cn/zhengce/2017-01/25/content_5163472.htm，最后访问日期：2020年10月11日。

文化遗产、滋养文艺创作等七项重点任务。党的十九大报告也明确指出"中国特色社会主义文化，源自于中华民族五千多年文明历史所孕育的中华优秀传统文化"。培育和践行社会主义核心价值观，"要深入挖掘中华优秀传统文化蕴含的思想观念、人文精神、道德规范，结合时代要求继承创新，让中华文化展现出永久魅力和时代风采"。[①]

乡村发展及其传统文化保护和传承一直是我国政府高度重视并着力解决的问题，如中共十六届五中全会提出建设"生产发展、生活宽裕、乡风文明、村容整洁、管理民主"的社会主义新农村；党的十八大做出"大力推进生态文明建设"的战略决策；2015年中央一号文件明确提出，在新农村建设中要"创新乡贤文化，弘扬善行义举，以乡情乡愁为纽带吸引和凝聚各方人士支持家乡建设，传承乡村文明"，强调了乡村文化建设的重要性，并明确了具体的建设策略和方案；党的十九大报告提出实施乡村振兴战略，指出农业农村发展的总体要求为"产业兴旺、生态宜居、乡风文明、治理有效、生活富裕"。习近平总书记多次在讲话中强调中华民族优秀传统文化与乡村发展的关系，如2013年7月，他在湖北省鄂州市考察时指出农村绝不能成为荒芜的农村、留守的农村、记忆中的故园；2013年12月在中央城镇化工作会议上，他要求城镇建设"要体现尊重自然、顺应自然、天人合一的理念，依托现有山水脉络等独特风光，让城市融入大自然，让居民望得见山、看得见水、记得住乡愁"。[②] 习近平总书记反复强调乡村发展不能与自然、历史、文化割裂开来，要保持和谐共生的互动关系。

政策方面，我国早在1982年就制定并通过了《文物保护法》；1985年正式加入了《保护世界文化与自然遗产公约》；2002年，国家文物局、文化部等九部委向各地方政府发布《关于加强和改善世界遗产保护管理工作的意见》。截至2018年7月2日，我国已有53处文化遗址和自然景

---

① 《习近平在中国共产党第十九次全国代表大会上的报告》，人民网，http://cpc.people.com.cn/n1/2017/1028/c64094-29613660.html，最后访问日期：2020年10月11日。

② 新华社：《中央城镇化工作会议举行 习近平、李克强作重要讲话》，中国政府网，http://www.gov.cn/guowuyuan/2013-12/14/content_2591043.htm，最后访问日期：2021年5月3日。

第二章 价值构型：乡村精神家园的认知性建构

观被列入《世界遗产名录》。根据联合国教科文组织发布的《保护非物质文化遗产公约》，截至 2016 年底，我国入选该组织非遗名录的项目已达 39 个。我国还建立了"国家+省+市+县"的四级非物质文化保护体系，并分别于 2006、2008、2011、2014 年命名了四批 1372 项国家级非物质文化遗产。这些很多分布在我国各地乡村的文化遗产，被列为世界文化遗产或列入我国各级政府非物质文化保护名录，这既是当地传统文化的荣耀，也加强了学者、政府及当地人民对这些文化的重视，对于乡村传统文化的保护、传承具有有力的推动作用。

中观语境：乡村优秀传统文化弘扬的机构行动。一方面是相关职能部门及各级人民政府围绕国家对乡村文化发展提出的总体目标和具体要求所做的工作和实践，他们从乡村传统文化发展空间的恢复与建设、传统文化的挖掘和支持、传统文化活动的组织与开展等多个方面形成了有益于乡村传统文化传承与发展的语境。在乡村传统文化发展空间的恢复与建设方面，许多地方政府既着力于乡村传统公共文化空间的保护，也积极建设新的公共文化空间，使传统文化与当代文化形成和谐共生的局面，乡村传统文化不仅得以重新活跃和施展，乡村文化生活的品质也得以大幅提高，村民在丰富多彩的文化活动中既贴近时代，也亲近于乡村文化母体，获得文化的归属感和家园感。许多乡村在地方政府的大力支持下建起了村史馆、历史文化展厅，恢复后的古戏台、古祠堂与新建的乡村文化礼堂、文化场馆、大舞台等成为乡村文化展示的重要场所。在乡村文化活动的组织与开展方面，地方政府根据当地风俗和传统文化特点，积极为文化搭台，组织村民进行传统文化、仪式、民俗的表演活动。如云南武定县组建乡村表演小分队，经常举办山歌对唱、民族舞蹈表演等各种传统文化活动；2018 年中秋节，浙江省长兴县小浦镇中山村举办了以传统文化为主题的迎中秋活动，活动内容包括中秋传统习俗展示、旗袍秀、茶道表演、孝悌文化展示等。地方政府的系列举措对乡村传统文化弘扬和传承起到了重要的推动作用。

另一方面是媒体传播对乡村传统文化的发掘和弘扬也发挥着重要的积极作用。在乡村振兴战略全面实施背景下，文化振兴成为乡村发展的重要内容之一，挖掘、弘扬传统文化成为乡村文化振兴的主要路径之

意义·形象·话语：电视传播与乡村精神家园建构

一，相关新闻报道如《吉水弘扬优秀传统文化提振乡村精气神》①《潍坊昌邑挖掘传统文化 打好乡村振兴"文化牌"》②《清远94所乡村学校少年宫 丰富课程融入传统文化》③ 等。除通讯社、报纸、广播电视等传统媒体及其新闻网站外，地方政府新闻网、传媒网等也是关注和报道乡村文化振兴的重要媒体。媒体对乡村传统文化形式和内容的展示和传播，对乡村丰富多彩的文化活动，尤其是传统文化活动的相关新闻报道和内涵阐释，营造了乡村优秀传统文化弘扬的良好的文化氛围，并形成了强势舆论场，对于乡村传统文化的挖掘、传承和弘扬起到了有力的推动作用。在互联网技术的推动下，各媒体的相关报道被多种传播平台多次转发，传播效果不断增值，为传统文化发展开辟了更加广阔的空间。

微观语境：乡村优秀传统文化传承的公民行动。现代性导致的社会功利化、世俗化以及资源匮乏、环境污染等与中华文化尚德重义、天人合一等价值理念激烈碰撞，优秀传统文化所具有的超越性价值内涵在现代性问题面前愈发彰显，成为凝聚民族精神的强大力量。在对现代性进行深刻反思和反省中，对母体文化"根"的找寻和回归成为许多中华儿女的现实行动。首先是乡村村民对于现代性的反抗和对传统文化的传承。在农业生产方面，乡村村民意识到施用农药及化学肥料等对食品健康的不利影响，逐渐回归传统农业的生产方式；部分村民还努力延续传统农业中当地最为经典的作物品种，如湖北省宣恩县桐子营村村民周某，为确保老品种留种纯正，每年栽种老品种植物时特意远离新品种植物。传统手工艺方面，虽然在商品经济特别发达的今天传统手工艺品渐渐失去市场，但哪怕产量少，传统手工艺人仍然坚持制作，努力将手艺传承下去；传统文化艺术、习俗及仪式等也正在乡村回归。其次是深受现代性困扰的城市居民通过旅游消费的方式回归乡村和田园，拥抱清新宜人的

---

① 《吉水弘扬优秀传统文化提振乡村精气神》，江西省人民政府网，http://www.jiangxi.gov.cn/art/2018/9/19/art_399_389895.html，最后访问日期：2021年5月3日。
② 孙小茹：《潍坊昌邑挖掘传统文化 打好乡村振兴"文化牌"》，搜狐网，https://www.sohu.com/a/247745416_100017374，最后访问日期：2021年5月3日。
③ 张彩霞：《清远94所乡村学校少年宫 丰富课程融入传统文化》，清远文明网，http://gdqy.wenming.cn/jujiao/201808/t20180803_5365240.html，最后访问日期：2021年5月3日。

自然风光，感受乡村的生活与耕作，体味乡土的诗意与温情。城市居民对待乡村自然的态度以及在行动上的热情回归，也带动村民对乡村生活、传统文化价值观念的认知重构。最后，"新乡贤"文化的兴起推动乡村传统文化的传承与发展。"乡贤"又称"乡先达""乡先正"，指品德才学为人推崇、显达贤明的先辈，他们有较高威望，在乡村建设管理、礼俗教化等方面起到较大的作用。乡贤文化是我国古代以来形成的特有文化。从2015年至今，每年我国中央一号文件都提到了新乡贤文化的创新、培育，鼓励新乡贤支持家乡建设、传承乡村文明、在乡村建设和发展中发挥积极作用。在国家号召和政策鼓励下，从乡村走出去的新乡贤们投入到乡村建设和治理中，反哺桑梓、惠泽乡里，对乡村传统文化的传承和重构起到了重要作用。

第二节　意义机制：乡村精神家园的传播定位

"价值认识是对生活对象的结构、功能和属性以及它们同主体各种需要的关系的反映，这种认识是形成价值观的认识论前提。"[①] 20世纪90年代，世界各国在经济、科技等领域互动频繁，逐渐发展并建立起全球经济、技术的整体运行框架，形成了超越国界的全球性力量，同时有力推动了各国政治、文化、生活方式等的跨文化传播。文化作为国际交往和国际竞争的软实力，在传播民族价值观念、树立国家形象、提高意识形态吸引力等方面发挥着重要作用。乡村精神家园是我国传统文化、民族精神、文化特色的具体体现。电视媒体在对乡村精神家园的媒介建构中将其置于国家、民族文化的宏观语境之中，结合我国文化发展战略以及乡村建设方略，定位其在我国社会发展、文化建设和跨文化传播中的价值坐标。

基于乡村精神家园的内涵以及人们对乡村精神家园认知的多个维度，本研究在对乡村精神家园的媒介建构研究中，从新闻资讯、乡村服务、乡村文化等视角对2018年我国省级及以上电视媒体制作播出的电视节目文

---

① 晏辉：《论价值观》，《内蒙古大学学报》（哲学社会科学版）1993年第3期。

本进行了收集整理（见表2-1），并以其中文化类节目《记住乡愁》（第四季）作为样本来分析乡村精神家园电视媒介建构的价值定位。

表2-1 2018年省级及以上电视台与乡村精神家园相关的节目情况

单位：个

电视台	新闻类	文化类	乡村服务类							电视剧
			公益	经济	知识	旅游	娱乐	法制	民生	生活	
中央台	2	4	0	2	3	0	1	1	1	3	5
省级台	18	10	3	28	14	2	8	0	4	1	2
总计	20	14	3	30	17	2	9	1	5	4	7

《记住乡愁》节目是由中共中央宣传部等多部门联合发起，由中央电视台中文国际频道组织拍摄的季播类大型纪录片。从2015年1月至2018年3月已经播出四季共240集，首播平均收视率从第一季的0.33%上升到第四季的0.62%，第四季观众规模达到16.68亿人，全球网络点击率达到38.65亿次，在世界华人群体中产生了较大的文化影响力和较强的感染力。[①]《记住乡愁》节目以传统村落、古镇为表现对象，在展现村落、古镇等自然风光、生态环境的同时，挖掘蕴含在乡村古镇民风民俗中的我国优秀传统文化和价值精髓，建构海内外华夏儿女记忆中的乡愁。《记住乡愁》节目每一集重点叙写一个乡村（古镇），叙写时采取的是主题先行的方式，即提炼该村（镇）文化中最有利于人类文明的优秀核心价值，通过故事和史料将核心价值表现出来。所以，《记住乡愁》节目文本重在意义的阐释，而非现实生活的描写刻画，是从民族共有精神家园这一宏观视域出发对乡村精神家园进行的建构，集中体现了电视媒体对于乡村精神家园的价值定位、价值选择和传播中的价值策略。

一 文化坐标：乡村精神家园的价值内涵

价值观是一种社会意识形态，是人们在判断事物的作用、意义和价值

[①] 隋明照：《〈记住乡愁〉第四季央视首轮播出 全球点击量超38亿》，人民网，http://media.people.com.cn/n1/2018/0402/c14677-29903235.html，最后访问日期：2020年10月11日。

时所持有的基本态度和立场，作为一种相对稳定的观念模式影响和支配人们的观念、心理和行为。价值观是精神家园的价值核心，它以一种理想和信念具体表现出来，对人们的思想和行为形成根本性的指导和目标导引。价值观的形成受到内部（自我）因素和外部（对象）因素的影响，体现出选择性和时代性特征，选择性即人们以满足自身需要为目的进行认识和改造对象活动，选择有价值关联的事实来建构满足与被满足、改造与被改造的效益关系。时代性即主体所持有的价值观并不是永恒不变的，而是受到社会制度、文化、经济等外部因素以及主体在不同时期的需求变化影响，不断被重新确立并转化为新的行为特征。电视媒介中的不同节目依据各自的创作需求和受众满足，对乡村精神家园表现出不同角度和层面的现实观照和价值表达；同时，在对乡村精神家园进行内涵阐释、意义生产和形象传达时，这些节目总是自觉地呼应时代的价值核心和价值主题，呈现出选择性和时代性特征。

1. 价值挖掘：多元视角下的价值选择

美国社会心理学家库尔特·卢因（Kurt Lewin）在《群体生活的渠道》一书中提出"把关人"概念，他认为，人类的群体生活存在不同的渠道，在每一条渠道上，都有一个"关"。每个关口，都有"把关人"。消息、观念和理论，哪些应通过这个渠道传出去，哪些应留下不传，全由把关人决定。把关人地位重要、权力大，他们的知识、意见和态度对受传者有相当的影响力。新闻的传播始终是受一些个人或集体控制的。① 媒体所传播的信息是对各种信息进行选择、判断和加工的结果，体现了该媒体及其从业人员的价值理想、价值信念和价值信仰。我国电视媒体是党、政府和人民的耳目喉舌，以为人民服务为宗旨，坚持社会效益至上，在信息传播中着眼于国家和社会发展全局，坚持正面积极的舆论导向，坚持传播优秀作品，坚持弘扬高尚的精神和道德。在我国美丽乡村建设、生态文明建设，以及实施乡村振兴战略语境下，乡村建设和发展也是电视媒体重点关注的内容之一。类型多样、风格各异的电视节目从不同的视角发掘乡村价值，在表达乡村风貌时体现出它们对乡村不同的价值观

---

① 《把关人》，《新闻三昧》1997 年第 11 期。

照和价值选择。

　　新闻资讯类节目着眼于乡村精神家园的发展价值。中央台和各省区市电视台开办的反映乡村的新闻资讯类节目主要围绕乡村发展，着眼于乡村社会的经济发展和农民致富（见表2-2）。中央电视台经济频道、军事·农业频道分别开办了新闻资讯类节目《县域经济报道》《聚焦三农》，各省区市及地方电视台也开办了类似的节目。这些节目重点报道乡村经济发展、农民致富过程中的新情况、新热点、新问题，传播成功经验，发布供求信息，为各地乡村发展提供帮助和服务。这些节目的经济主题也较为突出地表现在节目名称上，如《创富宁夏》《致富情报站》等。新闻资讯类节目也有大量关注乡村民生的报道，如在《聚焦三农》《一切为了群众》《垄上行》等节目中，就有大量相关的新闻报道，如《一切为了群众》节目设立的《群众大头条》版块中报道了许多与乡村民生有关的新闻，如《安丘：农民工讨薪 遭遇"踢皮球"》《安丘兰阿村：移动信号"孤岛" 打电话爬山顶》等。此外，也有一些时效性不强的节目对乡村的脱贫攻坚工作、产业建设工作、乡风民俗、生态建设等进行经验式的报道，这类节目的视角相对比较集中，即主要集中于脱贫攻坚主题，如重庆卫视的《红岩本色》节目主要表现我党干部带领群众发家致富；北京电视台的《乡村振兴 北京画卷》主要围绕乡村群众最关心最直接的利益问题，报道在精准扶贫中的各种工作模式和思路；四川电视台的《村官日记》在展现乡村贫困面貌的同时，记录基层干部的工作生活以及脱贫攻坚工作的成绩。但相较于经济类新闻资讯，电视媒体对乡村民生、文化、教育、法制等内容报道仍然很少，反映乡村生活的视角较为狭窄，价值挖掘较为单一。

表2-2　2018年各省份电视台乡村新闻资讯类节目一览

序号	省份	卫视/频道	节目名称
1	吉林	乡村频道	《乡村四季12316》
2	辽宁	北方频道	《直通市县区》
3	宁夏	宁夏卫视	《创富宁夏》
4	陕西	农林卫视	《天天农高会》

第二章　价值构型：乡村精神家园的认知性建构

续表

序号	省份	卫视/频道	节目名称
5	陕西	农林卫视	《中国农资秀》
6	河北	农民频道	《三农最前线》
7	河北	农民频道	《致富情报站》
8	山东	农科频道	《一切为了群众》
9	湖北	垄上频道	《垄上行》
10	江西	公共·农业频道	《三农聚焦》
11	浙江	公共·新闻频道	《新农村纪实》
12	福建	公共频道	《福建农村新闻联播》
13	四川	四川电视台第七频道	《村官日记》
14	贵州	科教健康频道	《致富有道》
15	重庆	重庆卫视	《红岩本色》
16	广西	广西卫视	《家在青山绿水间》
17	湖南	湖南卫视都市频道	《三湘巨变微纪录·四十年四十村》
18	北京	BTV-财经	《乡村振兴 北京画卷》

乡村服务类节目凸显乡村精神家园的社会价值。在电视媒体面向乡村的传播中，服务类节目占有较大比重，2018年各省及以上电视台创办的乡村类节目中，服务类节目占63.4%。乡村服务类节目既有为乡村社会生活、经济建设提供各类服务的，也有为城乡居民提供信息服务的，如旅游服务、娱乐服务等，呈现多个维度的面向。在服务乡村社会发展的同时，电视节目着力挖掘乡村精神家园可以满足全社会需要的价值属性，沟通城乡交流，推介乡村资源。如经济服务类节目通过电视平台宣传各地乡村的特色、优质农产品，以及乡村着力打造的特色品牌；旅游服务类节目从不同视角介绍各地乡村旅游资源、推荐乡村旅游产品和品牌，如中央电视台军事·农业频道的《美丽中国乡村行》，通过外景主持人和美丽乡村体验员的深度体验，展示我国各地乡村美景美食，展现当代休闲农业，推介乡村旅游资源，提供相关旅游资讯。娱乐类服务节目在服务乡村文化娱乐生活的同时，展示了当代乡村村民的精神面貌和多才多艺、乐观向上、质朴风趣的文化气质，展现了生动活泼的乡村生

活。相关节目如吉林电视台乡村频道播出的《二人转总动员》《农村俱乐部》，山东电视台农科频道播出的《玩转农场》《中国村花》，湖北卫视播出的《垄上故事会》，浙江电视台公共·新闻频道播出的《流动大舞台》等。

文化类节目突出乡村精神家园的精神文化价值。特色独具、底蕴深厚的乡村文化在我国有着重要的文化价值，挖掘乡村文化、弘扬萌发于乡土文明中的优秀传统文化是许多文化类电视节目的传播宗旨。如天津电视台科教频道的《拾遗保护》，湖北卫视的《匠心守艺人》，新疆体育健康频道的《品马天山》等，从古迹、食物、故事、艺术、技艺、文化符号等多个视角对乡村文化现象，以及文化现象背后所蕴含的道德品质、精神传统进行挖掘和呈现，回溯文化源流和传统，突出乡村精神家园的精神文化内涵及价值。

总的来看，电视媒体在信息传播中对乡村精神家园的价值挖掘和价值选择主要契合当下时代发展的需求，以及城镇人口对乡村接触以及对乡村生活向往的价值诉求，呼应了时代发展对乡村寄望的价值主题，如人们对于绿色自然的留恋、对传统文化的珍视、对生态文明的向往、对富裕生活的追求、对乡风文明的强调等。

2. 文化定位：民族共有精神家园

中华民族共有精神家园是我国各族人民在漫长的历史进程中共同创造而形成的，是多民族优秀文化的交汇融合，具有传承性、民族性和包容性特征。我国传统文化从物质生产层面来看，是形成于土地这一物质基础和农业生产这种生产活动之上的农耕文化；从制度文化层面看，体现为以亲族血缘为纽带的宗法文化；从精神文化层面看，是以儒家思想为核心的文化。儒家文化作为我国传统文化的主体，价值观念含蕴丰富而深刻。儒家文化的价值观念以"仁—礼"为结构主线，仁与礼是我国传统文化的核心思想，"仁"指向道德主体，"礼"的外延向度为社会秩序。在以农业生产为基础、以宗法制度为社会关系结构的我国古代社会，形成了严格的伦理纲常和宗法式的伦理道德，建构起了特色独具的伦理文化，成为我国传统文化价值观念的核心。围绕"仁—礼"这一价值主轴，儒家文化形成了丰富而庞大的价值观系统，如在人与自然的关系方面强调"天人合

第二章 价值构型：乡村精神家园的认知性建构

一"的宇宙观；在个体的自我完善和发展方面强调"德""道"兼备，即品德与智慧并重；在人格修养和社会交往中推崇"贵义贱利"的价值观；在处世方面主张"贵和尚中"、恰当适度的行为准则和价值取向；等等。"当代中华民族的共有精神家园是以中国化马克思主义理论为指导、以社会主义核心价值观为内核、以中华优秀文化为根基并为中华民族各地域、各层次成员所认同的精神文化体系。"[①] 民族共有精神家园随着时代的发展而不断丰富充实，体现出开放性和时代性的特点，电视媒介在文化定位方面对乡村精神家园的建构主要在于把它置于民族共有精神家园视域，实现民族共同体意识的唤起和民族意识的凝聚，在更广泛的社会领域产生情感共鸣和意义共通。

《记住乡愁》（第四季）节目在对不同古镇的现实面貌、生活状态进行呈现的同时，更着力于从古镇历史文化、传统文化中挖掘和提炼具有民族认同性的核心价值、精神品质、处世理念。在电视媒介建构中，60个古镇被置于民族共有精神家园意义框架中，成为中华文化的形象化载体，契合了各民族共通的价值理念和价值信仰，并从不同角度诠释着中华民族共有精神家园的价值内涵，如乡村精神家园天人合一的哲学观、尚德重义的道德观、贵和尚中的处世观等。电视媒体通过对古镇历史、习俗、生活方式、行为规范、价值传承等进行的说明式介绍和故事化讲述，从日常生活、历史价值、理想信念等多个角度建构了观众对古镇及其文化的认知和情感，从而起到了对民族情感、记忆、理想的召唤和强化作用。《记住乡愁》对于乡村（古镇）文化的价值核心提炼和体现有时候不是单一的，而是常常在一集作品中同时阐释两种及以上的价值理念。（见表2-3、表2-4）

表2-3　纪录片《记住乡愁》（第四季）价值取向中的文化主题

文化主题	相关节目
天人合一	《百福司镇——青山绿水百福来》《江平镇——天人合一　和谐共生》《古堰画乡——山水相伴》

---

① 韩美群、邱伟：《中华民族共有精神家园的内涵、现状及应对》，《河北青年管理干部学院学报》2013年第3期。

续表

文化主题	相关节目
尚德重义	《嵩口镇——急公好义》《将台堡镇——不忘根本　守望家园》 《江孜镇——王城之顶　执着坚守》《沙溪镇——以退为进　海阔天空》 《枫泾镇——人有气节品自高》《惠远镇——守土护边　尽职尽责》 《道口镇——公而忘私》《古北口镇——尽忠职守》《马牧池乡——仁义敦厚》 《瑷珲镇——英雄之城　寸土不让》《琅琊镇——家国两相依》 《靖港镇——热血丹心　果敢坚毅》《可可托海镇——为国分忧　勇于担当》 《尧坝镇——做事敢担当》《解州镇——大义参天》《窑湾镇——勇于担责》 《昭君镇——能扛事　有担待》《仓埠镇——常怀感恩之心》 《松溉镇——念乡情　报乡恩》
贵和尚中	《众埠镇——能舍天地宽》《丙安镇——宽厚为人多福寿》
知礼好学	《伯延镇——燕赵古风　实事求是》《百侯镇——崇文尚学》《广府镇——顺势而为》
诚信守正	《石塘镇——江南纸都　重信守诺》《田庄台镇—摸着良心做事》 《五里街镇——义行传家》《丹噶尔镇——重信守诺　家业兴》 《宗艾镇——吃亏是福》《贡川镇——心底无私天地宽》
自强不息	《芙蓉镇——吃得苦　霸得蛮》《青岩镇——知难不畏　砥砺奋进》 《右卫镇——久久为功　利在长远》《洛带镇——励志勤业》 《下司镇——有勇有谋　方能成事》《润城镇——世上无难事　只怕有心人》 《新市镇——实干方能成事》《东浦镇——黄酒故里　刚柔并济》 《乌拉街满族镇——勇猛无畏》《梅林镇——爱拼才会赢》 《和平镇——自立自强》《诸由观镇——扬帆出海　闯出新世界》 《古劳镇——变则通　通则久》《河下镇——隐忍立丈夫》《六堡镇——坚韧不拔》
敬业乐群	《万安镇——精益求精》《宝顶镇——匠心守艺》《善琏镇——匠心传世》 《涞滩镇——众志成城》《太平镇——同心同德》《南阳镇——风雨同舟　和合而居》 《龙兴镇——纾困解难》《大安镇——助人者心长安》 《双洋镇——风雨同舟　守望相助》《荆紫关镇——一脚踏三省　友善万事兴》 《涠洲镇——同船合条命》《安丰镇——民安物丰　以善立人》

表 2-4　纪录片《记住乡愁》（第四季）各集价值理念阐释

集分布	理念阐释	价值核心
28、35、36、44、50、52、56	勇于探索创新、乐观无所畏惧；爱拼敢闯、自立自强、开拓进取、灵活变通、顺势而为	自强不息
54	兴教育、正家风	文明教化
12、23、26、32、41、48、53、57	与自然和谐：敬畏自然、天人合一、和谐共生； 人与人和谐：有难同当、有福同享、有利同取、有喜同乐、重情感恩、和善融洽、礼让团结	和谐友爱

续表

集分布	理念阐释	价值核心
27、47、60	大公无私、坦然豁达、扶正祛邪、不争私利	公正无私
2、4、7、8、10、13、19、20、22、30、33、46、55、58、59、60	保家卫国；忠勇血性；尽职尽责；豪迈刚强；无私奉献；守土有责、为国担当、为民请命、爱国情怀	忠勇爱国
1、5、9、16、17、18、22、24、25、29、31、39、42、51、56	吃苦耐劳、求真务实、精益求精、匠心精神、恪尽职守、勇于担责、迎难而上、艰苦奋斗、奋发勤勉、攻坚克难、锲而不舍、坚韧不拔、谦虚谨慎、坚守道德底线	敬业勤勉
6、21、37、43	信守承诺、不昧良心、吃亏是福	诚信守诺
3、11、13、14、15、23、26、30、32、34、38、40、45、49、53、57	贵义轻利、助人为乐、患难与共、同心合力、同心同德、知恩反哺、厚道善良、团结互助、友善待人、同舟共济、崇善向善、宽厚仁德	团结互助

通过电视媒介挖掘和建构的乡村精神家园，所体现的核心价值主要集中于以公民道德为中心的层面，这与我国传统乡村管理体制和乡土文化有着密切的联系。传统乡村管理行为主要由乡绅来具体实施，在乡村熟人社会的礼治传统中，乡绅主要通过伦理道德施行教化性权力，强调个体对统一秩序的融入与遵从，提倡"克己复礼""修身齐家治国平天下"理念，主要从道德伦理、修养德行等方面对个体进行教化。电视传播对乡村精神家园的价值建构以社会主义核心价值观为定位和导向，既契合了乡土文化的传统基因，也顺应了当代社会发展的时代要求和价值追求，有利于从历史和传统文化维度弘扬爱国情怀，帮助人们树立正确的道德观、处世观、生态观等，推动城乡、各族人民在价值观念上的认同。

3. 历史定位：中华民族的文化乡愁

在现代性困境和全球化进程中，面对各种涌入的新文化在思想观念、价值理念、精神信念等层面带来的碰撞和反思，人们对传统文化的作用和价值产生了深刻的文化焦虑。对乡村精神家园的关注以及建构在一定程度上体现了处于文化焦虑中的人们对于具有认同性的民族传统文化、精神信念、价值信仰的怀念、找寻和回归，以及对民族共有精神家园的强调和守望，表现出一种文化寻根的"乡愁"。相较于物质、空间意义上的乡愁情怀，乡村精神家园的建构在一定程度上体现为一种文化乡愁，《记住乡愁》节目正是对这种文化乡愁的内涵书写和情感抒怀。以传统农业为基础的古代乡村社会形成了我国人民世代传承的优良传统，如吃苦耐劳、坚忍顽强的品格；勤俭节约、知足常乐的美德；尊老爱幼、重义守信的民风；忠恕淳良、宽厚仁爱的品性；先国后家、家国同构的集体主义观念等，这些优良的传统成为我国传统文化的丰富内涵，凝聚着中华民族的精神和灵魂，保障着中华民族生生不息、发展壮大。

乡村是中华文化重要的"记忆之场"，建构乡村精神家园必然立足于历史和文化传统，在文化记忆的唤醒与激活中强化文化自信。法国当代历史学家皮埃尔·诺拉（Pierre Nora）把承载着法兰西民族记忆，体现集体、民族和国家的认同感和归属感的场所和事件称为"记忆之场"。扬·阿斯曼（Jan Assmann）、阿莱达·阿斯曼（Aleida Assmann）两位教授认为，"文化记忆是一种能够巩固和传播集体形象并让这个集体中的成员对这种形象产生认同的记忆"。[①] 中华文明诞生于乡土之中，我国古代劳动人民在倚天靠地的艰苦环境中最早开始种植水稻和粟，并最早使用耕犁，最早发明了养蚕、织丝、制造漆器，并制定出干支纪日法、二十四节气以及我国传统历法——农历等。中华文明中的"天人合一"重要哲学思想，讲究人事应顺乎天地法则和自然之道，追求人与自然的和谐。乡土及其文化渗透于民族文化的血脉之中，乡村是中华文化重要的记忆之场。文化记忆不是抽象的概念，而是可以借助文本、意象、仪式等文化符号存在并延续。《记住乡愁》节目在对乡村（古镇）这一记忆之场的建构中，主要通过物质性、非物质性的符号表征、意象提炼以及仪式习俗等进行再现和重构。如通过对物质层面的村落布局、房屋建筑、寺庙宗祠、碑文牌匾、工具器物等历史古迹和文化遗址的展示，对文化记忆进行空间场景建构；通过对传统农业、传统生活习惯、民风民俗、礼俗仪式、民间技艺等

---

① 王蜜：《文化记忆：兴起逻辑、基本维度和媒介制约》，《国外理论动态》2016年第6期。

的描述和再现，进行文化行为场景的记忆建构；通过非物质性的历史叙述，如神话传说、历史故事、戏曲表演、经文谚语、诗词歌赋等的书写，进行乡村精神家园的文化语境建构。在历时维度上，建构乡村精神家园体现出文化"乡愁"的意蕴——对传统文化的回归与坚守，在对共同的地域、历史、意义认同基础之上，激发具有共通性的民族精神和文化情感，实现中华儿女对本民族文化的认同；在共时维度上，乡村精神家园建构体现出一种文化自信——以传统文化为滋养和推动，在对传统文化的记忆与传承中探索中华文化的当代延续和时代发展。因此，乡村精神家园建构既是对中华民族文化记忆和中华儿女身份认同的建构，也是通过激活民族文化记忆、传承民族文化来强化民族自信、文化自信，在新的历史境遇中对文化记忆进行重构和对新时代的历史文化进行建构。

二 价值机制：记忆中的意义互动实践

乡村精神家园的媒介化建构是一个意义生产与流通，并引起意义共鸣的过程。电视媒体如何通过对乡村空间、人文、物象等的符号呈现，传达出关于乡村精神家园的意义表征，并与人们在情感、意义和信念上达成共识呢？我国台湾历史学家王明珂认为记忆机制在意义共享中起到了关键作用。他认为，记忆是人们"对事实和真相的主观筛选"[1]，是在选择之中被建构的符号表征与内在意义的统一体，形成了人们关于世界认知的稳固的基本的法则以及行为结构。人们在意义实践中基于"惯习"融入了其记忆系统中的相关知识和经验，从而达成与社会表征及其内在意义的互动和共通。法国社会学家莫里斯·哈布瓦赫（Maurice Halbwachs）提出"集体记忆"（collective memory）概念，即"一定特定社会群体成员共享往事和结果，保证集体记忆传承的条件是社会交往及群体意识需要提取该记忆的延续性"。[2] 在与外在的意义互动中，个体记忆获得社会性，生成集体记忆的意义质素，并把与他人共享的记忆沉淀下来成为某一共同

---

[1] 王明珂：《反思史学与史学反思》，上海人民出版社，2016，第73页。
[2] 〔法〕莫里斯·哈布瓦赫：《论集体记忆》，毕然、郭金华译，上海人民出版社，2002，第40页。

体的集体记忆。值得说明的是，集体记忆并不等于其成员个体记忆简单相加的总和，它建构于群体成员的个体记忆之上，是"群体成员共享的和共同纪念的过去"①。在电视对乡村精神家园的媒介建构中，观众个体的记忆是媒介建构意义得以理解、流通和共享的基础。通过对乡村的亲身接触、对乡村生活的亲身实践和体验以及对传统文化的学习了解等，观众形成关于中华民族共有精神家园的知识体系和认知框架，即集体记忆。电视媒体建构符号表征和文本结构的过程是对个体集体记忆唤起的过程，在与媒体的意义互动中，观众依托媒介建构的具体情境，通过回忆和识别将符号表征与集体记忆中的意义、情感和信仰等进行关联，在记忆中不断进行原型与意义的对话互动，在互文性实践中定位符号和文本的意义内涵、价值取向，并通过意义共享实践形成关于乡村精神家园的集体记忆。

现代社会集体记忆中乡村空间的失落与文化的断裂。由于长期以来城乡二元体制的壁垒，以及现代工业和信息化的快速发展，关于乡村的集体记忆处于失落和断裂的困境。尤其是在现代社会不断发展进程中，乡村人口流动加速导致熟人社会体系下的传统社会关系被解构，人与人的现实生活距离、情感距离不断扩大，消费主义、功利主义、拜金主义、享乐主义等价值观盛行，新媒介环境下官方及主流媒体的话语解构，进一步加深了社会生活与乡村空间、乡村历史、乡村文化的记忆"裂痕"。本研究通过网络对1200名城镇居民进行了问卷调查，了解他们与乡村的接触状况，除少部分因为老家在乡村，所以与乡村有着直接接触和频繁深入的亲身体验外，还有51%的被调查者主要是通过旅游亲历，以及与乡村亲戚、村民接触亲身生活实践对乡村进行认知和了解；还有37%的人通过影视剧、文学作品、电视广告或其他途径获得对乡村的认知（见图2-1），其中，通过电视广告、影视剧获得乡村认知的占20%，这说明传媒在形成城镇居民对乡村的认知中具有较重要的作用和影响。将近88%的人通过间接接触的方式实现对乡村的了解，现实中他们远离乡土，乡村及其文化呈碎片化存在于他们的记忆之中，对乡村记忆的唤起和建构越来越依赖于媒介。

---

① 叶子：《社会学视野下的记忆研究》，《前沿》2016年第6期。

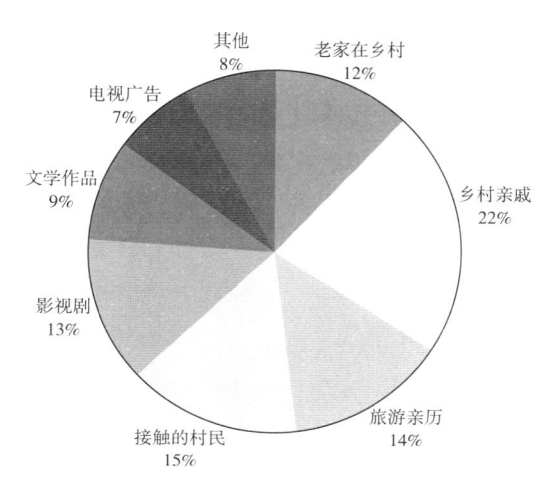

第二章 价值构型：乡村精神家园的认知性建构

图 2-1 城市居民了解和接触乡村的渠道

其他 8%
老家在乡村 12%
电视广告 7%
文学作品 9%
影视剧 13%
接触的村民 15%
旅游亲历 14%
乡村亲戚 22%

集体记忆为人类寻找自我、实现自我认同和自我定位提供意义框架。通过捕捉和保存媒介传播的信息来积累和回忆信息，是人们传承和强化集体记忆的重要手段和方式之一。同时，对乡村精神家园的电视媒介建构既在一定程度上体现为对中华民族集体记忆建构的过程，以及对群体中个体关于乡村集体记忆的重构实践，也体现为向个体寻求自我、定位自我提供共享意义和精神家园的过程。在阿斯曼看来，文化记忆是国家和民族的集体记忆，是"民族—国家"这些特定共同体中的"凝聚性结构"，对于共同体成员来说，具有身份定位和身份凝固的作用。"文化记忆"是对哈布瓦赫"集体记忆"观念的发展和延伸，它体现了特定文化体系中稳定的共有价值体系和行为准则，这些价值和准则是群体在历史进程中从共同的集体记忆中提炼出来的同一性精神和认同性价值，烙刻着"民族—国家"的历史、文化印迹。文化记忆连接着历史和现在，具有被重新建构出来的功能。依靠物质载体对文化内在价值的不断重现，可以在相距久远的时空中进行价值与意义的传递与共享。民族共有精神家园和文化乡愁坐标中的乡村精神家园场景与空间的电视呈现，乡土文化、乡村历史文化和传统文化的电视媒介阐释与追忆，既是帮助人们在历史与当下时空中建立关于乡村的感知与集体记忆，又是对"民族—国家"共同体记忆的再现与

· 107 ·

重构，为人们在新的历史时空沟通现实与历史、文化传统，找到"固锚的定位点"[1]。

三　意义重构：《记住乡愁》的记忆书写

在全面实施乡村振兴战略背景下，乡村形象、乡村文化、乡村发展在媒体文本中不断被提及和呈现。电视媒介关于乡村集体记忆的书写方式多样化，如新闻书写、纪录片纪实书写、法制节目问题化书写、电视剧节目虚拟书写、综艺节目娱乐化呈现等。《记住乡愁》节目是电视媒体在宏观维度书写乡村记忆较为典型的文本，其对乡村文化、价值体系、行为准则的重现与建构主要通过对乡村场景空间的再现、历史文化的叙述、生活故事的感染、多空间的群体记忆等来唤起人们关于乡村的集体记忆，实现关于乡村精神家园的意义共享与价值认同。

诺拉（Pierre Nore）将承载记忆的空间称为"记忆场"，认为"哪怕是纯粹的物质场所，只要我们的想象能够投射给它以一种象征性的光晕（symbolic aura），它就会变成一个记忆场"[2]。和阿斯曼一样，诺拉对集体记忆的关注视野停留在"国家—民族"层面，同样认为通过某些介质作用可以实现记忆的连续与传承。但与阿斯曼通过文化构造和制度性交流路径不同的是，诺拉的"记忆场"更加明确具体地指向一种确定的形式，即记忆的物质场所。物质场所是乡村集体记忆中最直观和最具特征的符号表征，在漫长的历史发展中，乡村的物质空间深深烙印着人类文明的印迹，在《记住乡愁》节目中，所呈现的乡村物质场所既是乡村标志性的风格特征，也是文化记忆得以延展开来的空间，因此，乡村物质场所既呈现在乡村自然风貌的展示中，也弥散于乡村日常生活的呈现、乡村历史的讲述、乡村文化生活的开展中。如第四季第26集《众埠镇——能舍天地宽》节目中，在讲述南宋末年马廷鸾的故事时，节目呈现了马廷鸾的塑像、故居、相关书籍、乡村风景等；在讲述程婴救孤的故事时，节目展现

---

[1] 廖炳惠：《关键词200》，江苏教育出版社，2006，第156~157页。
[2] Pierre Nora, "Between memory and history: les lieuxde mémoire," *Representation* 26 (1989): 7-24.

第二章　价值构型：乡村精神家园的认知性建构

的是该村古戏台及其雕饰、老百姓扛着凳子去听戏，以及舞台上正在进行的戏曲表演、拥挤的观众等；在讲述古镇的概貌时，画面呈现的是特色的建筑、很多女人在洗衣服的小河、石桥、老人织筐的场景等。这些空间与人的日常生活和行为紧密结合在一起成为有机的整体，作为乡村记忆的场景符号提示人们关于乡村的集体记忆。

将传统文化、乡村历史置于叙事中进行呈现和表述是《记住乡愁》节目叙事的主要特点之一。《记住乡愁》每一期节目主题都非常鲜明，要传播的意图和价值观也极为突出，对于如何将抽象化、理性化的主流价值观化为观众易于接受的话语，节目选择了最容易让观众理解和接受的故事。节目对于故事挖掘主要从以下几个方面入手：一是关于乡村（古镇）来历的故事；二是与主题契合的该村（镇）的历史故事、神话传说；三是与主题契合的该村（镇）中的名人故事；四是与主题契合的村民故事等。所以故事形态也就为神话传说、历史典故、名人的历史故事、名人或村民现实中的故事等。通过不同形态故事的讲述，唤起观众的历史文化记忆，延续并强化关于历史的记忆。同时，围绕主题对神话传说、历史故事进行阐释和讲述，在唤起记忆的同时丰富并重新建构了关于历史的认知和记忆；而现实生活中的故事在文本中通常是对神话传说、历史故事中蕴含的精神和价值的延续、传承、印证，它们在时间的纵轴上前后呼应，形成意义相通的组合体，对观众形成关于乡村文化的记忆，以及对其价值内涵的认知和建构发挥着重要的影响。同时，节目故事化的讲述使节目所要表达的抽象化主题得以形象化、生动化、人格化，使观众在故事的共鸣中获得对意义具体化的感受和认知。

记忆是在一定时空中形成的关于过去和历史事物的识记、保持、再现。《记住乡愁》每集展示一个乡村（镇），集中挖掘关于该乡村（镇）历史文化中最为突出的精神和价值点。从第一季到第四季共呈现的240个乡村（镇）是对乡村集体记忆的多样化提取和再现，节目在广袤的乡村空间中寻找和建构关于社会主义核心价值的意义集合，在纵贯历史古今的叙事中，将乡村传统记忆与当代记忆相连接，将历史人物、名人故事、村民典型故事与群体文化、历史记忆相连接，将乡村文化的价值内核与意识形态、主流话语的价值主张相连接，构筑了人们关于乡村的集体想象、意义想象、价值想象和价值信仰，重塑了人们关于我国乡村（镇）文化和精神内涵集体记忆的价值矩阵，形成了以社会主义核心价值观为核心建构的乡村文化图景、精神风貌和价值理念，在乡村文化的断裂中重塑人们关于乡村的集体记忆和文化记忆。

第三节 价值融入：乡村精神家园的内涵表达

在民族共有精神家园的文化定位、中华民族文化乡愁的历史定位和社会主义核心价值观的内核定位理念下，电视传播对于乡村精神家园的建构主要是基于各民族文化意义共通的哲学视野，通过阐释并弘扬形成于我国乡土文化之中的优秀传统文化，传播各地乡村传统文化中以不同形式呈现出来的人生观、生命观、世界观、价值观、道德伦理观等，彰显在我国优秀传统文化中具有共性特征的普遍性价值理念和理想信念，呼应社会主义核心价值观这一精神主题。为重塑具有更广泛认同性的乡村精神家园，电视传播主要通过语境营造、诗画意境和价值融入等多种策略，实现不同地区、不同民族在价值内涵、信仰信念和文化旨趣上的意义共通，建构关于乡村精神家园的价值认同。

一 语境营造：精神家园的文化寻根

认知、了解文化之"根"是实现文化自觉的前提。1997年，费孝通先生在北大第二届社会文化人类学高级研讨班上提出"文化自觉"概念，并语重心长地阐释"文化自觉只是指生活在一定文化中的人对其文化有'自知之明'，明白它的来历，形成过程，所具的特色和它发展的趋向，不带任何'文化回归'的意思，不是要'复旧'，同时也不主张'全盘西化'或'全盘他化'。自知之明是为了加强对文化转型的自主能力，取得决定适应新环境、新时代时文化选择的自主地位"。[①] 费孝通先生希望通过文化自觉强化本土文化的自主能力，巩固自主地位，正确处理本土文化与外来文化之间的关系，消除文化间的误解与偏见，达到"美美与共"

---

① 费孝通：《反思·对话·文化自觉》，《北京大学学报》（哲学社会科学版）1997年第3期。

的文化境界。文化寻根不是为了文化"复旧",而是为了在时代语境下追问文化的"根"性本源,在反思、反省的基础上重新认识和阐释传统文化内核及精髓,汲取传统文化中合理的积极的因素,提振文化自信。

文化寻根的电视语境。自1996年中央电视台第七套农业节目正式播出后,随着21世纪初中央对"三农"问题的高度重视,乡村类电视频道在多省市落地开播。乡村节目、乡村频道的开办对在社会生活中突出乡村地位起到了一定的作用,方便了观众了解、熟悉乡村生产生活,同时对乡村农业生产、产品推广等起到了积极作用。在时代的发展变迁中,各级电视媒体创办乡村节目的视野也在逐步转变,尤其是在复兴中华民族优秀传统文化、建构民族共有精神家园语境下,乡土文化作为涵养我国优秀传统文化的沃土,媒体对乡村的传播也由早期单一地关注和服务乡村经济转变为既服务于经济也关注乡村生态和文化建设等多个方面,既呼应时代主题也高度关切乡村社会在现代性语境中遭遇的文化困境。在这样的文化语境和传播视野下,电视传播不再拘泥于乡村类频道这一单一平台,而是综合利用电视的多个频道资源,策划创办多样化的文化类节目,营造民族共有精神家园的文化语境和媒介语境。如山西卫视的《你贵姓》、四川卫视的《蜀你最美》、江苏城市频道的《德行天下》、湖南都市频道的《三湘巨变微纪录·四十年四十村》、安徽卫视的《家风中华》等,通过不同平台、多样化节目对民族优秀传统文化的深度挖掘和影像阐释来找寻民族传统文化的记忆,在宏观层面建构沟通不同民族、不同地域之间共通的意义空间,使乡村文化与城市文化关联起来并深度融合,形成相互依存的文化共同体,在文化共存、共享的体认基础上实现乡村精神家园的价值重构。

舌尖上的文化记忆。2012年,中央电视台纪录频道制作的《舌尖上的中国》热播,引发席卷海内外的中华饮食文化热,纪录片中所涉及的美食、食材等迅速成为淘宝网上被热搜的商品,同时"舌尖体"迅速走红。该片取得的传播效果一方面得益于故事化、人文化的叙事策略,以及精致唯美的影像奇观;另一方面则是因为影片巧妙地将民族精神、传统文化糅合在饮食文化之中娓娓道来,激发了人们对民族文化的味觉记忆和文化体认,使很长一段时期以来深受价值迷茫和认同迷失困扰的人们重新感受到民族文化的自信,唤起了人们的文化自觉。美国《侨报》发表社论认为,《舌尖上的中国》是我国"一次成功的文化传播范例"。国内媒体也高度评价该片为"2012年最重要的文化创新事件之一",认为该片在我国纪录片史上具有"里程碑式"的意义,是纪录片重新回归大众视野的标志性事件。《舌尖上的中国》为民族文化认同建构开辟了一条成功的路径,饮食文化传播成为电视媒体传播中华传统文化、建构文化认同的重要方式之一,对相关节目的创办成为许多电视媒体传播传统文化和进行节目创新的路径选择,如黑龙江卫视的《幸福私房菜》,新疆卫视的《幸福味道》,山西电视台公共频道的《晋人晋菜晋味道》,四川电视台九套的《天府味道》《味道四川》,江西电视台都市频道的《寻味江西》等,这些节目通过对本土特色的饮食文化的勾勒和传播,为人们找寻与地域和文化之间的亲近感、归属感搭建具体可感的意义空间,对不同地域、民族间的文化交流与认同起到了积极的推动作用。

文化寻根的乡愁情怀。乡村是文化寻根的重要空间面向,电视媒体的许多文化类节目纷纷走入乡村,在这一重要的传统文化"记忆之场"中寻找民族文化之"根",以多样化的节目形态书写文化乡愁,在抚今追昔中沉潜对民族文化和精神根脉的认同与传承,在文脉延亘、精神赓续中抚慰浓郁的乡愁情怀。从2015年1月开始,中央电视台中文国际频道以季播的方式每年播出《记住乡愁》系列纪录片,节目以弘扬我国传统文化中"忠孝勤俭廉,仁义礼智信"的传统美德为主旨,秉承"一集一村落、一村一传奇"的制作风格,以故事化的方式阐释文化之根中的理念精髓,探寻其得以生生不息、绵延传承的伟大力量。该片将中华传统美德与社会主义核心价值观紧密相融,以文化背后的故事诠释历史人文之美,以精美绝伦的画面呼应文化内蕴之美,以优雅脱俗的意境辉映精神崇高之美,成为电视书写和传播民族传统文化精髓的典范文本。文化寻根已经成为当代各电视媒体进行文化节目创作的重要主题,异彩纷呈的电视节目从不同层面、不同视野延伸出对传统文化的追寻与反思,在文化自觉基础上建构民族的文化自信。如展示自然风光、生态文明的电视节目——广东卫视的《大美粤桂黔》、江西经济生活频道的《航拍江西》、广西卫视的《美丽西江》、青海卫视的《大美青海》等,以自然和人文之笔书写中华文化"天人合一"的思想理念和精神境界；还有一些电视节目着力于传统艺术形式的呈现与理解，充分展示中华文化的多彩之姿与独特魅力，如内蒙古电视台蒙古语卫视频道播出的《又说又唱》节目，在表现内蒙古民歌艺术的同时，对民歌背后的文史故事及相关民俗进行介绍，保护传承内蒙古民歌文化精神；陕西卫视的《秦之声》节目设置了说、看、听、演四个环节，以轻松欢乐的方式吸引更多的人关注、了解和喜欢秦腔。还有山西公共频道的《百家戏苑》、安徽卫视的《相约花戏楼》等。

二 诗画意境：价值内涵的美学表达

电视屏幕以及电脑显示屏、手机屏等介质在物质形态上是二维的平面空间，和画板一样，这些屏幕可以通过透视等原理突破二维的束缚自如展示三维的立体空间；基于电子技术以及数字技术，这些屏幕还能像电影一样通过视觉暂留等，在时间的流动中表现空间、人物的运动或运动地再现客观事物。屏幕呈现的形象在时间维度上不断转换，使情节展现、故事叙事成为可能。因此，电视媒介既被用于传播信息，也被用于艺术创作实践。电视媒介可以通过综合运用视听语言塑造超脱于现实物象以外的具有审美性的"象外之象"，寓意义和哲理于显隐、虚实的意境之中，正如孔子所谓"圣人立象以尽意"。[①] 电视传播通过具有审美价值的意境为受众带来具有超越性体验的精神时空，为其精神、心灵的境界升华创造超乎"象"外的意义世界和遐想空间。在对乡村精神家园的认知性建构中，电视传播充分运用其语言功能，既对现实生活状态进行叙事表达，也为受众营造心灵感悟、精神涤荡的诗画意境，使思想观念、价值选择、精神品质、理想信念等脱离枯燥、直白的宣讲而进入受众个体自我进行的美学体验之中，在受众获得感悟和共鸣的同时实现文化及其价值内涵的传播与认同。

价值内涵的诗情书写。诗歌是人们抒发胸臆、寄情明志的重要方式，它用高度凝练的语言勾勒意象、表达情感、阐述心灵，正如《毛诗序·大

[①] 孔颖达等正义，王弼等注《周易正义：系辞（上）：卷七》，载吕建编《十三经注疏（上）》，上海古籍出版社，1997，第82页。

序》所言"诗者,志之所之也。在心为志,发言为诗。情动于中而形于言,言之不足,故嗟叹之;嗟叹之不足,故永歌之;永歌之不足,不知手之舞之、足之蹈之也"。[①] 诗歌虽然是文学体裁之一,但其充满情感和内蕴之美的品质同样存在于非文学领域,人们将具有自然美、艺术美和人生美的一切艺术称为"广义的诗"。电视传播在对乡村精神家园价值内涵的阐释中,充分运用电视媒介的视听语言,极力挖掘乡村的自然之美、人文之美,以及相关人物的精神美德来表达和书写浓烈的诗情,营造诗一般的美妙意境,从而开拓受众的精神世界,增强价值内涵的感染力。具体来说,电视传播诗情书写乡村精神家园价值内涵大概有以下一些手法。(1) 在时间维度上对散在的空间(事物)进行组合,使各形象之间形成内在的逻辑关联,围绕所要表达的主题进行结构化叙事,形成结构形式之美。(2) 将定型化的事物进行过程化表现,对过程中的关键步骤以及精微的细节予以美学化呈现,在重新建构受众对世界认知视角的同时,表现画面美和意境美。(3) 对静态的事物或空间进行动态化处理,形成具有审美意境的影像奇观。(4) 根据思想观念对形象进行组合,创造新的空间意境,勾勒"象外之象",为受众想象和联想开拓"象外"空间。(5) 运用蒙太奇手法营造形象转换的节奏,形成画面行进的韵律美。(6) 通过解说词和优美的播音对形象进行内涵阐释,启发受众的想象和内心体悟,激发情感共鸣。(7) 通过音乐对价值内涵进行意境营造和情感渲染,赋予文本以音乐美。

以《舌尖上的中国》第一季第四集《时间的味道》为例。《舌尖上的中国》虽然涉及各种美食的制作过程,但在结构和风格上显然是完全区别于其他美食类节目的,它的节目宗旨在于通过对美食及其制作过程的介绍,让人们从美食中体味中华文化的滋味。通常每一集确定一个主题,围绕这一主题将不同空间的不同美食体现在一个文本中,通过对美食的呈现和叙事表达对人生的体悟或哲理性思考。在第一季第四集《时间的味道》中,节目开篇就通过解说词指出在美食制作中存在着"时间"这一重要维度:"时间是食物的挚友,时间也是食物的死敌。"同时表达出对于时间与饮食文化的深入思考:"时至今日,这些被时间二次制造出来的食

---

① 程俊英:《诗经译注》,上海古籍出版社,2006,第13页。

物,依然影响着中国人的日常饮食,并且蕴藏着中华民族对于滋味和世道人心的某种特殊的感触。"在本集主题"时间的味道"统率之下,节目将黑龙江泡菜、香港腊肠、湘西山村的腌鱼腊肉、徽州的臭鳜鱼、金华火腿、上海醉蟹、福建霞浦紫菜、台湾乌鱼子、香港大澳渔村的虾酱等这些在生活中本不相关的事物,在时间链条上结构为一个完整的叙事文本,并很好地对主题进行了全面而深刻的阐释。节目通过特写镜头对食材、美食以及制作过程中的细节进行放大呈现,犹如美食家对精美食物爱不释手;通过对各地风光的延时拍摄和动态化表现,表达出沧海桑田、天地悠然的旷达境界和对美好自然万物的热爱,以及对在时间流逝中世事变迁、传统淡去的感伤。娓娓道来、行稳致远的配音和恰到好处的音乐不仅形成了节奏美、韵律美,而且有效地将受众带入节目文本的叙事情境之中,使他们能够在全篇结尾升华立意之处产生强烈的共鸣。

价值内涵的画意阐释。中国传统绘画艺术强调写意,所谓"意存笔先,画尽意在",也就是相较于对事物形态的表现,画者更强调将物象与自我情感、思想相融合,寄情感、思想、精神于自然之形中,通过刻画物象之神韵,力求达到物象与心象的高度契合与统一。因此,"画意"作为作品的意旨、意境在创作中受到了格外的关注。画面语言是电视传播表情达意的重要语言之一,除通过画面对现实生活进行客观记录之外,营造意境氛围表达主题思想、传播价值观念也是电视画面语言的重要功能。电视传播主要运用以下几个手法对乡村精神家园价值内涵进行画意阐释。(1)利用取景对所要表现的对象进行恰当取舍,并运用构图技巧在画面上进行精心或别具匠心的布局安排,表现出恰到好处的形式美感。(2)利用具有特殊表现力的摄像机镜头和相关技术产品,如超广角镜头、微距镜头、高速镜头、滤镜等,对现实世界进行异于日常生活体验的再现,在带给受众不一样视觉感受的同时,形成强烈的视觉冲击力和情感情绪感染力。(3)对色彩、色调进行艺术化处理,呼应节目所要传播的价值内涵,通过色彩、色调刺激人们内心的情感反应和记忆联想,赋予受众不同的心理感受和情绪体验,同时对自然景物、生活场景进行诗画意境的营造。(4)利用影调布局、光影变换形成意境美。虚实相生的光影构成,以及随光影变化而形成的明暗层次等,对于电视画面写意性地阐释天人关系、家国关系、群己关系、天道与心性、德行等内涵有着独特的艺术表现力。(5) 充分运用电视媒介的运动再现能力，通过不同的运动方式对自然界和生活进行呈现，呈现出画面中景物流动的节奏美、流畅的运动美。在对价值内涵的画意阐释中，电视传播遵循了中国传统绘画写意创作的思维方式，在画面造型上注重虚实相生、言近旨远、韵味无穷：在幽深旷达的自然天宇下淋漓尽致地展示"天人合一"意境，在宁静致远的山水之间寄寓物我相融的精神境界，在节奏明快的云卷云舒、光阴流转中感叹生命迅忽、时光短暂。通过画意阐释，电视传播将乡村精神家园的人文景观，以及历史信息、文化积淀、思想精髓等深刻地传达出来，使受众在审美意境的体验之中获得情感共鸣和价值认同。

以中央电视台播出的电视节目《美丽中国乡村行》为例。《美丽中国乡村行》是央视制作的一档乡村旅游类节目，该节目以"乡村旅游、生态文明"为主题，全景式描绘我国乡村秀美的自然风光，展示乡村的丰富特产、生态理念和人文之美，节目以记者引导、游客体验的方式充分表现了不同乡村的生态环境、独特美食与乡野乐趣，以及各地乡村在政府的领导下开发的生态旅游新模式。乡村自然之美是节目所要表现的主题之一，节目既通过航拍镜头、远景、全景镜头从宏观的视角展示乡村所处环境的重峦叠嶂、奇峰峻岭或一望无际、广袤无垠的辽阔壮观，以及乡村田园麦浪滚滚、沃野千里的景象，也用长焦或微距镜头精心勾勒花鸟虫鱼的生命之美和奇趣之美。如在《乡村振兴看中国——稻蟹之乡丰收之旅》节目中，开篇就用一组使用航空器和广角镜头拍摄的远景镜头表现了辽宁省盘锦市大洼区美丽如画的自然风光：蓝天白云下金黄色的麦田、朝阳下美丽的盘锦市、绿意葱茏的田野、如葡萄酒般红得醉人的红海滩、飞翔在海天之间密密麻麻的海鸟、流经大洼的辽河美景。其中也不失时机地展示了游客摄影、翱翔天宇的海岛姿态等的特写。整组镜头在色彩上也是非常鲜明，金色的麦田、碧绿的原野、枣红的海滩、白色的海鸟等，结合朝阳、晨光、夕阳的光影，一组视觉构图精美、色彩逼人、动静相宜的镜头把大洼风景如画、美不胜收的特点充分展示了出来，为节目后文的人文叙事成功铺垫了旖旎的底图和自然环境，让受众的足不出户的乡村之"行"在美好的视觉体验中开始。

三 价值融入：价值内涵的传播策略

电视传播作为我国意识形态传播的主流媒体，担负着文化引领和正向价值观培育的重要职责。在新的时代语境下，我们用社会主义核心价值观重塑乡村精神家园的价值内核，则需要通过政府引导、学校教育、媒体传播等渠道将价值观念融入民族文化的诸要素中，并通过不同形式表现出来，形成个体及社会持久的价值观念、行为取向和心理定式。价值观表现为一种思维和取向，是文化系统的控制中心，具有主观性、稳定性和历史性等特点。在对传统乡村精神家园进行社会主义核心价值观重塑过程中，电视传播需要将价值观渗透到政治、经济、艺术、伦理等相关内容中，并通过具体生动的叙事对其进行阐释和倡导。

议题设置：价值内涵的主题化传播。1972 年，美国著名传播学者麦克斯韦尔·麦考姆斯（Maxwell McCombs）和唐纳德·肖（Donald Shaw）在《形成议题的研究报告》中提出"大众传播媒介议题设置功能理论"，认为"某些话题经大众传媒不断宣传和强调后，会对受众产生暗示作用，从而使受众认同这些话题的重要性"。[1] 1996 年，麦考姆斯在《制造舆论：新闻媒介的议题设置作用》一文中进一步明确阐述了议题设置理论的研究目的——在个人差异被夸大的时代，发挥大众传播媒介对社会的建设作用，由于传播媒介在公众舆论的达成中有着举足轻重的作用，因此，可以通过大众传媒"对形成公众意见的焦点"施加影响，"提高社会不同群体对议题的认同来形成优势议题"。[2] 他认为，新闻传播机构应重视自己在社会舆论引导中的重要作用，通过议题设置积极承担媒介应该承担的社会责任。在电视传播建构乡村精神家园实践中，要想达成个人、集体、社会对乡村精神家园的共识和认同，设置能引起公众高度关注的公共议题是重要路径之一。传承优秀传统文化、弘扬中华传统美德、构建当代社会主流核心价值观是我国电视传播建构乡村精神家园的重要议题。从 2012

---

[1] 张宁：《试论大众传播媒介的议题设置功能》，《国际新闻界》1999 年第 5 期。
[2] 〔美〕麦克斯韦尔·麦考姆斯：《制造舆论：新闻媒介的议题设置作用》，顾晓方译，《国际新闻界》1997 年第 5 期。

年播出的《舌尖上的中国》开始,一些议题逐渐在电视传播中被彰显出来,如生态环境、和谐友爱等。

中央电视台《新闻联播》是我国最重要的一档电视新闻节目,它是面向全世界发布我国重要新闻、向国内受众传播重大国际事件的最权威的官方平台,被称为"中国政坛的风向标"。该节目传播的相关议题对其他电视媒体有重要的指导作用。为此,研究《新闻联播》的相关议题设置,对了解核心价值观在电视传播中的议题设置情况有重要的参考意义。为避免乡村生产季节性规律对新闻报道的影响,研究以2018年10月播出的《新闻联播》内容为样本,分析了当月在《新闻联播》节目中播出的与乡村、农林牧渔相关的新闻议题。该月播出涉及乡村及农林牧渔的新闻共80条,涉及议题如下:生态文明(16条)、乡村经济发展(15条)、乡村脱贫(12条)、乡村突发事件(7条)、乡村管理(6条)、乡村旅游(6条)、乡村干部(5条)、乡村文化(5条)、乡村民生(4条)、乡村人物(3条)、城乡互动(1条)。

从图2-2可以看到,在我国乡村整体发展还不平衡、不充分的条件下,经济发展、乡村脱贫仍然是电视媒体关注乡村的重要议题,另外,生态文明建设也是重要议题之一,与之相关的乡村旅游也占有一定比例,这些体现了电视传播在乡村精神家园建设中对于乡村发展、生态文明建设等核心价值观念的强调和重视。另外,其他议题也分别从不同角度体现出节目对乡村精神家园核心价值观的强调与传播,如在乡村干部这个议题中,节目通过"新时代担当作为典型风采"系列报道分别呈现了五个典型基层干部形象——《邓真晓:扑下身子 到群众中去》《李士伟:直面问题 实干担当》《李春奎:生态保护与经济发展相得益彰》《陈忠义:走好"进村赶考"扶贫路》《立青农布:扎根雪域高原 率群众脱贫》,实现了对爱岗敬业、担当奉献精神品质的弘扬;通过对乡村管理的相关新闻报道,体现出国家对乡村民主、法治建设的重视,以及相关成绩形成的积极效应在推动乡村精神家园建设方面的重要作用;通过乡村民生的进步和完善强调乡村精神家园的和谐内涵;通过乡村国庆升旗仪式强调乡村精神家园中的爱国情怀;通过对非物质文化展演、重阳节为老人祝寿、建设乡村文化机构等的新闻报道,体现出友善、和谐的乡村文明风气。

第二章 价值构型：乡村精神家园的认知性建构

这些议题在不同电视媒体传播中的强调，有益于乡村精神家园价值内涵的形成与传播。

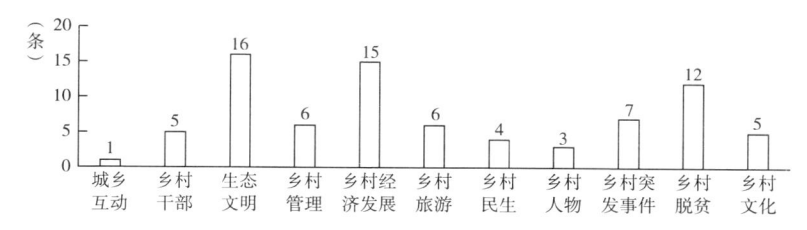

图 2-2 中央电视台《新闻联播》2018 年 10 月涉及乡村的新闻议题

拟态环境：价值内涵传播的环境营造。虽然人们在生活中有着各种各样与乡村接触的生活经历和感受，但由于活动范围所限，对于乡村的认知存在一定的局限，只能通过媒体表述或展示的内容来感受和认知其他乡村及其文化。传播学者沃尔特·李普曼（Walter Lippmann）借用生物学术语"拟态环境"来指称经过媒介加工后通过象征性符号表征的环境，并指出，媒介提示的拟态环境并不是对现实环境的复制或镜子式的再现，而是经过媒介选择、加工并重新结构化的环境。拟态环境存在于受众与现实环境之间，成为人们认知外部环境和更多事物的重要依据，受众通过拟态环境感知现实环境并形成认知，继而产生行为反应作用于现实生活环境。日本学者藤竹晓认为这是"拟态环境的环境化"的体现，现代社会的媒介化生存已经使人们难以明确区分拟态环境和现实环境。虽然拟态环境可以及时反映现实环境的情况和动态，但由于媒介内部的选择、加工机制，以及拟态环境对受众认知和行为所产生的直接影响，拟态环境对客观现实环境也能产生能动的作用和影响。电视媒体在建构乡村精神家园过程中，通过视听符号建构充分体现社会主义核心价值观的文化形态和社会图景，利用重新建构的现实环境突出和弘扬优秀传统文化、乡村精神家园的根本内涵和价值观念，对公民道德、行为以及乡村建设进行价值观、理想信仰的引导，倡导正向积极的社会化行为，优化乡村精神家园建构的现实环境。

从央视网、各省级电视媒体官方网站收集的各电视台创办的节目信息

（截至 2018 年 10 月）来看，关注乡村发展、传播优秀传统文化已经成为各电视台创办节目的重要内容。除中央电视台专门开办农业频道外，内蒙古、吉林、陕西、河北、河南、山东、重庆、湖北、江西、长沙等 10 个省区市的电视台都开办了专门的乡村类电视频道，只是称谓不尽相同，如内蒙古广播电视台的农牧频道、河南广播电视台的新农村频道、湖北电视台的垄上频道、山东电视台的农科频道等。各省电视台在各自的频道中都开办有与乡村相关的电视节目，尤其是拥有乡村类频道的电视台创办的乡村节目较多，且内容丰富、形式多样。同时，各电视台还在多个频道开办了大量介绍优秀传统文化的节目，如北京电视台的《非凡匠心》、天津电视台的《拾遗保护》、内蒙古卫视的《索艺乐》、辽宁卫视的《二人转总动员》、西藏卫视的《西藏诱惑（生活）》、甘肃卫视的《大戏台》等。中央及地方各级电视台创办的大量电视节目，都在深入挖掘、展示乡村历史文化、经济建设、现代生活、物质和非物质文化、自然风光、生态环境、农林牧渔产品、特色美食、民俗风情等，与其他大量有关我国优秀传统文化的节目一起形成强有力的文化场域，在传播传统戏曲、技艺、民间艺术，弘扬传统美德，建构乡村精神家园方面形成了浓厚的社会氛围和强劲的舆论影响。电视节目既对各地乡村现实进行形象化反映和展示，也在编辑方针和传播意图下对乡村形象化元素进行再结构，所呈现出来的乡村自然环境、历史文化、人文景观、精神面貌等体现出一定的精神内涵、文化观念和理想追求，对受众以及现实乡村进行文化引导和理想提示，并导引他们在现实中的行动取向，力求在现实层面实现对乡村精神家园的建构。

故事化叙述：价值内涵的生动传播。通过视听语言进行信息传播的电视媒介，不像平面媒体那样可以清晰地呈现文本的整体结构布局和前后文逻辑关系，它只能在时间线条上相继地罗列信息元素，通过二维屏幕空间依次展现多模态的视听信息，受众在观看过程中必须充分调动记忆、联想和想象，才能把众多形象在大脑中重新结构化，并理解形象内涵以及文本所要表达的意义。每一帧电视画面语言元素多元、信息内容丰富、表意向度多维，故事化叙事方式可以快速地明确电视文本的叙事目的，使受众在时间的未来向度上快速掌握事件脉络，迅速领会文本意义并进行恰当的预

第二章 价值构型：乡村精神家园的认知性建构

判和延伸理解。故事化文本的情节链条使电视传播的叙事脉络更加清晰，使事件之间的因果关系非常有效地将时间线条上前后铺陈的内容进行逻辑关联，帮助受众在电视文本阅读中积极调动联想思维，形成关于情节的整体印象。电视传播的故事化叙述方式最早见于电视纪录片的创作之中，20世纪90年代末逐渐被应用于电视新闻报道以及法制类等节目创作中。现在，故事化叙述已经是各类电视节目的基本叙述技巧，成为最适合于电视媒介意义阐述的文本结构方式。

电视传播对于乡村精神家园价值内涵的故事化传播主要从以下三个维度来展开。

（1）对文化现象的价值内涵进行故事化阐释。如《记住乡愁》第一季第十八集《万家村——立德树人》，万家村祭祖仪式上少不了一盘莲藕，影片对于这一文化现象先是从画面上进行故事化呈现：万家村民在荷塘里挖莲藕、洗莲藕、切莲藕、装盘、装饰。按时间先后顺序进行事件叙述。之后通过配音娓娓叙述："2014年11月21日，农历闰九月二十九日，山东省淄博市周村区万家村的毕氏家族开始为一年中最隆重的祭祖活动——秋祭准备祭品，其中最重要的一样祭品就是村里这片藕田中的莲藕。自明代万历年间开始，万家村毕氏就在村里辟出一小块儿水塘，专门用来种植祭祖的莲藕，400多年来，无论村庄如何变迁，但有村就有藕田的传统却从未中断……万家村毕氏的祖先已经把出淤泥而不染的莲藕人格化，让它成为君子人格的代名词。他们认为，如果能将这种美好的品德作为立身之本并薪火相传，毕氏家庭便能世代兴盛，于是，在毕氏家庭祭祖的时候，莲藕就成了一种特别的象征。"对用于祭祖的这盘特殊的莲藕，节目在叙述时强化时间线索和空间的具体化，尽量挖掘与现象相关的故事，使得对其内涵的阐释变得生动而具体。

（2）通过具体的人物把所要表达的内容叙述出来。《舌尖上的中国》《乡土》等节目基本采用这种叙述方式，如《乡土》节目2018年11月9日播出的《这里的婚礼不寻常》，以小刘的婚礼为线索，把岫岩县独特的满族婚俗进行深度展示，展示过程中又将当地村民的柞蚕养殖、岫岩玉雕、喇叭吹奏、剪纸艺术、皮影艺术、索伦杆、葫芦、核雕、美食等一一串起来，使受众在观看小刘筹备婚礼的过程中对岫岩县独特的资源、农业

· 121 ·

养殖、民间艺术、乡土生活有了深入细致的了解。

（3）用典型人物的人格化魅力来传播核心价值观。中央电视台《新闻联播》2018年10月18日播出的新闻《家是玉麦 国是中国》，讲述了卓嘎、央宗两姐妹及其家人50多年坚守西藏玉麦乡放牧巡边、守护祖国领土，并且将这一职责传承后辈的故事，新闻通过这个典型的家庭表达了普通百姓的家国情怀，也巧妙地表达了"爱国"这一核心价值观。

第三章　视觉呈现：乡村精神家园的感知性建构

早在远古时期，人类就利用绘画、"结绳记事"等方式对信息进行视觉化呈现和表达。进入 20 世纪后，人类通过现代电子技术、数字技术制造视听符号和形象作用于受众的视听觉，建构并传播可感知的意义世界。与远古时代的绘画一样，虽然电视传播的许多影像是对客观事物的临摹，但通过媒介呈现出来的视觉形象并不完全等同于客观现实，是传播主体经过媒介语言加工并重新结构化后向人们提示的"拟态环境"。人类认知世界是以向外部世界获得经验感知为基础而进行的意识活动。美国学者沃尔特·李普曼认为，由于人们实际活动范围有限，他们与超出经验性接触之外的"客观信息"处于隔绝的状态，往往只能通过媒介提示的"拟态环境"对外部世界进行感知和认知，并采取相应的行为反应。日本传播学者藤竹晓早在 1968 年就敏锐发现"拟态环境的环境化"[①] 问题，认为大众传播媒介由于其传播的广泛性和及时性，所提示的拟态环境可以迅速对现实社会产生广泛而深刻的影响，从而使大众传播具有制约人们行为、影响现实世界的力量。20 世纪 70 年代，乔治·格伯纳（George Gerbner）主持的"培养分析"研究进一步指出，媒体在传播内容中蕴含的特定价值和意识形态倾向对人们产生了潜移默化的影响，而电视传播在"主流形成"过程中更是发挥着巨大作用。乡村精神家园在与物质文化、行为

---

① 〔日〕藤竹晓：《现代大众传播理论》，东京：日本放送出版社，1968，第 5~15 页。

文化、制度文化等的联系互动中呈现丰富多彩的具体可感知的文化样态。电视传播对于乡村精神家园的感知性建构，正是从这些表层文化的具体样态着手进行"拟态环境"的建构，使受众在可感知的符号化表征、视觉化构图和修辞化意向中具体认知乡村精神文化，并获得对乡村精神家园的感性认识。

第一节　空间型构：乡村精神家园的符号表征

布加齐列夫（Bugajilev）认为，符号化是一物"获得了超出它作为自在与自为之物的个别存在的意义"①，赵毅衡教授认为"符号化的过程，即赋予感知以意义的过程，经常称为'再现'（representation）……意义生产过程，就是用符号来表达一个不在场的对象和意义"②，电视传播对于乡村精神家园的视觉呈现正是一个符号化的表意过程。自然的山山水水、丛林田园本属于客观的事物，但是由于人类的社会劳动和实践，它们与人类有了某种关联，作为信息传播中介的媒介，把它们作为符号用于意义叙事和传播。空间是人类赖以生存的场所，是客观世界具有的存在维度之一，它承载着人类历史绵延和变迁，深刻烙印着人类文明的足迹，是一个被人类社会形塑的客观存在。空间是乡村文化与城市文化相区别的重要风格元素之一。因不同的生活方式、劳动形式，城市和乡村的人们生存的空间有了不同的形态特征，"空间既包含事物，又包含着事物间的一系列关系。空间生产不仅体现在空间的生产上，也体现在空间所包含的社会关系的生产"。③ 电视传播对于乡村空间的视觉化呈现主要从物质空间、社会空间、文化空间等维度进行立体化、全方位的符号化呈现。

一　电视传播中的乡村物质空间

乡村地区特有的自然风貌、生态环境、建筑景观等原本只是实际存在

---

① Peter Bugajilev, "Signs in Dress," in L. Matejka and I. R. Titunik, *Semiotics of Art* (Cambridge, Mass：MIT Press, 1979), p. 14.
② 赵毅衡：《符号学》，南京大学出版社，2012，第36页。
③ 童强：《空间哲学》，北京大学出版社，2011，第35页。

的自然事物，当电视传播将之呈现于荧屏，这些自然之物就进入人的意识领域，成为乡村空间的"再现体"，即可以被感知的意义符号。电视传播对于乡村精神家园物质空间的呈现并非以单个符号的形式进行，而是将多个被意义化的"再现体"进行聚合和组合操作，以表意单元（文本）的方式进行整体性呈现，这些物质空间文本在电视传播中呈现写实性描述、叙事性书写、写意性表达等特点。

对乡村精神家园物质空间进行写实性描述的符号文本常见于以客观真实为主要表现目的的电视节目中。如新闻类节目，在与乡村相关的一些采访报道中，我们可以看到乡村绵延的群山、清澈的河水、葱绿的草场、蜿蜒的公路，以及寺庙宗祠等，这些随着新闻内容的播出，潜移默化地影响观众对乡村的印象。社教类节目常常直接展示乡村生活，如中央电视台军事·农业频道（2019年更名为国防军事频道）播出的《每日农经》《聚焦三农》《农广天地》等；吉林卫视的《乡村四季12316》；湖北垄上频道的《垄上行》；东方卫视播出的公益节目《我们在行动》等。近些年来，电视真人秀节目也含有许多对乡村空间的写实性视觉呈现，如湖南卫视播出的真人秀节目《变形计》《爸爸去哪儿》、江苏卫视播出的《明星到我家》等，乡村空间在节目中如底色一般镶嵌在人物的生活空间之中，随着主人公日常生活的展开和行进路线的变化铺展开来。纪录片也是乡村物质空间写实性描述的重要窗口，如纪录片《龙脊》《沙与海》《俺爹俺娘》《乡村里的医生》等，在反映乡村生活、人物的同时展示乡村空间。在这些纪实性的节目中，乡村物质空间是事件发生的真实环境，基本为拍摄时的真实场景，它们成为节目叙事和内容行进的背景空间。尽管电视传播中无法避免在拍摄角度、景别选取上带有拍摄者的主观感受，但由于对这类节目内容真实性的基本要求，拍摄主体在面对表现对象时，其个人情感和思考还是与空间各元素之间保持了较为客观冷静的距离；编辑（或编导）在对空间符号进行组合或聚合操作，也是在节目客观性、真实性的要求之下进行的，所以这些节目呈现出来的乡村空间面貌与自然的空间面貌基本一致，拍摄时没有太讲究光影等艺术手法的运用，编辑时没有过多使用蒙太奇手法。

对乡村精神家园物质空间进行叙事性书写的符号文本一般见于电视剧

的创作之中,在这里,乡村空间成为电视剧情节叙事的空间,对乡村空间要素进行组合和聚合操作主要是契合剧情叙事、情感抒发的需要。叙事性书写的乡村精神家园的物质空间虽然有些仍然保持了自然生活中的原有面貌,看上去非常真实,但实际上它是借用现实乡村空间元素再造的场景空间,取材于现实生活但不完全等同于客观现实,它是被创作出来的。如电视剧《老家门口唱大戏》中的故事发生地"燕山湖镇大阳山村"实际为辽宁省朝阳市喀左县白塔子镇大西山村,剧情在现实的大西山村中铺展开来,选取的自然景色、农家、田间地头虽然存在于大西山村,但在电视剧中还是围绕叙事被进行了聚合选择和符号组合,使之更契合剧情叙事的需要。如导演在大西山村挨家挨户选址,考量哪一家更适合于剧情演绎的需要。导演对村民院落进行了选择与比较,一个村民家的院子因为离戏台近、干净、有狗①而被选中成为电视剧中乡村空间的符号文本。而剧情中"大阳山农家院""艳玲超市"等更是在现实空间中不存在的事物,是被临时创造出来的空间元素。叙事性书写的乡村精神家园物质空间紧紧包裹着情节叙事,透着浓浓的人文气息,其对现实空间的选择和提炼使得荧屏上呈现出来的乡村空间更加精致美丽、凝练紧凑,使自然空间的魅力得以凸显。电视剧对乡村的叙事性书写使自然空间得以"图像转向",成为乡村物质空间的像似符号,瓦解了乡村的在场性,使之上升到艺术表达的层面。因此,剧中乡村物质空间是被艺术创造的叙事空间,其空间元素既可以来自现实的取景地,也可以是多个取景地的综合,还可以在摄影棚再造。由于电视剧取景地来源于现实生活空间,虽然剧中物质空间是被艺术化和重新结构化的,但它同样能给观众带来某种现实的关联感和直接感,往往吸引受众在观影后寻找与现实世界的对应。如《老家门口唱大戏》播出后,大西山村形成了"旅游热",很多观众慕名而来,前来欣赏大阳山的美丽风景,目睹剧中戏台的风貌,体验农家乐的餐饮。村民也模仿剧中的空间真的建起了"大阳山农家院"和"艳玲超市",使电视剧中的空间像似符号成为现实生活中的真实事物。

---

① 高学敏:《沧桑大阳山,老家门口唱大戏》,村易通,http://372655.cnlhzb.com/article/551243,最后访问日期:2020年10月11日。

第三章 视觉呈现：乡村精神家园的感知性建构

对乡村物质空间的写意性呈现主要出现在一些艺术性较强的电视节目中，如电视散文、电视诗歌、MTV、乡村旅游宣传片，以及部分关于乡村生活的艺术性较强的纪录片。与"写实性"不同，写意性的呈现不强调形象的外在逼真，而着重于对表现对象的内在精神实质进行形象化塑造和意蕴呈现。所以在写意性的表现中，创作者主要根据所要表达的主题思想综合运用多种艺术表现技巧，使乡村物质空间成为主题阐释或与主题交相辉映的意象。这种意象的创作和呈现是通过多种手段来实现的。一是拍摄时的艺术处理。二是后期编辑制作时的艺术处理。三是利用绘画艺术、计算机三维模拟等手段进行意向创造和艺术呈现。以《舌尖上的中国》（第三季）第七集《生　应时食物的"四季"》为例。节目开篇是一段非常优美的文字"在欧亚大陆东端，温暖的季风携着雨水的浸润滋长万物，待到寒潮降临，草木凋零，大地休憩。岁月的轮转，万物的荣枯。中国人把这种循环往复的周期叫作年，又将一年分为二十四个节气。春耕、夏耘、秋收、冬藏，中国人的生活之美循着大自然的韵律，而中国人的饮食，也在这往复的自然变迁中回转，模拟着我们对世界、对生命周而复始的体验"。影片为这段文字配上了23个镜头，其中表现乡村物质空间的镜头达17个，呈现了大雁、金色的麦穗、梯田、荷塘、风力发电、白雪覆盖的山川河流、竹林、树林、阡陌交织的田园、浩瀚的星空、挂着露珠的碧绿的小草等乡村中的空间元素。一方面，这些被组合起来的空间元素在现实生活中并不来自同一乡村，而是多个乡村空间元素的摘取，它们组合在一起并不是为了表现现实空间的组合关系或逻辑关联，而是为了形成某种意境的具体形象，呼应影片所要表现的主题。另一方面，为配合这段文字的内涵意蕴，创作主体从前期拍摄到后期制作都对空间元素的画面形象进行了精心的艺术化处理，如使用了相同方向和相同运动方式的拍摄，以及航拍、大仰角、延时拍摄等技巧，既让乡村这些静止的自然物质有了运动之美，也使它们在镜头下呈现出精美的图案效果，虚实结合、逆光拍摄等技巧处理使空间元素的画面形象呈现"灵山多秀色，空水共氤氲"的意境之美。后期镜头组合时，编辑将相同运动方式的镜头组合在一起，使得视觉流畅、感受和谐。中央电视台综艺频道1998年创办的电视诗歌散文节目在坚持播出的13年里，通过电视镜头捕捉空间物质元素生动迷人的形象，使之与诗歌散文优美深邃的意境融为一体，为观众带来视听美感、精神享受和性灵的陶冶。其中很多反映乡村物质空间的镜头，以及通过美术与电视艺术的完美结合体现诗歌意蕴的镜头，使乡村物质空间以审美意象的形式呈现在观众眼前，为观众带来良好的审美体验和空间感知。

二　电视传播中的乡村社会空间

乡村空间既包含物质性要素，也包含非物质性要素。非物质性要素即人类的存在、体验和实践，以及该空间的文化过程。物质性要素为非物质性要素提供发展的基础，非物质性要素赋予物质性要素以意义内涵。乡村的社会空间产生于人类的社会行为，大致来说包括乡村的日常生活、组织治理、经济生产等方方面面。电视传播进行乡村社会空间建构也大致从这几个维度入手。

乡村日常生活在电视传播中的符号表征。我国地大物博，东西南北不同地域的自然环境和地理条件千差万别，加之少数民族众多，不同乡村社会空间都烙印着当地的区位特点和地方的历史文化印迹，这也使不同乡村在生活内容、行为方式、社会交往等方面表现出较大差别。电视传播采用的是视听语言，除了用声音表达信息之外，还必须使用大量的画面进行形象展示，乡村日常生活正是或显或隐地存在于这些画面之中。显性存在主要是在特意刻画的乡村日常生活图景中，比如在真人秀节目《爸爸去哪儿》中，为了表现时间的流逝常常采用乡村日常生活的空镜头画面进行过渡，这些空镜头画面在"不经意"间对乡村日常生活进行了集中展现，比如村民们在树下乘凉、聊天，在家里、地里忙活，这个时候镜头把村民们的日常当作画面主体进行呈现，建构出悠闲惬意、舒适自在的乡村日常生活状态。乡村日常生活还大量隐性存在于其他与乡村有关的电视节目中，如纪录片、发生在乡村地区的事件性新闻、针对乡村进行的调查类节目等，乡村日常生活在这些节目中通常作为事件、人物或故事的背景环境，随着节目的行进不知不觉呈现出来，受众在毫无察觉的状态下不知不觉地建构起了对乡村日常生活的感性认知。如中央电视台播出的纪录片《记住乡愁》节目，每一期在呈现主题内容时，不同乡村风格迥异的日常生活以背景的方式呈现出来，与片中主要叙述的人物、故事一道构成该村整体的视觉形象。

乡村组织治理和经济生产在电视传播中的符号表征。乡村组织主要指设在镇村一级的各种组织，如村党组织、村民委员会等；乡村治理包括多个方面：乡村权力机制的运行，基本制度，基础设施建设，环境治理，乡村社会的人口管理以及民风的管理等。乡村组织管理与经济生产密不可分，经济生产是乡村建设、管理的重要内容，带领村民致富、建小康村是乡村组织的主要工作任务和目标。电视传播对于这些内容的视觉呈现不是就事论事的，常常通过鲜活的形象、典型人物、感人故事等进行呈现。村干部常常是电视对乡村社会空间进行视觉呈现的主要对象。村干部是乡村组织的主要成员，是我国乡村基层治理的末梢神经，他们的工作直接关系着国家政策能否顺畅实施、惠及百姓，是国家惠民政策落实到乡村社会的"最后一公里"。通过电视剧直接展现村干部对乡村的管理是较为有效的传播方式，如《苦乐村官》表现了甘肃天水山区红祥村基层干部带领群众脱贫致富的故事；中央电视台2006年播出的电视剧《别拿豆包不当干粮》，讲述了一个抠门的小富农——赵喜富阴差阳错当上了村长，想方设法解决该村各种根深蒂固的"疑难杂症"，带领村民共同把村子建成名副其实小康村的故事。此类电视剧还有《一村之长》（1993）、《一乡之长》（1997）、《男妇女主任》（1998）、刘老根系列电视剧（2002、2005）、女人当官（2011）等。还有电视剧是根据村干部的真实事迹进行的创作，如18集电视连续剧《郭秀明》（2003）讲述了陕西省铜川市惠家沟村党支部书记郭秀明的真实事迹。

除电视剧外，电视传播还通过新闻类、调查类、法制类等节目对乡村组织进行视觉呈现。中央电视台在2014年举办了大型公益活动"寻找最美村官"，对默默服务于基层乡村的320多万名村官进行遴选，表彰那些甘于奉献、勇于创新、克难奋进、带领村民致富成绩卓著的"最美村官"，并通过央视平台对这些村官及其先进事迹进行集中展示。村官们的音容笑貌、工作状态、生活条件、遭遇的困境和挫折、与村民的互动往来等在电视荧屏、网络上通过画面真实可感地呈现出来，使观众既能感受到他们身上散发的泥土的芬芳，也能感受到村干部们兢兢业业、无私付出、扎根基层全心全意为百姓谋福祉的崇高精神。在对这些典型人物的宣传中，节目也典型化地呈现了乡村基层组织的运行以及乡村管理方面的情况。如最美"村官"秦玥飞带领村民对村子破旧的泥渠、泥塘进行整治并新建水利设施，有效解决了困扰当地20多年的洪灾和旱灾；最美"村官"王光国带领村民在悬崖上凿山开路，不仅使长期封闭的山村打开了山门，而且使乡村经济获得了长足的发展。

在对先进村干部及其事迹进行视觉化呈现的同时，电视节目常常对那些滥用职权、任性妄为甚至胡作非为、违反党纪国法、对乡村人地关系及社会风气等造成伤害、影响乡村长足发展、欺压村民的村干部及其行为进行毫不客气的批评和曝光。如2018年，央视财经《经济半小时》节目播出的《污染大户身边的"黑保护"》，在对山西省洪洞县某公司违规倾倒工业废渣，导致污染了大量农田和水源进行调查的过程中，就对沟里村村干部的蛮横霸道、以权谋私的行为，甚至成为违规违法行为"保护伞"的行径进行了走访调查，并进行相关行为曝光。这种曝光还大量存在于新闻类、法制类等节目中，如中央电视台新闻频道《新闻周刊》2016年5月28日播出的《人物回顾·孟某芬：村主任？"村霸"！》；《24小时》节目2018年7月7日播出的《黑老大村主任覆灭记·吉林伊通 贫困村出了个霸道的村主任》等。电视传播对这些负面形象从神情、话语、行为等多方面进行视觉呈现，既使受众强烈感受到这些村干部自私贪婪、为所欲为的特点和嚣张跋扈、简单粗暴的工作作风，也沉重表现出乡村组织管理的复杂性和面对的一些矛盾的尖锐性。与先进村干部通过艰苦工作创造的和谐幸福的社会空间不同，这些村干部破坏了乡村有序、长足发展的空间，创造的是恶劣的乡村社会空间。

乡村社会经济生产在电视传播中的符号表征。乡村题材的电视剧基本上都围绕乡村社会经济建设及发展来展开人物关系和情感故事，如《庄户人是天》（2000）展现的是芳林寨年轻人开展水果种植、努力创业的故事；《希望的田野》（2003）讲述了贫穷的秀水乡在村干部的领导下修通致富路的曲折历程；《柳树屯》（2007）表现的是以复员军人申天亮为首的新一代党的农村基层带头人科学利用乡村资源，带领村民脱贫致富的故事。此外还有《金色农家》（2009）、《女人当官》（2011）、《龙门村的故事》(2013)等。电视剧通过引人入胜的情节为受众呈现了乡村社会经济生产的艰辛,以及老百姓的生活理想、喜怒哀乐。大量服务乡村社会经济建设和农业生产的电视节目在服务乡村经济生产的同时,也为受众深度展示了乡村经济生产的具体面貌,如中央电视台七套(CCTV-7)播出的《致富经》《科技苑》《农广天地》,辽宁卫视的《黑土地》,广东卫视的《摇钱树》,广西卫视的《走进农家》等。时效性较强的新闻类节目在呈现乡村社会经济生产时保持了当下关照的视野,如2018年《新闻调查》播出的《决胜:最后的贫困村》讲述了在我国2013年以来的脱贫攻坚工作中,贫困村抓住历史机遇决胜贫穷的故事;《乡村·2018(二)张远村的试验》关注湖北省鄂州市张远村"内置金融"的乡村试验;中央电视台《新闻联播》作为我国影响力最大的电视节目对乡村社会经济生产的关注和报道更是呈现常态化,基本上每一期都有乡村社会发展、经济生产方面的新闻内容。如《今年轮作休耕面积将扩至2400万亩》《习近平回信勉励浙江宁波余姚横坎头村全体党员 同乡亲们一道再接再厉苦干实干 努力建设富裕文明宜居的美丽乡村》《西藏:乡村振兴 让农牧区富起来》《【最美基层干部】黎锡康:"造纸村"的转型路》《山水之间赏春色 乡村游品质游火爆》《海口:特色产业品牌支撑 助农增收》等。这些报道紧贴乡村社会发展的当下任务和工作重点,向受众展示了不同地区乡村的发展成绩和经济生产面貌。通过果园、水田、插秧锄草、鱼鸭养殖、采桑养蚕等生机勃勃的劳动场景展示了乡村经济发展的当下状态。

三 电视传播中的乡村文化空间

"文化空间"概念源于法国亨利·列斐伏尔(Henri Lefebvre)等人的"空间的生产理论"。列斐伏尔认为空间不是单纯的物理性空间,人类主体通过有意识的实践活动进行空间的生产。由于"人类生产力的成长"和"知识在物质生产中的直接介入",使得"我们已经由空间中事物的生产转向空间本身的生产"。[①] 因此,我们可以从三个层面理解"文化空间"

---

① 〔法〕亨利·列斐伏尔:《空间:社会产物与使用价值》,载包亚明主编《现代性与空间的生产》,上海教育出版社,2003,第48页。

的含义，第一种是广义的"文化空间"，指人类文化从产生到发展一直依赖的自然环境、人文环境。第二种是狭义的"文化空间"，即把人们依照约定俗成的传统习惯举办文化活动和仪式的特定场所称为"文化空间"。第三种是联合国教科文组织在非物质文化遗产保护工作中使用的一个专有名词，特指那些"定期举行传统文化活动或集中展现传统文化表现形式的场所，兼具空间性和时间性"。[①] 本节讨论的空间不仅指物质存在的环境空间，也强调在环境空间中所包含的社会关系的生产，即人文的环境空间，因此，对文化空间的内涵理解更趋近于广义的视角。乡村文化空间是人们的主观精神、价值观念体现在环境空间和社会关系生产上的表征。电视传播主要从物质性的地域空间、仪式性的场景空间、社会交往的环境空间等多个方面对乡村文化空间进行视觉呈现和感知性建构。

物质性的地域空间主要包括被赋予意义的自然环境、被人类创造的物质空间，以及人与这些自然环境、物质空间的关系和互动。前文谈到了电视传播通过对乡村自然环境及其要素进行写实性、叙事性、写意性的视觉呈现建构受众对乡村物质空间的感知，物质性的文化空间中也涉及自然环境及其部分要素，但与乡村物质空间强调环境及其元素的自然状态不同，文化空间中的自然环境及其部分要素大多经过了人类的加工或再创造，并被置于人们生活之中，有的是约定俗成的仪式空间，成为人们文化生活中必不可少的要素或条件；有的被赋予特殊的意义，是人们精神、观念、信念的寄寓或隐喻。如中央电视台《记住乡愁》（第二季）播出的《广西南宁罗凤村——以诚为美》，讲述了南宁市罗凤村传承百年的诚信之风：菜市无人看摊，买菜的人自选自拿，分文不少地把钱放到菜篮的口袋里，收入的钱也不因摊主不在场而被偷拿。这个无人售卖的菜市场并不是专门修建的，而是一棵高大的树，卖的人只要把装满菜的篮子挂在树上或放在树下的木板上，标上价码，放上收钱的袋子就可以离开。一棵高大的树是乡村再普通不过的自然景物，但当人们把它按生活需要进行一定的改造

[①] 《国务院办公厅关于加强我国非物质文化遗产保护工作的意见（国办发〔2005〕18号）》，中国政府网，http://www.gov.cn/zwgk/2005-08/15/content_21681.htm，最后访问日期：2020年10月11日。

第三章　视觉呈现：乡村精神家园的感知性建构

（在树上搭上挂篮子的杆子，树下放置木板等），约定俗成地成为买卖蔬菜的交易场所，成为该村仪式化的场域空间后，这棵树就与人类的生活密切关联了起来，从自然之物转变成具有意义的文化符号，从物质性的地域空间转化为乡村的文化空间；当它与村民传承百年的行为品质相关联之后，又被看作该村诚信民风的象征。

乡村是我国传统文化的母体，在历史发展进程中，智慧的中华民族创造了大量物质财富和精神财富散布在各地乡村，星星点点有如浩瀚星河熠熠生辉。在电视传播对乡村物质性地域空间的视觉呈现中，我们常常可以看到大量人类创造的令人叹为观止的物质空间，以及人与自然环境、物质空间的关系和互动。如地域特色浓郁、设计精妙的村庄布局，各种风格迥异、建造考究的古代建筑，不同文化源流的寺庙、宗祠、佛雕石像，以及蕴含了不同态度观念、理想追求的楹联、牌匾等。这些人类创造的物质空间以及深蕴其中的意义成为当地乡村的文化底色和文化精神，既是乡村文化延续和扩散的根基，也是当代乡村文化成长的重要文化空间之一。通过电视传播，受众可以强烈感知到这些物质性地域空间的丰富历史背景和文化内涵，以及它们在乡村发展过程中所发挥的文化功能，如中央电视台《记住乡愁》（第二季）的第31集《西古堡村——修心修事立村德》，西古堡村村南瓮城中有座地藏寺，当地村民对于这座寺庙的故事耳熟能详，并深悟这座地藏寺传达的精神信仰——孝亲尊师、敬天爱人、崇善向善，并在生活中积极践行这种精神：村干部把"修事"当作本分；村民们把修心修事、积善积德当本分。虽然该村村民来自不同省份，但和谐友善、亲如兄弟。携带意义的物质空间成为村民品行修为的精神指引，成为该村重要的文化符号。

乡村仪式性场景空间在电视传播中的符号表征。仪式是文化特有的符号和表征。法国人类学家涂尔干认为仪式是宗教现象的基本范畴之一，具有一定的神圣性，"仪式是各种行为准则，它们规定了人们在神圣对象面前应该具有怎样的行为举止"[1]。英国社会人类学家 A. R. 拉德克利夫-布

---

[1] 〔法〕爱弥尔·涂尔干：《宗教生活的基本形式》，渠敬东、汲喆译，商务印书馆，2016，第50页。

朗（A. R. Radclitte-Brown）从仪式的意义和价值角度认为"仪式将价值赋予对象或场合"①，是对社会组织的一种描述和象征性的叙事。传统仪式之所以存在和延续，"乃是因为它们是那种能够建立某些基本的社会价值并维系一个人秩序的社会的机制的一部分"②。我国乡土社会是"礼治"的社会，依靠传统的力量来维持一种"社会公认合式的行为规范"③。仪式在这种规范的推行和认同中起着重要的道德教化、行为规范和社会管理的功能。仪式性的场景空间是乡村生活的重要场所，是有着共同观念和信仰的人们共有的"文化场景空间"。如民间的祠堂、寺庙、道观、石窟等，这些仪式性的文化空间能够带给人们一种强烈的仪式感，即营造仪式的氛围，使某种观念、信仰凸显，暗示或强调进入仪式性场景空间这一行为的特殊性。电视传播在对这些仪式性场景空间进行视觉呈现时，一方面通过画面造型将仪式性场景空间的气势、氛围进行具有视觉张力的呈现；另一方面注重通过语言将该场景空间与仪式的关系、仪式的意义、对社会生活的价值进行挖掘和表现。由于场景空间的静态化特征，电视传播对其内涵意义的挖掘和呈现主要通过口耳相传的神话传说、距今久远的传统故事，运用故事化叙事激发观众对场景空间的兴趣和理解内涵意义的愿望，帮助受众把握形象背后的象征意义和隐喻意义。如《记住乡愁》（第四季）第六十集《解州镇——大义参天》中提到的仪式性的文化空间——关帝庙，它是我国最大的一座关帝庙，至今仍有许多海内外人士来祭拜关公。关公历来被人们看作忠义的化身，人们通过祭拜关公表达对忠义品质的重视和信仰。电视节目除对关公庙、关公像、祭拜关公的仪式，以及关公故里、关公故事壁画等进行形象传播外，还通过播音员解说或相关人物讲述等方式对历史故事娓娓道来，提高受众对关公及其品格的感性认知，加深受众对世界华人崇拜关公行为的理解。

乡村社会交往环境空间在电视传播中的符号表征。人是社会性的存在，与周围的人和事物处于普遍的联系之中，社会交往既是人的存在方式

---

① 史宗主编《20世纪西方宗教人类学文选》，上海三联书店，1995，第101页。
② 史宗主编《20世纪西方宗教人类学文选》，上海三联书店，1995，第120页。
③ 费孝通：《乡土中国》，江苏文艺出版社，2011，第54页。

第三章 视觉呈现:乡村精神家园的感知性建构

之一,也是乡村文化重要内容之一,婚丧嫁娶的人情往来、节庆时的往来习俗、休闲娱乐的交往等无不体现着村民的人生态度和价值观念,其中有一些交往也带有仪式化的成分,如春节时的拜年等。由于各地乡村地理位置、文化传统、历史源流、经济条件、审美趣味等方面的不同,社会交往的环境空间也千差万别,呈现多样化的形态,成为识别地理区域、区分不同文化的重要提示符号。电视剧、电视文艺节目及艺术片等在创作中常常用这种空间符号来建构剧情空间和叙述背景。如观众看到电视画面中的人们在窑洞前交往互动,就会自然把这个空间定位于我国西北地区的黄土高原;当观众看到人们盘着腿热热闹闹地坐在炕头上聊天、吃饭,就明白这是我国东北乡村的生活场景;当看到很多龙舟在河中激烈竞争、奋勇当先,就知道这是南方端午节的龙舟比赛。

乡村社会生活的交往空间作为独特的文化风貌和文化趣味,成为电视观众了解我国璀璨文化的重要内容之一。电视传播还经常使用符号组合的方式把多个乡村地域社会生活交往空间在同一主题下进行呈现,表现出异彩纷呈的文化景观。如在重要节日时,电视节目对各地乡村的习俗、人情往来及其空间的展示,使乡村地区多彩的社会生活生动而富有感染力地表现了出来。2018年春节前夕,中央电视台《新闻联播》节目播出的新闻《看灯赏花办年货 欢乐祥和迎新春》在展示各大中城市张灯结彩、喜庆祥和新年气象的同时,也展示了江西南昌县北望村的黄河灯阵、安徽黄山屯溪老街的大型民俗踩街活动等,向观众呈现出多姿多彩的春节文化习俗。中央电视台纪录频道2016年2月播出的纪录片《过年》,通过对我国各地乡村三十余户普通村民家庭日常生活故事的讲述,展现出各地乡村不同风格的社会生活交往空间,以及人们在这个空间中形成的生活方式、交往习俗等,表现出人们对乡村的情感与依赖,以及对本地社会生活、交往的认同。符号聚合也是电视传播在视觉呈现乡村社会生活交往空间时经常进行的操作,对同一主体来说,交往空间有多个,将什么样的空间呈现给观众、让空间表达什么样的意义,创作者在工作中常常要在符号聚合轴上反复操作。2016年爱奇艺播出的电视纪录片《乡村里的春节》,展示了农民赵本林家在春节团聚、祭祖、寻亲访友的生活和社会交往过程,创作者将这些过程大部分置于屋前院落、乡村小路等空间之中,既表现出南方山区特有的地容地貌，也表现出特有空间中我国乡村农民的真实生活状态和精神面貌。

第二节　形象建构：乡村精神家园的具象感知

路德维希·约瑟夫·约翰·维特根斯坦（Ludwig Josef Johann Wittgenstein）认为不应该把精神形象看作形而上的、非物质的，而应该将其置于公开场所。米歇尔·福柯（Michel Foucault）从符号学角度阐述了形象与真理之间的内在关系："它为物塑成了一个映像并仿效物，它与永恒真理的关系，恰如符号与大自然的关系（它是词借以被辨认的标记）；它拥有与所揭示物的一种永恒的亲合性[①]。"塑造形象、通过形象表达抽象的观念和思想是电视媒介的语言优势，也是电视传播引导受众意识、获得受众情感共鸣、传播价值观念的重要话语方式。对于乡村精神家园的建构，电视传播主要通过综合运用电视语言符号建构具体生动的形象，寓意义于形象之中，利用比喻、转喻、隐喻等方法引导受众将事物关联起来，在类比和联想中获得更多更深的意义，并在自我意识中建构乡村精神家园的形象。

一　语法逻辑：电视传播中的形象生成机制

形象研究最早出现在西方的比较文学研究领域，后逐渐进入社会学、符号学、民族学、国际关系学等多个学科的研究视域。在现代媒介对"图像"进行多屏、海量呈现的环境下，"形象"也从文学艺术的想象空间拓展到更加直观的声形并茂的"拟像"景观之中。在不同学科视域下，学者们对于形象的含义及其与客观事物、意义之间的关系进行了探讨，如C. S. 皮尔斯（C. S. Peirce）认为，图像是"主要依其相似性再现客体"[②]的任何符号；胡易容总结艺术或文学作品中的形象"是基于心理认知造

---

① 〔法〕米歇尔·福柯：《词与物》，莫伟民译，上海三联书店，2001，第46页。
② C. S. Peirce, "The Icon, Index, and Symbol," in *Collected Papers*, ed. Charles Hartshorne and Paul Weiss (Cambridge: Harvard University Press, 1931), pp. 157、276.

第三章 视觉呈现：乡村精神家园的感知性建构

成的某个感知但需由读者联想出来的形象。实际上，此时形象乃是一种'心象'"①；宗坤明从美学视域认为"形象是美的载体，当然也是艺术的本体"②。对形象较为一致的看法是：形象绝不是物本身，形象依赖于人的意识而存在。图像学家 W. J. T. 米歇尔对形象进行了谱系研究（如图3-1所示），根据相像、相似、类似的程度区分，将形象分为图像、视觉形象、感知形象、精神形象和词语形象，同时认为不同形象分别处于不同知识学科的话语核心之中，而视觉形象属于物理学范畴，是真实物体通过镜子反射的镜像或是经过"暗箱"进行的投射；但当精神也像一面镜子或画面时，物质世界也就进入人们意识的场所，以形象的方式存现。他认为形象是"介于我们自身与现实之间"③的"表象"。

图 3-1 W. J. T. 米歇尔的形象谱系图

资料来源：〔美〕W. J. T. 米歇尔《图像学》，陈永国译，北京大学出版社，2012，第 6 页。

我国古代文化经典《周易》的哲学思想建立在"取象"基础之上，该书对"形"与"象"的关系及形象符号文本——卦象的形成论述较为深刻，我们以《周易》的卦象为例来探索形象的形成机制。"《易》者象也。"④《易》的卦象是对天地万物的取"象"，卦象类似于皮尔斯所说的图表式像似符号，虽取自天地万物之"象"，却主要通过结构图式像似各元素之间的关系，所以"极其数，遂定天下之象"⑤，作者认为可以通过爻的数

---

① 胡易容：《符号学方法与普适形象学》，《中国人民大学学报》2015 年第 1 期。
② 宗坤明：《"形象学"发凡》，《学海》2002 年第 2 期。
③ 〔美〕W. J. T. 米歇尔：《图像学》，陈永国译，北京大学出版社，2012，第 6~7 页。
④ 朱安群、徐奔编著《周易》，青岛出版社，2011，第 217 页。
⑤ 宋祚胤释《周易》，岳麓书社，2000，第 336 页。

目变化及其原因分析，认清天下复杂现象的本质。"在天成象，在地成形，变化见矣。""见乃谓之象，形乃谓之器。"① 作者又认为"象"与"形"均有可见的特征，可以见到的情景、景象、样态称为"象"，而"形"是"象"定型后的具体器物。"象也者像也"② 明确指出了卦象与天地万物间的相似关系。"圣人有以见天下之赜，而拟诸其形容，象其物宜。是故谓之象"③ 详细说明了像似符号——卦象的形成机制，精辟地指出了形—象—符号—意四者之间的关系：圣人能从纷繁复杂的世界万物之中认清事物的本质、运行规律以及相互间的内在联系，可以用来指导重要的行动。圣人"以此深赜之理拟度诸物形容也，见此刚理则拟诸乾之形容；见此柔理，则拟诸坤之形容也"④，即根据所悟本质规律来提炼事物的状貌，并利用卦象这一符号文本来象征这些复杂且处于不断变动中事物的恰当的性质和规律，"六十四卦皆拟诸形容象其物宜也"⑤。周易卦象是"圣人"依据所掌握的"深赜之理"对各类事物进行的形象提炼和归类，并根据各形象元素内在关系进行卦象的设计，是"圣人"思维和意识的结果。所以，卦象这一像似符号并不与物质实体像似，而是与物体的形象"像似"，像似符号与实体之物之间距离较远。福柯关于相似性的观点似乎证明了《周易》卦象的精妙，他认为，相似性可以使两个事物之间"确立起相等或秩序关系"，尽管相似性是形象认识中不可缺少的边界，但相似性仍是"形式最为粗糙的经验物"⑥，艾柯也认为，如果以像似本身作为理据，是"像似谬见"。而《周易》的卦象文本正是超越了像似本身，从更加本质的内在关系层面建构形象文本体系。（见图 3-2 所示）

"电视上会话的表现形式是形象而不是语言。"⑦ 形象是电视传播的重要话语形式之一。电视传播的形象似乎不能像卦象那样超越像似性，因为

---

① 朱安群、徐奕编著《周易》，青岛出版社，2011，第 192、210 页。
② 宋祚胤释《周易》，岳麓书社，2000，第 353 页。
③ 朱安群、徐奕编著《周易》，青岛出版社，2011，第 200 页。
④ 孔颖达等正义，王弼等注《周易正义：系辞（上）：卷七》，载吕建编《十三经注疏（上）》，上海古籍出版社，1997，第 79 页。
⑤ 刘玉建：《〈周易正义〉导读》，齐鲁书社，2005，第 380 页。
⑥ 〔法〕米歇尔·福柯：《词与物》，莫伟民译，上海三联书店，2001，第 90 页。
⑦ 〔美〕尼尔·波兹曼：《娱乐至死》，章艳译，广西师范大学出版社，2004，第 8 页。

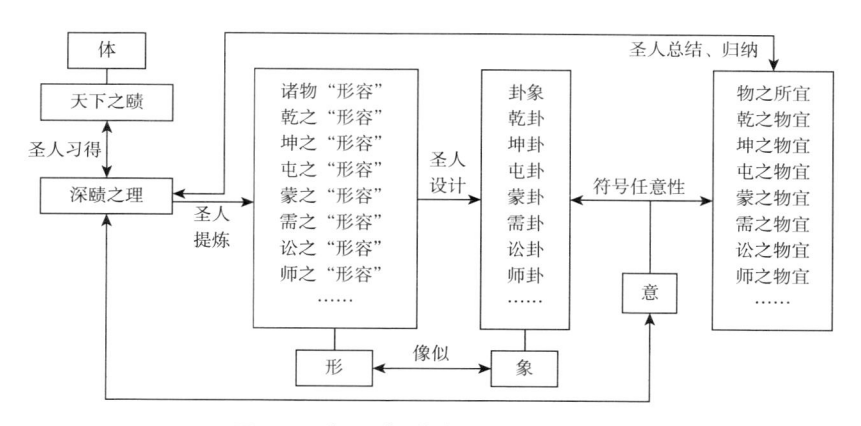

第三章 视觉呈现：乡村精神家园的感知性建构

图 3-2 《周易》卦象文本的形成机制

无论是写实还是写意的文本，总是只能以具体的形象进行意义的表达，画面形象与物质实体在视觉上的高度像似，带给观众一种符号与物质对象直接关联并完全对等的"错觉"。W.J.T.米歇尔提供了一个精神形象与物质形象的关系树图来说明形象与物质实体的区别（见图 3-3）。米歇尔提供的精神树图为变余结构，其中包含了三种相互重叠的关系：物质实体与其形象的关系；物质实体与精神形象的关系；物体形象与精神形象的关系。为便于理解，笔者对树图结构图进行了分解（见图 3-4），从分解图示可以清楚地看到物质实体成为形象和精神形象，并以再现形象呈现出来的过程。分解图 1 中，左边的真实物体通过中介物（如镜子、镜头、眼睛等）后形成右边的形象，这是一个物理化的过程，通过光的折射将具体物体形象在画布或白板等介质上投射或摹画出来，会呈现怎样的物体形象取决于中介物的技术条件。分解图 2 中加入了人的大脑，即此刻右边的蜡烛形象是在人的主观意识中生产的图像，并再现于大脑之中，它是物质实体的精神形象。分解图 3 给物质实体增加了一个虚拟的框架，用以表示"右面蜡烛的想象位置"①，即左边框架中的蜡烛是对物质形象、精神形象的再现，是再现形象。"精神树图"剖析了具体物质、物质形象、精神形象、再现形象之间的相互关系，并将人的知觉、意识置于形象过程，指出

---

① 〔美〕W.J.T.米歇尔：《图像学》，陈永国译，北京大学出版社，2012，第14~15页。

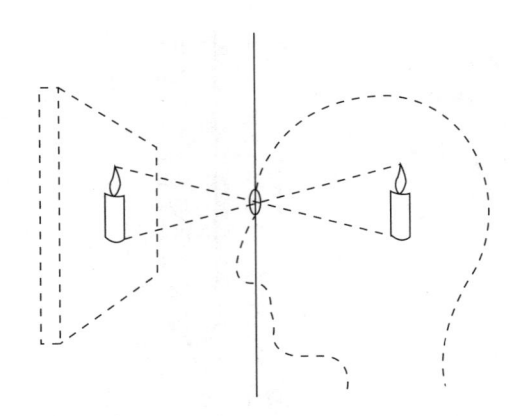

图 3-3　W.J.T.米歇尔的"精神树图"

资料来源：〔美〕W.J.T.米歇尔《图像学》，陈永国译，北京大学出版社，2012，第 14~15 页。

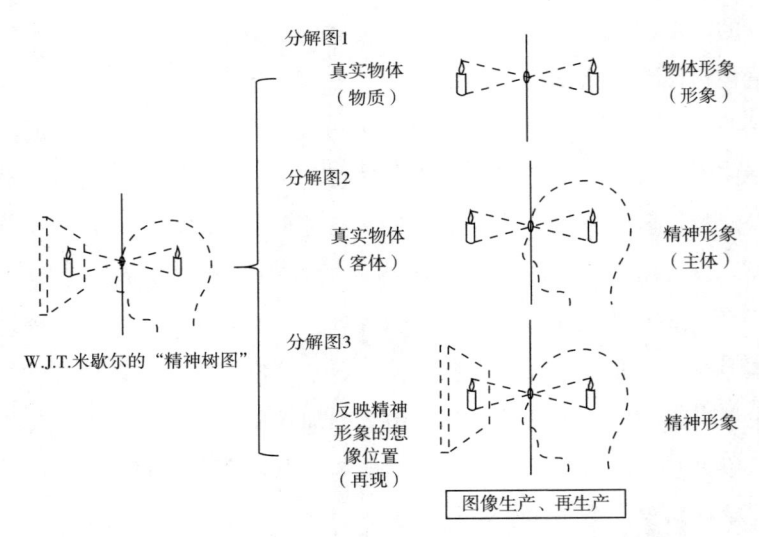

图 3-4　W.J.T.米歇尔"精神树图"内在结构分解示意图

资料来源：作者自制。

形象对意识的依赖性是人的知觉和意识的结果。被电视媒介呈现出来的画面形象是再现形象，同样经过了复杂的意识过程，包含了人对物质实体、物质形象、精神形象的感觉、观念、态度等，是人的意识的结果，所以画面形象与物质实体的直接关联和对等只能是一种"错觉"。

"精神树图"为电视传播媒介形象的生成提供了理论分析的视角。电视传播通过摄像机镜头将世界图景投射在像平面上生成形象,并通过光电转换器件将其形象转化成电能或数据信号保存下来,作为电视媒介再现现实生活图像表征的形象。但电视传播并不是直接将摄像机获得的物质形象传递给受众(见图3-5),实际上,从镜头收纳物质世界的形象开始,人的知觉、意识就参与了进来,它们不仅决定将哪些物质转换成形象,还决定如何选择角度、如何取景构图来再现物质形象。被摄像人员再现的形象作为图像素材进入后期整理和编辑处理阶段,编辑在面对这些图像时同样经过了一个意识过程,即在编辑方针、传播目的及效果规划等多重传播目标指导下进行图像的聚合和组合操作,甚至加上特效处理等形成新的形象和形象系统。这些经由编辑环节的形象和形象系统是生产性的,是由人在意识和精神领域生产出来的符号文本,是编辑在内容和意义的统合下进行生产的结果。观众在从电视、手机等接收终端上看到呈现的画面形象时,也有一个意识过程,即意义阐释的过程。不同观众对于同一画面形象的视觉重点以及唤起的生活经验、情感体验等是不同的,在他们的意识之中最终形成的形象也千差万别。所以,受众通过接收端屏幕获得的再现形象(D)不等同于摄像机最初面对的生活中的物质实体(A),与摄像人员用摄像机获得的再现形象(B)、编辑生产的再现形象(C)也都不相同(见图3-5)。这也表明米歇尔的"精神树图"所表示的左右蜡烛完全对等是值得存疑的。

电视传播各阶段所再现出来的形象虽然各不相同,但各环节的形象在外形上基本保持了一致,在受众看来,屏幕上呈现的形象与物质实体存在一定的对应,这也导致他们常常在一种对位认同之中进行形象的阅读和阐释。所以,我们有必要对电视传播的媒介形象在意识生产层面做进一步的分析。从图3-5中可以看到,电视媒体的形象生产分为两个阶段。第一个阶段是电视媒体对形象主体的符号化,以及在此基础上进行的形象叙述和形象修辞。第二个阶段是受众对媒介形象的认知阶段,受众对所呈现的媒介形象进行阐释,并在自己的意识和精神空间进行形象建构。在第一个阶段,媒介形象生产主要分为再现形象生产和生产性形象生产两个过程。

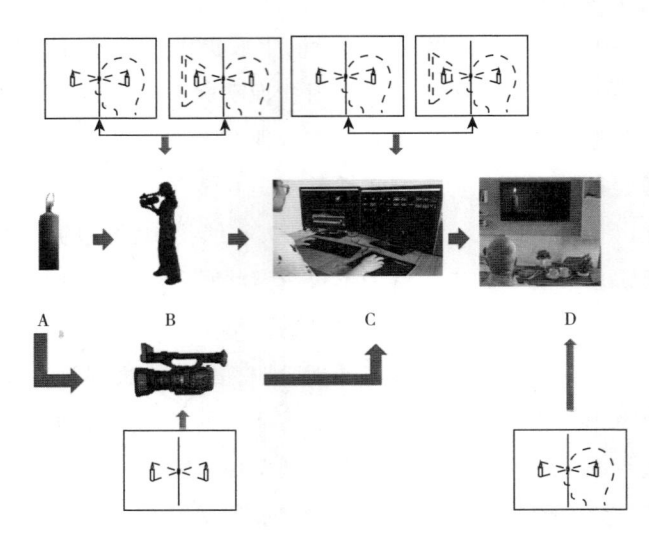

图 3-5　电视传播中媒介形象的生产环节及过程
资料来源：作者自制。

再现形象生产是通过摄像设备对物质实体视觉形象进行的客观或主观再现，再现形象与物体本身保持较高的像似性；生产性形象生产主要通过编辑环节的叙事表意实现，再现的形象解构了物质实体结构的完整性，突破了现实时空的束缚，是在主题统合下进行的形象再造。在这两个生产环节中，政策、社会、市场等多个因素综合作用下形成的传播意图介入其中并起着关键作用，它指导着各环节的具体操作，如对世界万物、生活日常进行的状貌刻画、细节抓取、事物特征的集中提示等。同时媒体工作者个人的相关因素，如知识水平、专业能力等也对形象生产产生重要影响。因此，无论是再现性形象生产还是生产性形象生产的文本都不可避免地带上了创作主体的主观意识和媒体所处场域的意识形态。与《周易》卦象不同，形象化符号文本并非依照物质元素内部关系和运动规律来生产，而是围绕媒体的传播意图来对形象元素进行聚合和组合操作，并进行写实或虚拟的叙事以及修辞表达，形成的符号文本（"象"）最终体现的是创作者的意图意义以及节目的主题意义（"意"），是媒体自我与形象主体再现形象的统一。

第三章 视觉呈现：乡村精神家园的感知性建构

在第二个阶段，受众认知媒介形象并进行形象建构，受众通过对符号文本的阅读理解得出阐释意义，并在其意识和精神空间生产出与阐释意义相对应的精神形象，虽然这一形象仍可能保留着与物质实体类似的外在形态，但由于经过了媒体的意义赋予过程和受众的阐释过程，这一精神形象在本质上已经既异于最初电视摄像机面对的物质实体，也异于媒介生产的再现形象所传达出来的视觉形象，同时由于受众个体自我意识的参与，在其想象与联想的思维活动中，受众所生产的形象成为与受众个体认知高度结合，并最终呈现在受众意识层面或精神层面的具体可感的形象。尽管物质实体的外在形态可能得到了一定的保留，但经过复杂的意义过程，它已经成为具有高度综合性的抽象内容，能够有效唤起受众感性生活经验，并帮助受众高效理解媒体传播的意图意义，为受众在精神层面生产形象提供现实参考的形象化像似符号之一（如图3-6所示）。

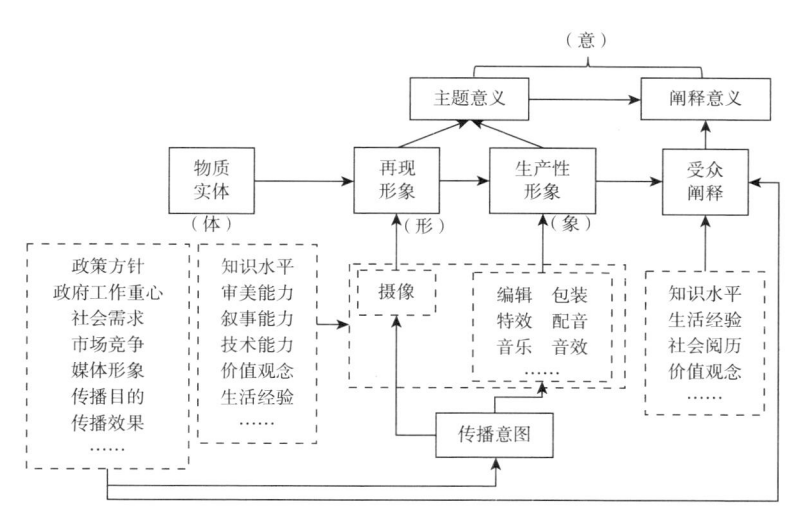

图 3-6 电视传播中媒介形象的生成机制

电视传播的乡村精神家园媒介形象是由电视媒介再现和生产出来的关于乡村的感知、映象以及信念的总和。在电视传播建构乡村精神家园的视觉形象的过程中，媒体围绕乡村精神家园的价值内涵，通过形象化的符号文本，将价值内涵转换成可见可感的形象，使受众从具体的形象中可以感知并获得意义认知，在意识和精神空间中建构与阐释意义相符的可以感知并产生共鸣的形象,最终获得对乡村精神家园概念的转化。形象主体在受众意识中成为一个被建构的符号化存在,与现实中的物质实体存在一定的像似关系。

二 媒介形象:乡村精神家园形象的电视呈现

"媒介形象"是指在媒体表意实践中,受众通过媒体表意行为,以及媒介所呈现的符号文本,所感受和认知的关于对象主体或媒体的总体印象。受众通过媒体的表意实践,在对对象主体形成总体印象的同时,也对媒体形成了总体印象,所以,媒介形象研究延伸出两个维度。一是对对象主体的媒介形象研究,如 20 世纪 60 年代,政治人物的电视形象对选情及结果的影响就受到了传播学者的关注。尼尔·波兹曼在总结了媒介形象对美国总统竞选的影响后,认为形象是电视传播意义的基本方式,"在电视上,话语是通过视觉形象进行的,也就是说,电视上会话的表现形式是形象而不是语言"[①]。二是对媒体的媒介形象进行研究。媒体在表意实践中对于信息内容的选择,以及选取的报道角度、话语方式、语言风格、观念态度等都会成为受众在意识中生产其形象的重要依据。媒介形象是影响媒体权威性、影响力和传播力的重要因素,如公信力就是媒体媒介形象的重要元素之一,公信力的高低决定了媒体信息传播的信度和效度。电视传播中乡村精神家园的媒介形象是乡村精神家园这一对象主体在电视媒介上的形象再现,是接收主体对乡村精神家园形成感受和认知的重要介质。形象在电视媒介建构乡村精神家园的具体实践中起到了重要的语言作用。电视传播通过画面、声音语言呈现乡村精神家园的自然、人文等形象,通过形象感染受众,激发他们对于乡村精神家园的情感共鸣,最终获得理念认同。

电视传播对乡村精神家园的呈现体现出与其他媒体不同的特点。不同的媒介有着不同的技术特点和语言方式,运用不同媒介进行形象建构必然会带上这些媒介独有的特征。电视传播以声音和画面作为形象构建和传播的语言符号,在对乡村精神家园的媒介形象建构中体现出生动性、典型

---

① 〔美〕尼尔·波兹曼:《娱乐至死》,广西师范大学出版社,2004,第 8 页。

第三章　视觉呈现：乡村精神家园的感知性建构

性、动态性、多重性、审美性等特点。（1）生动性。电视传播通过屏幕对乡村精神家园形象进行动态展示，所展示的形象从外形、色彩、表情、动作、言语、方位等多方面得到逼真传神的再现。通过电视画面，观众可以感受到形象的活灵活现、惟妙惟肖，同时，形象自身的诸多信息也得以直接传达给观众，增强了形象的感染力。（2）典型性。我国乡村众多，不同地区的乡村自然风貌、风俗人情、文化特点各不相同，电视传播在呈现乡村精神家园形象时不可能全面涵盖各地乡村的风貌和文化特色，而是常常围绕传播意图进行乡村形象的典型化提炼，并进行形象建构。（3）动态性。电视传播对乡村精神家园的形象建构是动态的，既可以从不同视角流畅自如地展示空间形象，也可以在时间轴上展示形象的变化发展过程和特点；同时在动态过程中对乡村精神家园形象进行多种形式和多样内容的展示，进行动态的表现和累积，达到形象传播的目的。（4）多重性。乡村精神家园的多层次性特点使得电视传播在展示其形象时也呈现多重性特点，如对乡村精神家园的物质层面、价值层面、哲学层面、美学层面等多重展示。（5）审美性。电视既是信息传播的工具，也是艺术创作的平台，电视媒介的艺术创造性是电视传播的特点之一。电视传播对乡村精神家园的形象从拍摄的角度、构图的思考，到形象的聚合、组合以及美化包装都体现出艺术性和审美性特点，尤其是在对乡村精神家园审美形象的建构中，电视传播注重对其形象美的塑造以及对视觉美感体验的追求，努力向受众呈现极有审美价值和美感体验的视觉形象。

电视传播对乡村这一知觉场域的形象建构和呈现。乡村是特定的地理区域，有其鲜明的特征和风貌，是受众感知乡村精神家园最基本、最直观的知觉场域。受众对乡村形象的感知一方面基于个人与乡村的亲身接触，另一方面从社会信息传播中获得认知，而媒体传播的乡村视觉形象是受众跨越时空全面获得乡村认知最为便捷和有效的方式。对于我国千差万别的乡村形象，无论摄像机的视场角有多么宽广，电视传播也无法对其进行全景式的形象呈现，所能呈现的只是镜头瞬时截取的部分内容。电视传播对于乡村地域的形象建构和呈现只能通过抓取其最典型、最生动和最富有表现力的特征属性，以此来唤醒受众关于乡村及其精神家园所有的形象记忆。正如很多乡村题材影视作品或在乡村拍摄的电视节目在开篇或段落开端，都会通过全景画面呈现故事或节目发生地的形态样貌。纪录片《记住乡愁》每集开头伴着主题歌出现的高山峡谷中的村庄、小河古树、稻田老牛、晒谷舂米、小巷老屋、斑驳的老墙、古旧的木板房等形象成为乡村知觉场域的重要提示符号，为整个影片进行了地域定位和指向。电视传播也常通过彰显乡村个别突出的属性特征、让其独立发挥作用并隐喻乡村形象，来建构受众对该乡村形象的认知模型，如浙江诸葛村"八阵图"的建筑格局、福建下寨村的客家土楼等，这些属性特征形象的彰显使得该村在受众记忆中的形象更加鲜明突出。但这种方式在使受众短时间内把握乡村形象的同时，也使其他的属性特征被忽略和弱化。

　　电视传播对乡村精神家园的形象建构和呈现大致可以从经验知识、价值观念、哲学思想三个结构层面来把握。在经验知识层面，电视传播主要对乡村生活、劳动、习俗、传统文化等进行具体、微观的形象再现，如服务乡村农业生产和经济发展的节目通过电视画面对农业生产、农产品及相关技术进行介绍推广；新闻、社教类节目对传统习俗、文化的形象进行展示等。同时，电视传播在时间和空间上进行拓展，一方面为受众展示不同空间乡村的相关知识及文化内容；另一方面在时间轴上对乡村的历史脉络、故事、文化进行挖掘并运用电视语言进行多样化的视觉呈现，既通过画面展示形象，也通过声音对形象内涵及相关故事进行讲解和叙述。

　　在价值观念层面，作为主流媒体和主流文化的倡导者和引领者，电视媒体主要通过提炼典型化的生活、文化进行形象建构，如通过人物的行为、故事以及特别的习俗等进行形象化呈现，集中突出地展示乡村精神家园的生态价值观、社会价值观、道德价值观、文化价值观、审美价值观等。纪录片《记住乡愁》在表现每个村子的时候都着力挖掘该村传统文化内涵中的价值观念，如第二季第2集《廉村——清正廉洁》、第56集《下寨村——疏财重义》、第44集《唐崖司村——一诺千金》等。新闻类节目注重对当今时代乡村人民的价值观念进行形象展示，如中央电视台《新闻联播》节目播出的《找穷因拔穷根 扶贫攻坚加速推进》用杭州双溪村环境面貌的前后对比表现该村在经济发展中的生态文明观；《浙江：村头大戏台 唱响好乡风》展示浙江衢州大陈乡文化生活蓬勃发展、形式

第三章 视觉呈现：乡村精神家园的感知性建构

多样的形象；衡阳电视台《新闻联播》播出的《黄龙村：不等不靠建家乡 引来专家支妙招》对该村自强自立精神进行形象诠释。公益广告也是通过形象诠释乡村精神家园价值理念的电视传播方式之一，如中央电视台综合频道播出的公益广告《让故乡成为有梦的地方（乡村教师篇）》塑造了成才之后回到家乡，为家乡教育事业默默奉献的当代年轻人形象。

在哲学思想层面，电视传播对乡村精神家园的形象呈现表现出较为宏大的视野，立足于人类社会和文明的发展，从哲学层面思考人类在乡村发展方面应当秉持的观念态度和理想信仰，并运用电视语言表意的方式和技巧，将这些思考通过形象予以呈现，引发观众的情感共鸣并获得理念认同。电视传播对于哲学思想层面的形象主要通过公益广告、宣传片等来直接呈现，如中央电视台播出的公益广告《梦想照进故乡》、宣传片《美丽乡村》，爱奇艺平台播出的《全国休闲农业和乡村旅游宣传片》，江义村委会、勒流广播电视站联合制作的宣传片《大美江义》等，通过极富艺术审美的画面组合，集中展现乡村精神家园悠远旷达、娴静淡雅、清新脱俗、仪态万方的美景美韵。在央视春节公益广告《梦想照进故乡》篇之"让故乡成为有梦的地方"中，通过人物生活和故事、画面结构、配音配乐等阐释乡村精神家园的哲学内涵，片中的解说词说道："家就是甜甜的味道""山村把我养大，我能再把山村养大，一生都快乐""用同一块土养大下一代，就是最甜的滋味""不管生活过得咋样，只要一家人能天天在一起吃饭，我就满足了"。江义村宣传片《大美江义》在解说词中也表达了乡村发展的理念和评价标准："在这里，水是清的，天是蓝的，梦想也是蓝的""小桥流水、阡陌鱼塘、村间别墅、休憩公园""一个人与自然和谐共生、鸟语花香、民风淳朴的现代生态新农村""人们的惬意和幸福写在他们同样柔和的笑意里""美丽乡村，不仅让诗意的栖居成为现实，也让依偎他的人拥有了精神上的愉悦和温馨，这里生产美、生态美、生活美，融合循环发展。如诗如画的乡村，让心灵栖息的精神家园"。

三 形象感知：乡村精神家园形象的受众接收

在人类遭遇现代性困境的背景下，乡村精神家园美丽和谐的自然风光、和谐文明的社会生活、充沛富饶的物质条件、淳朴浓郁的文化氛围显得尤为难得和宝贵，它是人类共有精神家园的组成部分之一。因此，乡村精神家园媒介形象的电视传播面向着广泛而普遍的受众群体，受众群体的人员结构、知识结构、文化结构等比较复杂，他们对于电视传播的乡村精神家园形象有着怎样的形象感知呢？为弄清楚这一问题，研究选取了武陵山区的4个乡村进行问卷调查。这4个乡村中，伍家台村被评为2018年湖北省十大"最美乡村"之一；水田坝村2014年被列入地市级"美丽乡村"建设名单；椒园镇和平村由于所在县城的建设和规划，于2017年被纳入县城辖区，正处在由乡村到城镇的变迁过程之中；玛瑙村距县城约70公里，位于湘鄂交界地区，地理位置较为偏僻，村中有80%的青壮年常年在外地务工，打工收入占村民总收入的2/3。

此次调查发放问卷共计1000份，回收问卷947份，确定有效问卷850份。被调查的人员结构如下：在乡村民850人，在乡工作人员150人。由于当前乡村中有较多留守儿童，看电视是他们业余生活的重要内容之一，所以调查对象较多涉及这部分人群。另外，研究还针对县及以上城市人群进行问卷调查，发放问卷1000份，回收问卷968份，确定有效问卷850份。调查中，重点关注了15~18岁人群，因为作为正在成长的年轻一代，他们使用新型媒介较多，对新的技术和信息较为敏感，接受能力强，他们对电视媒体的接触，以及通过电视传播对乡村精神家园的形象感知更能代表新生代的观点和看法，也更有利于我们研究和把握电视媒介传播未来的发展方向。通过分析有效问卷，我们基本了解了受众对于电视媒介传播的态度及看法，以及接收电视媒介传播的信息后形成的乡村印象。

1. 被调查对象基本情况

被调查对象的年龄、性别、文化程度的基本情况如图3-7、3-8、3-9所示。年龄方面：18岁以下1054人，占比62%；19~29岁170人，占比10%；30~39岁153人，占比9%；40~49岁221人，占比13%；50~59岁102人，占比6%。性别方面：男性680人，占比40%；女性1020人，占比60%。文化程度情况：小学595人，占比35.0%；初中170人，占比10.0%；高中376人，占比22.1%；大专204人，占比12.0%；大学272人，占比16.0%；硕士78人，占比4.6%；博士5人，占比0.3%。

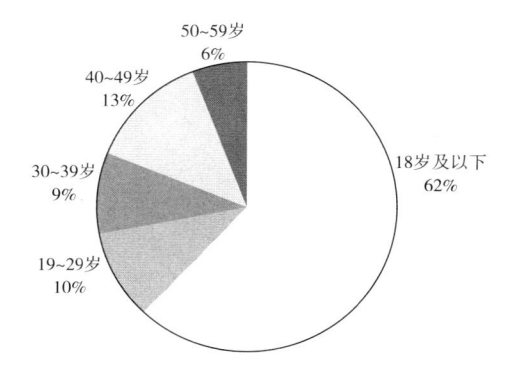

第三章 视觉呈现：乡村精神家园的感知性建构

图 3-7 被调查者年龄分布情况

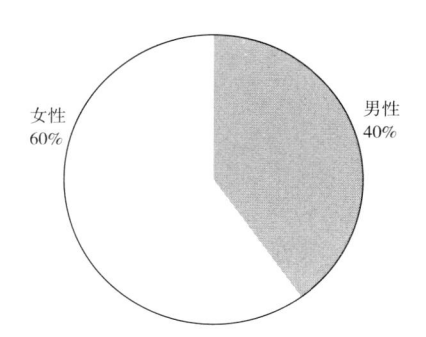

图 3-8 被调查者性别分布情况

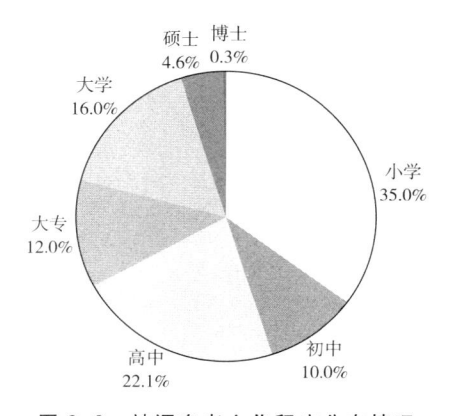

图 3-9 被调查者文化程度分布情况

2. 被调查对象电视媒体接触情况

问卷通过多项选择的回答方式，调查了受众经常使用的音视频媒体类型和经常收看的电视节目类型。从回答情况看，电视和手机是受众主要使用的媒体类型，受众对手机媒体的使用超过了电视媒体。电脑使用占比不高，可能与受访人群中18岁及以下人员占比较高，且电脑在乡村普及率不高有关。（见图3-10、3-11所示）

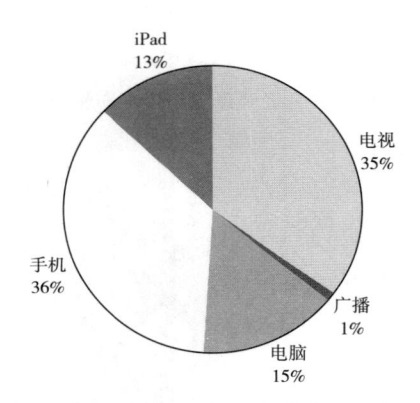

图3-10 受众对音视频类媒体使用情况

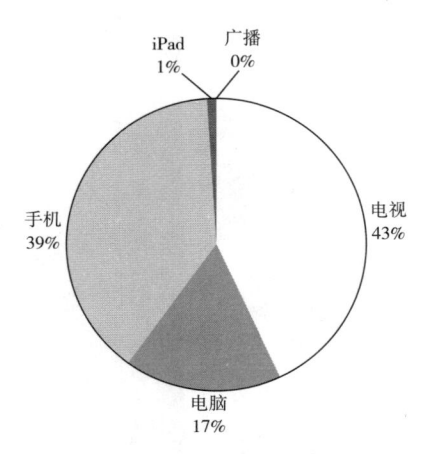

图3-11 乡村家庭媒体拥有情况

第三章 视觉呈现：乡村精神家园的感知性建构

受众经常收看的电视节目类型集中在新闻节目、娱乐节目、电视剧、电影四种类型上，除此之外，法制节目、纪录片的受众也比较多。对比不同的受访人群发现，城市受众高度关注的节目类型关注度由高到低依次是：电影、娱乐节目、电视剧、新闻节目、纪录片；乡村受众高度关注的节目类型关注度由高到低依次是：电视剧、娱乐节目、电影、法制节目、新闻节目。电影、娱乐节目、电视剧是受众关注度最高的节目类型，休闲娱乐成为受众观看电视的主要原因。另外，乡村受众更关注法制节目，而城市受众更关注新闻节目。这体现出乡村受众在法律知识方面有着较高的关注和渴求，城市受众则更关注所处的社会环境状况及其变化。（见图3-12、3-13、3-14所示）

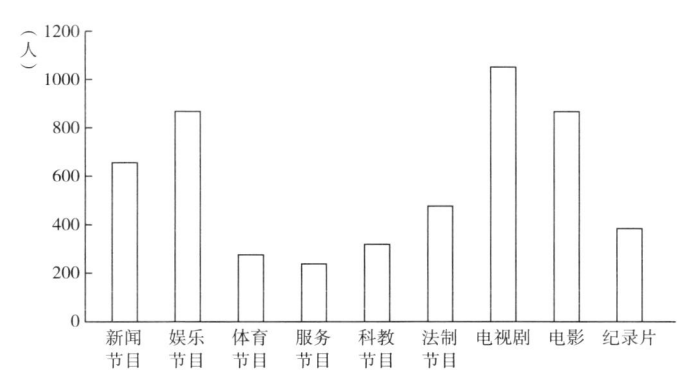

图3-12 受众经常收看的电视节目类型

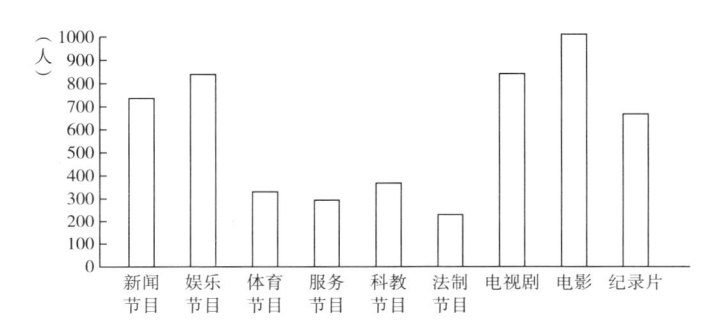

图3-13 城市受众经常收看的电视节目类型

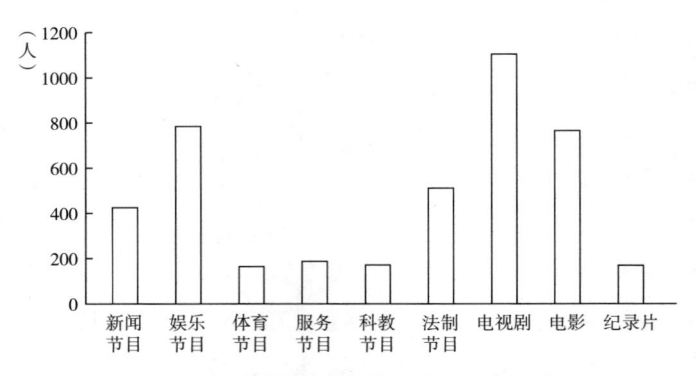

图 3-14　乡村受众经常收看的电视节目类型

3. 被调查对象通过电视传播形成的乡村印象

通过调查发现，城市受众对乡村印象的形成主要来自新闻节目、科教节目、电视剧、法制节目等（见图 3-15）。通过电视传播的节目内容，有 21% 的受众认为乡村民风淳朴，17% 的受众认为乡村风景很美，15% 的受众认为乡村绿色生态，9% 的受众认为乡村开心快乐，7% 的受众认为乡村文明和谐、生活美好，2% 的受众认为乡村干净整洁。可以看到，78% 的受众对于乡村的评价是正面、积极的。当然，由于受访人群对乡村都有或多或少的亲身接触和现实认知，他们对于乡村媒介形象传播的印象或多或少带有主观感受，所以以上数据并不纯粹，只能是基本准确。（如图 3-16 所示）

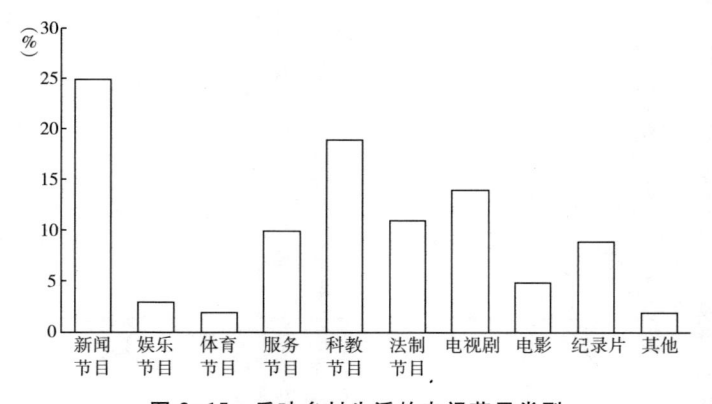

图 3-15　反映乡村生活的电视节目类型

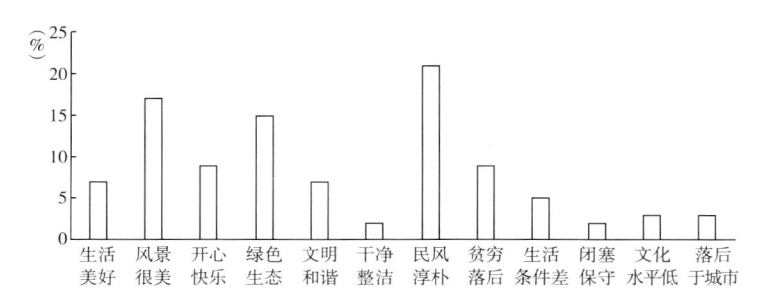

第三章 视觉呈现：乡村精神家园的感知性建构

图 3-16 通过电视传播感受到的乡村形象

通过对比受众对乡村精神家园形象的媒介感知和亲身感知发现，有47%的受众认为乡村精神家园的媒介形象要好于现实中亲身感知所获得的乡村形象；有35%的受众认为电视媒体表现的乡村形象要差于现实中亲身感知的乡村形象。由于个体感受的主观性差异，深度考究受众对乡村精神家园媒介形象与亲身感知形象的内容差异没有太大意义，但可以确定的是，经过媒体视觉呈现的关于乡村精神家园的拟态环境与客观现实生活之间存在差异，而83%的受众认为乡村精神家园的媒介形象与现实中亲身感知的形象是存在差异的。（如图 3-17 所示）

在受众对于乡村题材电视节目数量的看法方面，有54%的受众希望乡村题材的内容更多一些，有18%的受众希望乡村题材的内容能够占到50%。由此可见，乡村题材的节目受到了较多受众的喜爱和关注。（如图 3-18 所示）

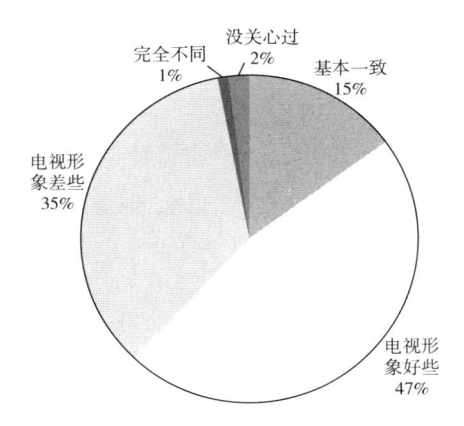

图 3-17 电视传播的乡村形象与实际接触感受到的乡村形象比较

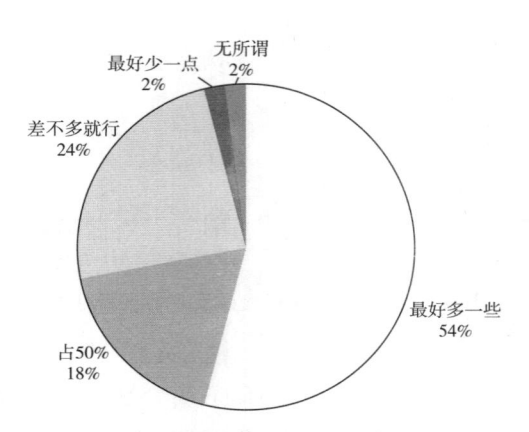

图 3-18 对乡村题材电视节目数量的看法

第三节 表象统合：建构乡村精神家园的影像策略

影像是电影、电视等媒介特有的形象呈现方式，具有空间展示性和时间过程性，是在时间延续中动态呈现形象的再现方式，也是电影、电视媒介区别于书画、报刊等平面媒介的重要特征之一。影像通过人类特有的视觉暂留生理机制，在单位时间里经过多幅静态画面的前后相继产生运动效果，动态呈现人与物的状态及关系，创造与现实生活高度相似的拟态化的环境空间，并成为一种重要的意识形态符号系统。电视传播不是简单通过传播对象单幅静态的画面形象来传播信息，而是在流动的影像中对表现主体的各种表象进行组合和整合，形成形象化的、动态的、整体的视听觉文本，给予受众以强烈的感官刺激。在乡村精神家园的视觉形象建构中，动态影像对乡村精神家园的表象统合、形象呈现及传播效果等产生重要影响。

一 多模态协同：视觉呈现的符号策略

在读图时代，基于发达的媒介技术和强大的计算机能力，信息传播的话语已经从传统的狭义语言模式扩展到对图像、音乐、色彩、光影等多种

第三章 视觉呈现：乡村精神家园的感知性建构

符号系统的综合运用，形成了可以激发人的多种感知通道联动的多模态话语。一般来说，在信息传播或人际互动中同时使用的两种或两种以上模态的话语可称为"多模态话语"，而电视传播所使用的正是较典型的多模态话语，作为视听媒介，电视传播涉及听觉和视觉两种交际模态，两种模态又分别包含多种符号系统（见图3-19）。听觉模态涉及的符号系统先是有声语言，即通过播音员、主持人、记者、被采访对象、现场同期声等呈现的有声语言符号，它是信息传播中重要的符号系统；另外，音乐符号、音响符号在电视的形象传播、情绪氛围营造、意境渲染等方面也起着重要的作用。作为对再现形象进行动态性呈现的电视媒介，电视传播的视觉模态所包含的符号系统更为复杂，不仅包括再现形象（包括AR、VR）、形象元素、文字符号、图表图示、动画动漫等常见的符号系统，而且包括通过计算机软件制作的画面特效（如转场、滤镜等）、运用计算机数字技术制作的表情符号。运动是电视传播话语区别于其他媒介的重要特征之一，电视传播既可以表现生活中的运动，也可以运动地再现静态的客观事物，对于运动的动向、动速的选择和操作能够建构出不同的意义内涵，运动是极富感染力和电视传播特色的符号系统之一。二维平面的电视屏幕在进行形象展示时并不是消极被动的，而是极具创造性和艺术性的，与美术创作一样，创作者会考虑对多种相关形象元素进行搭配和处理，对取景、构图、色调、影调等不同形象元素的综合运用是电视传播在形象再现时不可回避的技术、艺术过程，而不同的形象元素都具有极强的话语能力，如色彩可以对人们的知觉、情感、记忆等产生直接的心理刺激并导致心理反应，同一色彩在不同明度、亮度和饱和度之下带来的又是不一样的心理视觉，是一个比较复杂的符号系统。形象元素在电视传播中有着不可忽视的话语功能。随着传媒技术的发展，电视形象的展示平台从单一的电视屏走向多屏化，借助移动互联技术，电视与受众的交互功能得到进一步增强，受众可以通过数字机顶盒、手机App、互联网电视及其他第三方平台，通过屏幕接触、屏幕书写甚至语音输入等方式进行内容选择，并发表对内容的反馈评价，实现与媒体或其他受众的实时互动，触觉模态逐渐进入电视传播话语。多种交际模态、复杂的符号系统组成了电视传播的多模态话语体系，使电视传播具有了较强的创造力和传播力。

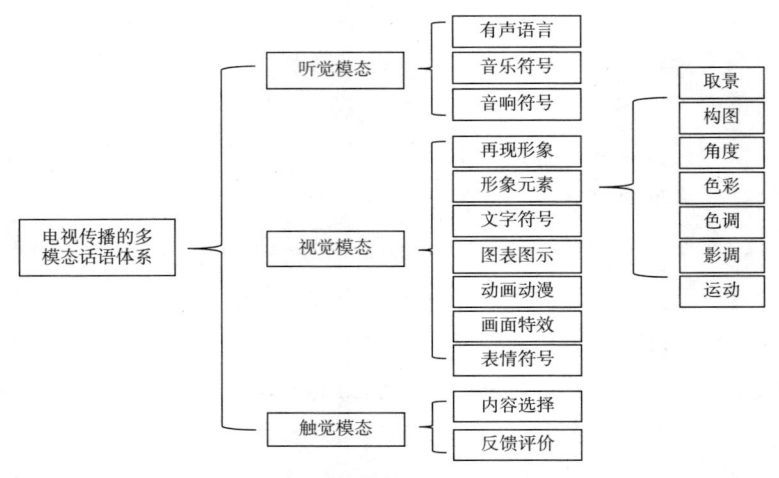

图 3-19　电视传播的多模态话语体系

　　电视传播的多模态话语体系有利于电视传播意义的多样化表达。"精神形象并不像真的图画那样是完全可见的；它们需要各种感官全部参与。"① 电视传播所构建的乡村精神家园视觉形象的内涵不可能完全通过再现于画面的直观形象进行准确呈现，而是需要在音乐、文字、构图、运动等多种符号的协同联动中进行意义阐述和表达。受众在对其进行意义理解和阐释的过程中，也需要调动多种感官对电视多模态符号体系进行整体感知，才能在表象、心理、文化等各个层次上深刻把握形象内涵。多模态话语赋予了电视传播强有力的话语潜力和意义传播能力，其包含的不同符号系统在叙事表意方面表现出不同的优势和特色：有的符号系统直陈意义，有的符号系统主要通过感官刺激感染和打动受众；有的符号系统叙事客观平实，有的符号系统为叙事增添幽默诙谐等人性化、个性化特色。如有声语言对意义的陈述较为明白晓畅，受众不必具有太高的文化水平就可以基本听懂所传递的意义内涵；部分有声语言与画面形象相呼应，使电视叙事通过视听觉通道得以全面感知；还有些内容是画面形象所无法呈现的，需要通过有声语言进行补充说明来丰富电视画面传播的信息量。多种符号体系的多模态的符号系统使得乡村精神家园在表层文化中的现实感

---

① 〔美〕W. J. T. 米歇尔：《图像学》，陈永国译，北京大学出版社，2012，第 11 页。

知，在精神文化层的经验知识、价值观念、哲学思想等都能够得到体现。尤其是对不同符号系统的互补协同使意义在符际间产生化学效应，能够生产出形象本身所不具有的信息内涵，催化意义生成潜能成倍增长。如对声音和画面不同关系的处理，对画面的蒙太奇处理，对不同类型符号的组合搭配等，使意义得到增值。例如在影视创作中经常使用到的声画对立关系处理，通过声音、画面所呈现的内容和情绪上的对立生产出原来的声音符号、画面符号所不具有的情绪内容，从而形成强烈的情绪张力，给受众心理和情感带来强烈的冲击。通过多模态符号系统的综合运用和符际协同，电视传播得以将乡村精神家园的丰富内涵有效通过情节叙事、情感叙事、心理叙事等多种叙事方法和手段编织在符号文本之中，通过乡村美景、生活故事、创业创新、文化习俗等具体内容或写实或抒情或写意地传播出来，引导受众理解语篇的主题意义并实现传播主体意图定点，同时为受众留下可以充分发挥主体性的意义空间。

二　图像景观：视觉呈现的修辞策略

图像是米歇尔形象谱系中的一个分支，包括图画、雕像和设计。在米歇尔看来，精神形象、文学形象，以及人作为形象本身和形象的创造者处于广义形象范畴之内，而图像是狭义的或字面意义上的形象[1]，属于艺术史学科话语。据《现代汉语词典》释义，图像是画成、摄制或印制的形象；形象则包含三层含义，一是能引起人们的思想或感情活动的具体形状或姿态；二是文艺作品创作的可以激发人们思想感悟的生活图景；三是作为形容词性，是对描绘和表达行为结果的描述和形容。[2] 米歇尔的图像概念和形象谱系划分与汉语对图像、形象的理解有相通之处，即均将图像看作通过媒介最终呈现形象的结果，而将形象置于认识论范畴，看作对象与人的互动，是人们心理和意识的反映物。"以图像景观作为典型的媒介形象叙述成为各种形象建构的主导力量。"[3] 图像是电视传播视觉呈现乡村

---

[1] 〔美〕W. J. T. 米歇尔：《图像学》，陈永国译，北京大学出版社，2012，第 2 页。
[2] 中国社会科学院语言研究所词典编辑室：《现代汉语词典》（2002 年增补本），商务印书馆，2002，第 1275、1410 页。
[3] 胡易容：《符号学方法与普适形象学》，《中国人民大学学报》2015 年第 1 期。

精神家园的符号文本。多种交际模态、符号系统在深刻互动基础上形成了结构化的符号体系，作为与真实生活像似的媒介"制造物"在电子屏幕或数字屏幕上呈现出来，形成关于乡村精神家园的媒介化空间景观、自然景观、人文景观等。图像景观是"视觉、空间、世界图景以及艺术图像全都交织在一起而成为一块恢弘的'象征形式'织成的壁毯"①。这"壁毯"不只是展现给受众欣赏的客观视像，也携带着丰富的意义内涵，随着图像景观对受众感官的刺激而被感知和阐释。电视传播在视觉呈现乡村精神家园图像景观过程中，常常运用修辞策略进行符号编码，利用电视传播多模态符号优势进行图像元素的修饰，达到表达主题的传播目的，并形成较好的传播效果。

电视传播呈现的图像景观可以划分为两类：叙事性符号文本和表现性符号文本。两种文本由于在叙事表意方面各有侧重，在运用修辞策略时也表现出不同的特点。

叙事性符号文本主要指的是新闻类、法制类、服务类、社教类节目以及真人秀、纪录片等，这类节目侧重于对事实进行陈述和对生活原貌的形象再现，图像符号编码须忠实于事实逻辑和叙述逻辑，修辞策略必须根据节目叙事、情绪表达、氛围营造、叙事风格等的需要，运用时遵循客观性和真实性原则，否则会影响受众对事实的信任，并最终影响传播效果。符号修辞不能在图像素材上直接进行处理，只能通过画面组接来实现，由于组接的两个画面可以不在同一时空，利用画面组接可以很方便地把许多修辞格表现出来，如借代、拟人、排比、对比、通感、夸张等。例如，借代修辞手法经常被运用在情景再现的段落中，由于在叙述事实时常常缺乏现场的镜头，为清晰生动地进行图像叙事，只能通过补拍 B 的动作局部镜头借代当事人 A 的现场行为，这种借代手法在法制类节目中运用较多。对多个相似性镜头（内容相似、构图相似、动作相似）的连续剪辑形成排比的修辞效果是电视传播中经常展示的图像景观，这种画面组合与语言中使用排比修辞格的效果一样，不仅可以在视觉上形成连贯通畅的效果，而且可以加强画面的节奏感，达到情绪累积的效果，增强内容、气氛、情

---

① 周宪：《视觉文化读本》，南京大学出版社，2003，第 51 页。

第三章 视觉呈现：乡村精神家园的感知性建构

绪的感染力。如《舌尖上的中国》中展示的美食在现实生活中制作时需要很多道工序，要经过很长时间，节目就经常运用排比手法将相似动作画面连贯剪辑在一起，既加快了叙事节奏，也有效地给受众以时空的跨越感。拟人的修辞手法在电视传播的叙事文本中也常常使用，尤其是在娱乐类节目中，通过画面剪辑手段，将动物镜头拼接在叙事镜头后，形成动物对人的行为产生反应的画面效果，形成幽默诙谐的叙述风格。此外，经常被用到的修辞格还有：用一个人物的身影、声音或手、脚等的特写镜头来借代具体人物；利用特写镜头、大仰角等方式对人物或事物进行夸张的表现等。

电视传播在建构乡村精神家园的价值内涵、表达乡村精神家园的建构理想时，除了用有声语言直接叙述外，通过表现性符号文本对受众进行潜移默化的影响是最重要的方法。表现性符号文本主要出现在艺术性强的宣传片、广告、电视文艺作品、综艺节目以及电视节目的片头片尾之中，这些文本主要通过构图、色彩、光影、运动、特效等多模态符号的综合运用，使图像形成特有的艺术效果，给观众带来强烈视觉冲击和情绪感染。有时候，它们甚至可以和文字一样直抒胸臆，将思想观念直接显现和流露出来，体现出极强的语言表现力。罗曼·雅各布森（Roman Jakobson）认为，一个符号文本包含发送者、对象、文本、媒介、符码、接收者六个要素，某一要素在文本中的凸显或主导会导向文本传达出特殊的意义。当符号表意侧重于文本时，文本的形式及其特征就会得到强调和突出，并成为意义的载体，使文本呈现"诗性"的风格特征。应用于表现性符号文本的修辞策略正是文本"诗性"的具体操作和实现方式。不同于叙事性符号文本在画面组接中实现修辞表达，表现性符号文本主要通过对画面的直接修饰实现修辞表达。如在拍摄时利用光线进行造型；通过构图使景物在画面上呈现不同的线条和形状；运用延时拍摄，使肉眼无法观察到的自然运动呈现在画面上，如天上云彩的快速移动、建筑物投射的影子随着太阳照射角度的变化而移动变化、鲜花绽放的瞬间等，这些镜头不仅带给受众与生活观察不一样的视觉图景，而且运用在文本中可以产生通感的修辞效果，使观众产生光阴轮回、时间流转的感觉。在后期编辑时对画面布局、色彩进行调整，对画面进行滤镜处理，对画面进行二次创作等都是修辞策略的具体应用。另外,表现性文本不是按照叙事逻辑来组接镜头的,而是根据主题表达的需要综合运用镜头素材,因此,符号文本在结构过程中可以在较宽广的范围内对符号进行聚合和组合操作,最终呈现出来的图像景观构图布局考究,艺术性强,色调、影调、色温、运动等元素组配和谐,给受众带来意境和文化的审美体验。

在影视传播研究中,研究者将能产生视觉快感的图像景观称为"奇观",认为这种影视奇观广泛存在于非叙事性的表现性符号文本之中。劳拉·穆尔维(Laura Mulvey)率先指出了在电影创作中存在的"奇观"现象,认为"奇观"不仅可以破坏完整封闭的叙事系统,而且有助于强化意识形态叙事。汤姆·冈宁(Tom Gunning)提出"吸引力电影"概念,认为"吸引力电影"是一种表象化存在,其表象代码构成的新奇事物对观众产生了最为直接的吸引力,并建构了一种奇观,"奇观"是表现主义的方法,是"非叙事性"的。奇观是"一种被观赏或目击到的令人印象深刻的、非比寻常的、被打断的现象或事件"[①]。在电视传播中,表现性符号文本运用修辞策略可以建构具有"吸引力"的图像"奇观",它根据主题需要而不是根据叙事的要求从时间、空间进行形象的塑造,从受众对形象的感知角度探索图像景观的呈现方式,强调形象与事物、形象与观念之间的关联性。但是,图像奇观并非完全脱离叙事框架而存在,它与叙事遥相呼应,共同为主题表达和传播服务。另外,穆尔维和冈宁都注意到了"奇观"所具有的批判性,即在内容层面对于现实的怀疑,在形式层面对于传统叙事逻辑的破坏,这也是图像奇观的本质性特征。图像奇观在应用于乡村精神家园理想层面的形象传播时体现了较为突出的语言功能和极强的表达能力,如中央电视台 2015 年 9 月 30 日播出的《美丽中国乡村行》宣传片,用画笔游走的特写、厚重颜料的质感、颜料色调的明快与乡村美景交叉剪辑,运用比拟的修辞方法说明乡村如画、画如乡村;在用镜头刻画乡村美景时,运用延时拍摄表现星汉灿烂、云彩翻滚、朝阳喷薄、竹笋破土、渔船川流的运动奇观;使用大广角夸张表现人物、动物动作,大仰

---

① 〔美〕斯科特·布卡特曼:《奇观、吸引力和视觉快感》,黄石译,罗振宁校,《电影艺术》2011 年第 5 期。

角拍摄树木倒下、人物向下抓取的动作等动作奇观；运用特写镜头夸张景物形态，航拍稻田阡陌、群山逶迤，远景表现金色麦田等场景奇观。图像奇观形成的极强视觉冲击力可以给受众带来强烈的视觉快感和视觉震撼。图像奇观的形成依赖于现代图像制作技术，随着CG技术，3D、4D、5D技术，VR、AR等技术的广泛应用和普及，未来电视传播的图像奇观将更加震撼有力，受众的多模态感官将在图像奇观中被调动和刺激，媒介对于现实生活的影响和建构也将更加深远。

三 符号统觉：视觉呈现的受众策略

统觉（apperception）概念由戈特弗里德·威廉·莱布尼茨（Gottfried Wilhelm Leibniz）最先提出，用于强调统觉在主体从无意识的微觉到对自我及心灵状态感知过程中的重要作用，他认为感觉在真理获得过程中的作用是有限的，主体意识的认知过程不能忽视，"感觉对于我们的一切现实认识虽然是必要的，但是不足以向我们提供全部知识，因为感觉只能给我们提供一些例子，也就是特殊的或个别的真理。然而印证一个一般真理的全部例子，不管数目怎么多，也不足以建立这个真理的普遍必然性"[1]。伊曼努尔·康德（Immanuel Kant）将统觉概念应用于认识的主客体之间，认为统觉即"我思"或自我意识，是知性的最高能力，是能够把从直观中获得的杂多的表象进行综合统一性联结（整合）的最高原则。约翰·菲力特力赫·赫尔巴特（Johann Friedrich Herbart）将统觉概念应用于教育领域，用于阐述旧观念与新知觉、弱观念与"观念团"之间的互动关系，认为新观念会被存在于意识之中的旧观念同化或吸收；而弱观念在对"观念团"产生刺激作用的同时，逐渐被"观念团"吸收和占有（统觉），最终成为组合式的融合的统觉观念。中国哲学家冯契认为，统觉的功能主要体现在"所思的判断"和"能思的自证"[2] 两个方面，即对主体所思对象做出断定和对主体自我意识进行感知。符号统觉是受众主体对

---

[1] 孙小礼、张祖贵：《超越时代：哲人科学家——莱布尼茨》，福建教育出版社，1997，第259页。
[2] 王向清、崔治忠：《统觉：冯契认识论的重要范畴》，《湖南师范大学社会科学学报》2005年第5期。

媒体传播信息的接收、阐释和内化为个体意识的过程，体现并强调了受众在信息接收过程中的主体性地位。在电视传播对乡村精神家园的视觉呈现过程中，受众通过屏幕获得关于乡村精神家园形象的"杂多"表象，并在其意识领域进行统觉思维活动，最终形成关于乡村精神家园的精神形象。

在受众统觉思维过程中，电视传播的关于乡村精神家园的形象和观念在成为受众新知觉的同时，如何成为其意识中的"强观念"甚至"观念团"呢？一般来说，电视传播通常通过以下两种方式进行实现。一是"形象叠加"或"观念叠加"，即通过对不同乡村差异化的形象定位或观念传播，彰显不同乡村的形象影响力或在思想、文化观念方面的特点和价值，使乡村整体产生一种形象合力或观念的整体性影响力。如纪录片《记住乡愁》（第二季）每集围绕一个乡村进行表现，集中突出该村的一个文化意义或价值，围绕这个意义或价值塑造该村的形象，通过这种"观念叠加"和"形象叠加"，塑造我国乡村的整体形象，并形成关于乡村的"观念团"，使之成为受众意识之中的"强观念"。2018年，中央电视台《新闻调查》节目播出"决胜：最后的贫困村"系列节目，将镜头对准贫困村的脱贫攻坚，使受众既看到了各贫困村面临的实际困难和问题，也看到了政府在贫困村脱贫工作方面的努力和决心，以及村民们在政府领导下的拼搏和努力。不同村所面临的不同困难叠加起我国乡村建设的艰辛和不易，政府及各村人民的共同脱贫攻坚又树立了国家、政府、村民的良好形象。二是"形象遮蔽"或"观念遮蔽"，即通过电视传播突出某一个典型化的形象、特征或值得关注的典型事件，对其内涵的剖析和挖掘，使得该形象、特征和事件的价值意义彰显，引导受众的注意力集中投向媒体所传播的形象或事件上来，从而形成对其他形象和事件的"遮蔽"效应。比如，电视媒体对"最美村官"的报道，通过树立典型形象，使其他的一些负面形象被遮蔽，使正面的、积极的、向上的形象和观念成为主流，使甘于奉献、勇于担当、凝聚民心、坚定信念、永不放弃的精神成为被弘扬的主旋律强化于受众意识之中。《美丽中国乡村行》每集都只选取某一个乡村最为突出的特征进行提炼，引导受众对该村形成特征化、概念化认知。

第三章 视觉呈现：乡村精神家园的感知性建构

符号统觉还需要与受众想象和联想思维进行共振。电视传播的形象使受众看到了自身视力所不及的其他生活空间的图景，拉近了受众与世界的距离，消除了视觉认知中的时空维度。实际上，电视媒介对于世界图景的呈现是部分式、片断式的，它不可能完整呈现无限的生活空间和时间线条。电影导演雅克·图纳尔（Jacques Tourneur）说："我能看到一切，摄像机只能看到部分。"[1] 电视只需要对表现对象的特定属性进行再现，受众便可以自然而然地通过联想和想象，唤醒以往在日常生活经验中获得的关于该对象或相似对象的全部属性记忆并在头脑之中再现。"观众并不从他们立刻看到的物体中制造他们的精神图像，而是从记忆中制造图像。"[2] 在影视创作中，选择生活关键环节、细节进行再现，对次要或不重要环节、细节进行省略是重要的叙事方式之一，其所依赖的正是受众在无意识状态下不断进行的想象和联想思维活动。如《乡村振兴看中国——石柱寻宝记》（中央电视台，2018.9.11）表现游客上山采集各类野生菌只用了从4分09秒到4分31秒的22秒画面，只用了上山的脚步、空空的篮子、找寻的场景以及4个采菌动作镜头后就接上了满满两篮子菌的镜头，这8个场景局部和细节镜头简单快捷地表现了现实生活中漫长的整个采菌过程，而把这8个镜头合乎逻辑地连接在一起进行阐释的是受众无意识之中的联想和想象思维活动。受众对电视传播乡村精神家园形象的阐释和再建构是在互文的超链接框架中能动而自由地进行的，也就是说，受众在对电视传播的形象阐释过程中将其与多种文本如受众对乡村的亲身性认知和形成的形象记忆，受众对乡村文化的了解，国家关于乡村的政策等关联了起来。同时，影视传播的特征化视觉呈现为受众创造了不同于事物本体的表象，形成了张弛有度的叙事节奏，为受众留下了联想和想象的思维空间。如《寻找最美乡村》宣传片通过呈现不同画面提示"最美乡村"的多样化评价体系：江南水乡、山村秋色、江雾中的小舟、百鸟欢唱等视听符号提示自然生态美；小孩在水中嬉戏、女人丰收的喜悦、村民百家宴、

---

[1] 〔法〕保罗·维利里奥：《视觉机器》，张新木、魏舒译，南京大学出版社，2014，第9、29页。

[2] 〔法〕保罗·维利里奥：《视觉机器》，张新木、魏舒译，南京大学出版社，2014，第9、29页。

欢声笑语等视听形象提示生活幸福美；传统戏曲、传统器乐、传统武术等画面语言提示文化和谐美；整洁秀美、现代高楼鳞次栉比的现代村庄提示创新引领美。这些画面当然不能穷尽乡村的所有美，但这些画面的提示为受众思考、观察、评价"最美乡村"提供了形象模板，并留下了联想和想象的空间。

第四章　话语表达：乡村精神家园的认同性建构

我国民族众多、幅员辽阔，不同地域、不同民族的乡村在文化和价值观念上存在着差异；不同群体在文化和价值观念方面也存在着差异，这种差异性是乡村精神家园建构的现实语境。因此，认同既是不同主体之间相互识别继而进行关系构建的过程，也是不同文化和价值观念碰撞、交流和包容的过程。"话语"（discourse）是人类信息传播、意义沟通的重要手段。作为语言学术语，"话语"通常被看作一种规则明确、意涵清晰而确定的言说[1]。随着20世纪以后西方哲学的语言学转向，"话语"成为关于文化和意识形态再生产的意义实践。在人文社会科学领域的学术研究中，"话语"是重要的学术概念，巴赫金（Mikhail Bakhtin）、福柯（Michel Foucault）、尤尔根·哈贝马斯（Jürgen Habermas）等的话语理论对后现代主义视域下的语言研究、传播研究有着重要的启示。

认同是建立在社会共同体的意义分享活动基础上的，是参与主体对某种特定对象表现出的趋同性共识。哈贝马斯认为，话语是价值和规范的形成机制，人们的话语性活动既是价值和规范的表征，也是价值规范实现的路径。在通过符号性、语言性交往行为寻求理解、协调互动、实现社会化和形成个人认同的过程中，人们构筑起"生活世界"，价值和规范也以话

---

[1] 刘继林：《"话语"：作为一种批评理论或社会实践——"话语"概念的知识学考察》，《烟台大学学报》（哲学社会科学版）2011年第3期。

语的方式间接地获得有效性,并得到广泛的认可。在乡村精神家园的认同性建构中,电视传播作为公共领域中的舆论话语,有利于在不同主体间搭建便于各方理解的解释系统,通过电视传播的话语实践,乡村精神家园的文化符号、意义内涵、价值理念和行为规范等得到确认和共识,形成关于乡村精神家园的共同态度、理想和追求。

第一节 范式转型:融合语境下的电视传播话语

维特根斯坦在后期研究中提出了"语言游戏"的观念,认为"语言与现实难分彼此的大面积交织"① 形成了语言游戏,而"想象一种语言就意味着想象一种生活形式"② 指出了语境对于语言形式的重要意义,不仅语言形式只有在具体实践中才有意义,而且语境决定了语言的具体规则和组织形式。从话语角度探索电视传播对乡村精神家园的认同建构需要首先从语境着手,深入分析和把握话语表达的社会语境和文化语境,在历史语境和现实语境之下思考认同建构。一方面,乡村精神家园话语的语境发生了变迁:从基层话语上升到国家话语,从民间话语转变到媒介话语。另一方面,我国电视媒体正在进行融合创新发展,在新的媒介环境下,电视传播在长期实践中形成的传播话语范式也发生了深刻变革,即从受众话语到用户话语、从宏观话语到微观话语、从权力话语到公共话语的改变,并逐渐形成了新的传播话语范式。这种新的范式应用在乡村精神家园认同性建构实践中获得了较好的传播效果。

一 乡村精神家园建构的语境转换

语境是意义生产和实践中的带有一定规约性的重要场域。话语不是独立的、抽象的言语实践,它以一定的语境为基础条件,其意义编码与阐释、话语形态与方式等都受到普遍共享的社会环境、文化环境等的影响和制约。提出"语境"概念的布罗尼斯拉夫·马林诺夫斯基(Bronislaw

---

① 陈嘉映:《语言哲学》,北京大学出版社,2003,第167页。
② 张学广:《维特根斯坦与理解问题》,陕西人民出版社,2003,第193页。

第四章　话语表达：乡村精神家园的认同性建构

Malinowski）将语境分为情景语境与文化语境两类，情景语境即人们话语行为的具体环境；文化语境即话语行为背后的社会文化环境。话语是语境的产物，电视传播建构乡村精神家园的话语实践离不开具体的语境，语境是人们从电视传播的符号文本中阐释理解乡村精神家园的认知环境，同时，语境中的一些因素也制约和决定了电视传播话语的意义编码，以及对话语方式、话语策略等的具体选择和运用，成为推动电视传播话语转型的重要因素。

建构乡村精神家园从基层话语上升到国家话语。在我国历史发展过程中，乡村一直是我国社会结构的重要组成部分，直到近代的中国，乡村仍居住有全国80%以上的人口[1]，从某种程度上说，乡村社会的经济状况、精神面貌就体现为一个国家、民族的发展状况和精神状态。尽管近代中国的乡村居住着大多数人口，但我国实行的"皇权不下县"制度使国家治理未能延伸到县以下的基层，乡村社会治理、公共事业建设、文化教育等主要依赖地主、宗族和乡绅阶级。20世纪30~40年代，战乱频繁、匪祸严重、连年天灾致使乡村民生凋敝，一些有识之士及团体意识到乡村之于民族兴衰的重要性，在我国兴起了一场主要由知识界发起和投身的以改造乡村社会为直接目标的实践性乡村建设运动。尽管这场乡村建设运动先后参加的团体和机构有600多个，但这些团队和机构性质不同、主张不一、视野有限，最终未能解决中国近现代乡村问题。中华人民共和国成立后，我国开启了政府主导下的乡村社会建设与发展模式，国家顶层设计和政策将农村建设和发展置于重要位置。改革开放以来多次发布的中央一号文件都以农业、农村、农民为主题，对农村改革和农业发展做出具体部署，现在"中央一号文件"已经成为中共中央重视农村问题的专有名词。中华人民共和国成立后，党和政府在我国广大农村实施了土地改革政策、土地承包责任制、精准扶贫方略、"乡村振兴"战略，并进行了社会主义改造、人民公社化运动以及农村税费改革、生态文明建设等，长期以来对乡村的改造和建设，彻底改变了我国乡村贫困落后面貌，我国在乡村基础设施建设、社会治理、民主政治建设、经济结构改造、文化教育发展等各项

---

[1] 晏阳初：《平民教育与乡村建设运动》，商务印书馆，2014，第88页。

意义·形象·话语：电视传播与乡村精神家园建构

事业中取得了令人瞩目的成就。对精神家园这一乡村社会文化生活中重要精神文化内容的建构，从以往由乡绅和宗族建设、村民自觉自发组织的封闭状态转变为由党和政府引导并主导建设、全民关注并参与的新格局，乡村精神家园也成为民族共有精神家园的重要内容之一，成为人类命运共同体中文化共同体的重要组成部分之一。

建构乡村精神家园的历史语境与时代语境。精神家园的建构既有对历史文化的传承和弘扬，也有在当下视野之下对精神家园的发展和创新。在国家话语宏观视域下，乡村精神家园的建构既有其历史语境也有其时代语境。作为中华文化的根基和中华民族的文化乡愁，对乡村传统文化的话语体系建构及传播是精神家园建构的重要内容，一是对乡村历史上的物质文化进行恢复，打造精神家园的文化空间，如对古树古路古桥、古街古巷古村落、寺庙宗祠、石窟、墓葬、家谱、牌匾、楹联、壁画、雕刻等进行修复保护，建构乡村精神家园的物质文化空间；二是对乡村传统表演艺术、手工制作技艺、民俗活动、礼俗及节庆文化等非物质文化进行保护，挖掘其深厚而丰富的内涵和文化基因，传播乡村历史和传统中的精神气质、思想品质和乡村记忆，建构乡村精神家园的意义空间。如政府通过制定政策和措施基本建立活态文化传承机制，使一大批非物质文化遗产得到保护和传承；媒体通过纪录片、电视节目对历史传统文化进行意义阐释，对优秀文化基因进行突出和弘扬，使乡村历史传统文化中更多的精华得以传播和弘扬。同时，在时代语境下，乡村精神家园是当代乡村、城市居民共同关注并寄寓的精神文化空间。在这一视域下对乡村精神家园的建构同样存在物质文化和非物质文化两个维度。物质文化方面，在政府主导下一方面重点发展乡村经济，因地制宜改造乡村经济结构，实现乡村经济结构优化、以乡村资源为基础的产业多元化，努力提高乡村经济水平和人民生产生活水平，实现物质生活水平的富裕，增强乡村在经济方面的可依靠的归属感；另一方面，加大对乡村的基础设施建设、环境治理和生态文明建设，使乡村在经济发展的过程中能够继续保持青山绿水，实现自然和生态的可持续发展，增强乡村的自然美和生活的环境美，使人们获得对乡村现实家园的情感认同。在非物质文化的建构方面同样在历史语境和时代语境下延伸出两个维度。一是在政府引导下，社会各界对乡村历史文化给予高度关

第四章　话语表达：乡村精神家园的认同性建构

注，积极保护和传承非物质文化遗产，挖掘弘扬优秀的传统文化，唤起人们在精神文化上的乡村记忆，获得对乡村社会的文化认同；积极引导社会从乡村历史文化中汲取营养，传承和弘扬中华文明及其优良传统，使乡村蕴含的"根"性传统文化在当代社会的道德教化、文明建设中起到教育和引导作用。二是政府及媒体努力引导乡村发展当代积极进步的文化，消除陈规陋习，移风易俗；兴办公共文化活动，通过开展当代体育、科技、艺术、文化展览等文化活动传播现代文明，为乡村精神家园建构注入时代气息和新的文化内涵。

建构乡村精神家园从民间话语到媒介话语。在历史语境下，乡村精神家园主要是由乡村人民在生活和生产中创造出来并不断丰富的，长期以来在以自然经济为基础的传统农村宗法社会中以民间话语形态表现出来，并在地域化的群体内部进行交流沟通与传播。乡村精神家园的民间话语具有人民性，即话语主体主要是乡村人民，话语内容与乡村世俗生活、世俗诉求相交融，体现出草根群众的价值追求和宗教信念，呈现出非主流化、非政治化、边缘化特点，话语风格口语化、通俗化、大众化。话语传播方式主要是人际传播和群体传播，既有多渠道、多媒介、高频度的人际传播，也通过仪式化传播传达出群体的凝聚力和成员之间的相互协作、意义互动，以实现成员之间在精神上的认同和融合的群体传播。同时，乡村精神家园的民间话语具有地方性，不同的地域环境造就了不同的生产生活方式，形成了各自不同的语言特征、风土人情、生活风貌和文化艺术特色，体现出风格各异的审美趣味和精神气质。不同地域乡村的精神家园具有自成一体并相对封闭的特征，在价值取向方面也因地域不同呈现出差异化和多元化特征，既有自然世俗的价值取向，也有宗教玄学的价值取向等。因此，作为地方性的民间话语，乡村精神家园是不同地域的乡村群体赋予其个体成员安全感、归属感和价值实现的重要意义空间。在国家实施的乡村振兴战略之下，乡村精神家园不仅是民族共有精神家园的内容之一，也是乡村振兴战略的重要一维。在政府和社会各界的高度关注下，乡村精神家园成为媒介言说和传播的重要内容。传播乡村精神家园的媒介既有报纸杂志、广播电视等大众传播媒介，也有社交媒体和自媒体等非大众化传播媒介，乡村精神家园的话语主体不再只限于乡村的人民群众，政府主导下的

| 意义·形象·话语：电视传播与乡村精神家园建构

媒介机构、社会各界群众也成为乡村精神家园话语主体之一，乡村精神家园的话语表达呈现众声喧哗的格局。内容方面，媒介话语言说的乡村精神家园除表现乡村社会的世俗生活和诉求外，还有城市居民等对乡村的乡愁记忆、现实感怀及建设构想。在主流媒体话语表达中，乡村精神家园不再是某一地域群体及其成员的精神归属，而是民族文化的内容之一，乡村精神家园从边缘话语体系步入主流话语体系之中。话语风格上，媒介话语与民间话语实现充分互动、交叠和整合，具有生动活泼、丰富多样的特点，既贴近乡村生活，又富有时代气息。媒介话语中，对乡村精神家园建构形成较大影响的仍然是政府主导的大众传播媒介，新闻、纪录片等是其言说乡村精神家园的主要话语形态。

建构乡村精神家园从现实话语到理想话语。"精神家园是建立在人的文化存在基础上的价值系统，是人的生存的意义世界和理想境界。"① 精神家园本质地体现着人与自身、人与自然、人与社会的内在联系，在价值认同、情感认同基础上对群体和社会发挥着重要的凝聚功能，是人类的价值归宿和精神归宿。人们首先是将乡村精神家园建构作为一种精神实在，重视其对于人类社会产生的归属性、凝聚性、传承性等功能性价值。这种认识也是指导乡村精神家园建构实践的重要出发点，如当前对乡村精神家园的建构主要是从乡村经济的发展、环境及空间改造到文化平台建设、文化艺术传承与发展等，以及对人们在自然环境、情感、精神方面的认同建构，主要强调乡村精神家园之于现实社会的文化功能和凝聚功能，体现出鲜明的现实话语特征。实际上，作为人类生存的意义世界和理想境界，乡村精神家园既是现实的生存文化，也是理想的文化境界，它对社会还存在着价值超越和价值导向功能。"建构精神家园实际上就是建构人生的信仰和信念，寻找精神家园是人的内在要求和本质属性。"② 建构乡村精神家园还需要在未来向度上进行意义和价值的话语建构。一方面，结合乡村历史及文化传统，提炼传统文化价值理念与思想精髓，使之薪火相传，并焕发出新的生命力；另一方面，在肯定和尊重人的生命价值、自我价值和社

---

① 万光侠、夏锋：《人的文化存在与精神家园价值探析》，《山东社会科学》2013年第10期。
② 张妍：《构建"意义"层面精神家园的价值体系》，《思想教育研究》2012年第3期。

会价值基础上，寻找并确定乡村文化的生命理想、价值理想与精神追求，不断丰富充实、发展完善乡村精神家园的意义内涵，升华乡村精神文化的境界，提升乡村精神文化的目标追求。超越性意义和价值的建构，使乡村精神家园在乡村建设和发展中充分发挥目标导向、价值导向和意义导向功能，使之成为消除隔阂、增进认同、唤起斗志、催人奋进的精神力量，在乡村建设和发展中发挥巨大作用。

二 电视传播的语境变迁

电视事业是我国新闻传播事业的重要组成部分，长期以来发挥着新闻传播功能、舆论功能、宣教功能和文化娱乐功能。在 21 世纪，新型传媒技术为传媒市场注入新的活力，传媒生态发生巨大变化，一批新兴传播媒体的崛起使传统媒体的中心地位受到冲击，电视等传统媒体的市场影响力大幅降低，面临前所未有的压力和挑战，电视传播话语的语境也发生了较大的变迁。

变迁一：从公共话语空间到多元话语空间的拓展

话语空间是人类媒介空间形态之一，它是话语表达和传播的重要场所，决定着话语表达和传播的身份定位及建构，对话语方式、话语风格和话语秩序等的选择和确定也产生着重要影响。电视传播话语空间的变迁不仅体现在物理实体空间的拓展上，也体现在虚拟空间的拓展上。在实体空间方面，随着互联网和移动通信技术应用于电视传播领域，电视传播的话语空间得到极大拓展，从以往主要在每个家庭的客厅这一公共区域通过电视屏幕进行信息发布和传播，转变为通过电脑、iPad、手机等多个终端进行电视节目传播。家庭成员既可以聚在客厅收看电视节目，也可以在个人化空间中安静地随意收看自己喜欢的电视节目。话语空间从客厅公共区域走向个人化的私密空间不仅变革了人们的收视行为和习惯，也使人际传播融入电视传播这一大众传播模式之中，对电视传播话语的方式、风格等提出了新的要求。虚拟空间方面，新型传媒技术的应用使电视传播拓展到网络、社交媒体、自媒体等话语空间中，新型话语空间的交往互动关系模式定位了电视传播新的媒介身份，使得电视传播话语内容得到更多的涉及和拓展，并在生活的多个层面进一步发挥积极作用。

变迁二：电视传播话语实践从单向传播变为单向及双向融合、多种交流互动方式并存的传播

在电子模拟信号传输时代，电视传播主要作为大众传播媒介的形态而存在，通过光电信号远程大范围覆盖，话语内容在时间线上以线性结构方式铺陈开来，受众不能对接收的信息进行时间、内容或播放速度的主动选择，在信息接收过程中处于被动地位。电视传播话语是单向的，受众主要从电视媒体接收信息，而向媒体发布或反馈信息的渠道非常有限，双方无法平等地交流信息从而顺畅沟通。在单向传播的模式下，电视媒体与受众之间的话语地位是失衡的，受众成为简单的意识客体。电视传播话语呈现一种类似独白的言说状态，媒体的"自我意识"得到充分表达，而受众的表达权和参与权未能得到充分重视与赋予。21世纪以来，不断发展的传媒技术和互联网、移动通信技术打破了大众媒体对信息传播的垄断格局，互动性极强的各种媒介交流平台、信息发布平台的出现变革了人类信息传播模式，超链接技术使每一个终端用户都可以通过各种互联网平台、社交媒体和自媒体平台充分表达自我，甚至使用户成为信息的发布者和传播者。在新的媒介生态中，单向属性的受众转变为双向模式下的媒介用户，在市场压力下电视传播积极在技术、理念、平台、话语等各方面与新型媒体进行融合，尊重用户话语表达的主体地位，重视用户的平等交流权，变单向传播为单双向融合的多元化传播，打造多种平台与用户进行双向或点对点的话语交流。多元融合的话语模式使电视传播过程中的互动环节得到彰显，用户需求得到重视，在传播中对话更加积极，话语的语态更加亲和贴近，表达更加丰富多样，话语的个性化和人性化特征突出，对话空间更加开放。

变迁三：从结构化传播走向分散化传播

在线性传播模式中，电视传播的话语文本重视篇章结构的逻辑性和完整性，全面展现事件的发展进程以及来龙去脉和前因后果；单一节目文本以板块化的方式将多样化的信息内容组合在一起成为一个完整、封闭的整体，其结构模式和格式规范基本固定。信号播出时，节目文本之间再次被结构化排列组合，并在时间线上相对固定下来，对受众的收视行为、收视习惯起着支配和主导作用，甚至间接地影响着受众的生活，形成电视传播与受众的约会意识和习惯。如很多家庭在晚上七点会准时将频道调到中央

电视台综合频道,收看《新闻联播》节目;一些家庭主妇或老人在晚上八点会准时收看中央电视台综合频道播出的电视剧。结构化文本中的信息内容通常经过了严格细致的聚合和组合操作,经过了细致的挑选和把关,这些被结构化的信息内容形成一个相对封闭的语境,受众的思维和情感可以在短时间内被带入其中并固定、沉浸下来,在特定的语境中对传者的意图意义进行阐释并产生共鸣,与媒体的意志达成共识,形成"合意"状态。结构化文本形成了电视传播特有的话语方式:资讯集群化发布,事件故事化讲述,现场趣味化、娱乐化氛围营造等。数字化、网络化传播使人类社会的信息传播海量化快速流动;在社交媒体、自媒体平台,非专业的媒体用户以简单粗糙的方式制作短视频内容,并零散而快速地广泛传播。在以用户为中心的媒介环境中,结构化文本劣势渐显:制作周期长,信息含量少,传播效率低,不利于用户对重要信息的抓取和把握,受众互动性差且不适应当下信息高速流动的传播节奏。对结构化电视文本进行拆分然后分发到各传播平台成为电视传播融入新媒体并成为新媒体的重要话语方式,在新的话语方式下,电视传播话语向人格化、个性化、贴近化、风格化发展。

三 电视传播话语的范式转型

作为我国重要的主流媒体之一,电视传播在长期实践中逐渐形成了特有的话语范式:权威发布、宣传说教、客观冷静、单向结构化传播、故事化表达等。面对移动互联时代的媒介传播新语态,在电视媒体话语权受到极大挑战的境遇下,电视传播在与新型传媒技术、传播平台融合发展过程中,积极改变话语理念和方式,探索创新传播话语范式,努力提升媒体传播话语的影响力,巩固电视媒体的话语权。

电视传播新型话语空间的打造。媒体传播建构与其他主体交流的话语空间在很大程度上依赖于通信技术、信息传播技术的发展。在模拟信号时代,由于技术水平和能力有限,电视传播与其他主体的话语交流主要依靠电话、现场互动等方式,如互动环节较多、影响力较大的电视节目《幸运52》《开心辞典》等,都主要通过现场互动、电话互动的方式实现与其他主体的交流互动。随着互联网、数字通信、智能手机等的应用和普及,电视传播与用户交流的方式更加便捷、灵活，话语空间也更加开阔和开放。如借助多媒体互动电视系统，人们可以异地参与实时演播或录制的电视节目，通过文字或语音与演播现场的主持人、嘉宾实时交流互动并成为节目内容的一部分，从而满足参与话题讨论、发表个人见解的互动需求。有线电视网的 VOD 视频点播系统既可以满足用户的自主视频点播和视频回看需求，也可以提供宽带网络服务，将政务信息及服务、生活服务、交通信息、游戏娱乐等汇集于电视平台，为用户提供多样化服务，还可以通过分析用户的收视行为进行节目精准推送和定制化的社区服务。实现新闻资讯或节目内容在电视、电脑、手机、户外屏等多个屏幕的同步直播和互动，以及在网络新闻媒体、公众号、微博等多个平台的联合播出、推送和互动是打造电视传播融媒体话语空间的重要方式。如广东广播电视台开发的 App 应用程序 PaLaPaLa（啪啦啪啦）不仅可以实现手机屏与电视屏的互动，还可以提供现场各机位摄制的画面以供用户自主选择观看视角；互动环节中，主持人可择取一些用户上传到 PaLaPaLa 应用中的短视频与其他用户进行分享[①]。这些话语空间的打造，为用户话语表达充分赋权，提升了用户参与电视传播的主动性和创造性，极大丰富了电视传播话语的内容和风格。

"以人民为中心"的电视传播话语范式。2011 年，全国新闻战线组织开展"走基层、转作风、改文风"活动，要求新闻工作者深入基层，俯下身、沉下心蹲点基层，听民声、访民风。通过记者下基层采访调研，一大批极具各地风土人情和生活面貌的新闻报道出现在荧屏上，新闻报道不仅讲述了鲜活的基层故事，还真实而深刻地反映了基层生活生产中遇到的各种困难和问题，如反映偏僻乡村孩子上学难、乡村卫生医疗困难、乡村经济发展中出现的问题等。中央电视台播出的《蹲点日记》系列报道更是较为全面地反映了基层的丰富生活，如《走基层·厦门公安蹲点日记：警察开微博 会做比会说更重要》（2011.12.27）；《走基层·川西北牧场蹲点日记：牦牛养殖"带头人"的新烦恼》（2012.01.04）；《走基层·蹲点日记 邵全杰的家乡事：返乡打工的期望》（2012.03.17）；《走基层·

---

① 肖江：《电视媒介的多屏互动传播——以广东广播电视台为例》，《商》2016 年第 4 期。

蹲点日记：留守儿童晶晶上学记》（2012.04.16）等。这些极具生活气息和接近性的新闻报道提升了电视传播的效果，增强了新闻的感染力，扩大了电视媒体的影响力。"以人民为中心"是党和国家的发展思想和核心价值理念，2014年，习近平在文艺工作座谈会上指出坚持以人民为中心的创作导向，强调要把满足人民精神文化需求作为文艺和文艺工作的出发点和落脚点；中共十九大将"以人民为中心"上升为治党治国治军的基本方略。围绕"以人民为中心"的创作宗旨，电视传播话语范式坚持以正面导向为主，话语表达讲求多样化、个性化、趣味化、人文化，为提升人民群众精神文化生活形成了独特的话语风格。在题材、内容选择上，电视传播注重反映人民群众实践、表达人民情感，强调以人为本，体现人文关怀。如电视公益广告注重真善美的传播，同时注重在社会各阶层的理解沟通上发挥积极作用。新闻报道、电视剧、综艺节目等切实贴近了人民群众的精神文化需求，制作播出了大量优秀的节目。同时为适应新的媒介环境，电视传播在话语范式方面出现了较大的转型，首先表现在题材选择和主题内容定位方面，坚持正面积极的舆论导向，用优秀的作品浸润心灵、鼓舞士气、引领社会文化的前进方向，创作出了大量优秀的电视作品，如文化类节目《中国诗词大会》《等着我》《见字如面》《朗读者》《国家宝藏》等；电视剧如《人民的名义》《海棠依旧》《大江大河》《大浦东》等；纪录片如《本草中华》《了不起的匠人》《航拍中国》《极地》等。其次在话语表达方面，避免人物公式化、形象脸谱化，强调多样化人物性格的呈现。一方面继续坚持贴近群众、贴近生活、贴近实际，与普通民众进行平等交流和沟通，为人民群众参与话语表达和传播提供机会和平台；另一方面强调对个体意义和价值的尊重，通过对个体的关注和表现凸显人文关怀。尤其是新闻报道和纪录片这些纪实类作品，较为突出地表现出个体视角，注重表现个人体验和感受。如纪录片《极地》通过21个藏区民众的生活故事深刻阐释中华文化天人合一、尚德重义的文化内涵。最后在话语叙述和语态上，电视媒体更加注重个性化、人情味、趣味性的话语传播，新闻报道更加注重趣味性，新闻播音语调更加柔和亲切，亲和力更强；播音员、主持人在节目中的话语更加个性化，个人风格非常突出。如董卿通过主持《中国诗词大会》《朗读者》节目，展现了自身深厚的文化底蕴，收获了很多粉丝；撒贝宁、朱广权等则在节目中表现出幽默机智的风格。主持人的个性化话语风格和特点为电视传播带来了独具魅力的品牌价值。

宏观视野下的电视传播话语范式。2016年，习近平总书记在党的新闻舆论工作座谈会上指出，党的新闻舆论工作是"治国理政、定国安邦的大事"，在新的时代条件下，党的新闻舆论工作的职责和使命是"高举旗帜、引领导向，围绕中心、服务大局，团结人民、鼓舞士气，成风化人、凝心聚力，澄清谬误、明辨是非，联接中外、沟通世界"[①]。作为党和政府的耳目喉舌，电视媒体既要充分反映人民心声，沟通社情民意，全心全意为人民服务；也要传播党和政府的方针政策，传播社会主义核心价值观，引领文化发展的先进方向，促进社会公平正义和文明和谐，建设社会主义文明。作为我国主流媒体，电视媒体还要眺望远方、瞩目未来，向世界传播中国文化和中国声音，讲好中国故事。实践探索中，宏观视野下的电视传播话语内容主要包括两个方面。一是彰显家国情怀，促进民族认同。家国情怀是我国传统文化的精髓和圭臬，是凝聚中华儿女情感和灵魂、激励中华民族砥砺前行的文化基因。传播实践中，电视传播着力打造大量优秀节目以唤起中华儿女家国情怀，促进民族认同。如《家风中华》（安徽卫视）、《中华好家风》（河北卫视）、《记住乡愁》（中央电视台）、《中华文明之美》（湖南卫视）等，这些节目将个人修身、亲情温暖、乡土观念以及爱国敬业、诚信友善等思想和理念进行具体而生动的传播，增进各民族情感的共鸣和思想的融通。二是传播中华优秀文化，增进跨文化理解与意义共通。电视传播的语言生动浅显，表达形象直观，在跨文化传播民族文化、塑造国家和民族形象方面具有重要作用。电视剧、纪录片是跨文化电视传播中经常被采用的文本体裁。电视剧跌宕起伏的剧情、尖锐激烈的矛盾冲突和一波三折的人物命运具有极强的吸引力和感染力，使受众在故事化情境中获得对中国文化的理解并产生共鸣。我国电视剧《西

[①] 《习近平：坚持正确方向创新方法手段 提高新闻舆论传播力引导力》，人民网，http://politics.people.com.cn/n1/2016/0219/c1024-28136159.html，最后访问日期：2020年10月11日。

第四章 话语表达：乡村精神家园的认同性建构

游记》《三国演义》《还珠格格》《李小龙传奇》《甄嬛传》《媳妇的美好时代》等在国外都取得了较好的播出效果。纪录片是纪实性文本体裁，真实是纪录片的生命。体裁本身所具有的特征使其成为国外观众了解现实中国和中国文化、中国发展的重要途径。在跨文化传播视野下，一些纪录片在海外播出时也收获了较好的成绩，如《美丽中国》（CCTV、BBC 合拍，2012）、《人间世》（上海广播电视台，2016）、《辉煌中国》（中央电视台，2017）、《你所不知道的中国》（江苏省广播电视总台，2017）等。宏观视野下的电视传播话语既强调主题立意，也重视话语表达的技巧，避免宣讲说教空洞抽象的道理，注重寓意义和主旨于典型化人物或事件的故事化讲述，通过具体可感的故事阐释意义和理念；或运用"低语境"[①] 使话语简洁明了、准确直接地传达意义，避免文化区隔形成不必要的歧义和误解；或通过具体氛围的营造来感染和打动受众，节目常采用精良的音画制作和优美的故事化叙述来对中华文化进行具体呈现和深刻阐释。

电视传播专业化话语范式。音视频制作技术的轻型化、简单化、灵活化发展，使以往被电视台专业人员掌握的视频摄制技术全民普及，公众个体或爱好者群体、民营公司等制作的视频成为社会信息传播和消费的重要组成部分。尽管民众和民营机构创作的视频内容和信息对电视传播带来了一定的影响和压力，但电视媒体在传播中仍然坚持专业化的话语范式，即继续坚守媒体社会责任，秉承职业道德和伦理规范，严格进行内容把关，追求高质量高水平的信息传播，坚持用优秀的作品服务人民，用先进的文化引领社会发展，这也是电视传播在激烈的市场竞争中的立足之本，是提升电视媒体传播话语影响力的重要因素之一。我国电视媒体发展 60 多年，多年积淀的专业优势是其重要的竞争力，成熟的业务运行和管理模式、实力雄厚的技术平台、成熟的专业队伍、专业的技术能力为电视传播参与市场竞争提供了重要支撑。专业话语的坚守和表达首先是电视台及其工作人员对职业道德伦理的坚守和对媒体公信力的维护。在互联网传播以及公众参与传播的时代，海量流通的信息形成了信息冗余和信息噪音，给受众和用户带来信息困扰；同时，一些以营利为目的的网络媒体不以专业精神为

[①] 低语境是指意义通过语言表达得很清楚，较低依赖环境获得阐释。

追求，一味追求点击率和流量，媒体及其工作人员职业道德缺失、专业精神缺乏，使得低质量新闻、虚假新闻甚至谣言泛滥，传播内容低俗，这些网络媒体宣扬拜金主义等错误价值观，制造社会各阶层之间的矛盾。这些失范行为不仅不利于新型媒体的长久发展，而且对社会和文化发展造成了不可估量的破坏。电视传播坚守职业道德和维护媒体公信力，既是对主流媒体核心价值的坚守和社会责任的积极担当，也是电视媒体实现良性发展和保持核心竞争力的重要基础。其次是对节目质量的坚守和追求。在新的媒介生态环境下，信息内容在各平台高速流通，为获得首发时机和更多的流量，很多新型网络媒体创作的作品内容东拼西凑、粗制滥造，话语表达不够严谨客观，错误的信息要素和表述屡见不鲜。而电视传播在长期的传播实践中建立了严格的把关人制度，经过层层审核播出的信息内容准确可靠、文本话语严谨客观，在不断创新中追求质量的提升，体现出对专业精神的坚守与追求。最后，内容精品化、画面奇观化、音效唯美化成为电视传播突出的话语范式之一。电视传播坚持优秀文化的传播和引领，在满足人民群众精神需求的同时，积极提升用户的文化素养和审美品位。充分利用现代媒介技术，不断提升节目内容制作质量，用精美的音画效果为用户提供高水平的视听享受和审美体验，为用户带来优美震撼的收视感受，通过精品力作的打造提升电视传播话语的影响力。

第二节 意义认同：电视传播的话语机制

厄尼斯特·拉克劳（Ernesto Laclau）和尚塔尔·墨菲（Chantal Mouffe）认为，意义在一定的话语关系中产生，"意义是由话语建构的，每一个社会行为都具有其意义，也是由话语建构的"[①]。他们将话语看作客观事物意义化呈现的方式与路径，只有在话语的规则和结构化操作中客观世界的意义才得以呈现。在人类媒介化生存状态下，媒介成为人们生产生活中难以分离的"中介物"，媒介接触已经成为人们日常的仪式和习惯。在媒介搭建的关系体系中，客观世界进入人类话语空间并被符号化，在符号的编

---

① 王华花：《拉克劳和墨菲的话语理论》，《濮阳职业技术学院学报》2012年第4期。

码与解码实践中实现意义的建构、传播与阐释。作为独立的话语生产系统，电视传播在乡村精神家园的认同性建构中发挥着重要作用，通过象征性符号表征建构拟态环境将客观事物结构成具有话语关系的符号文本，形成意义传播的话语体系，成为人们认识现实环境并采取适应性行动的重要依据。差异化的主体被统合在电视传播话语之中，通过间性互动实现意义的传通与认同；电视传播的仪式话语使社会在时间上得以维系，人们在对传播的参与中实现对乡村精神家园意义的建构与共享。在发展视域下，乡村精神家园的话语认同具有动态性和不确定性，是多元话语互嵌与融合、包容与开放的话语实践。

一 拟态环境中的话语传播

多元主体参与形成了乡村精神家园在拟态环境中自由而开放的话语传播格局。拟态环境提示的现实环境是媒体以意义为中心而结构的对现实环境的反映和折射，是媒介主体通过话语表达并结构的意义世界。"一个传播者总是有两个层次的意图。信息性意图是为了让听话者知道某事，而传播性意图则是使听话者意识到他说某句话的目的。"① 在多样化媒介形态共存的环境下，媒介的使用者从大众走向公众，拟态环境不再只由专业的传媒机构建构，其意义体系也不再只由报纸、广播电视等传统媒体表达和生产，民营机构、独立制片人、社会公众等都是拟态环境的意义生产者和传播者，形成了去中心化的话语主体群。乡村精神家园意义生产和传播的话语主体是多元共存的群体，乡村村民、乡村基层组织、乡村民间团体等既是乡村人文环境的重要建设者，也是乡村精神家园媒介拟态环境的意义建构者，他们通过网站、微博、微信朋友圈、公众号等多种互联网媒体、社交媒体、自媒体等自主进行话语表达和意义传播，建构关于乡村的部分拟态现实；政府、媒体、企业、社会团体及群众等也通过不同媒介进行话语传播和意义建构；以媒介提供的互动技术和平台为基础，拟态环境中的话语主体处于自由的互动之中，在传播环节中处于接收位置的受众也可以

---

① 〔美〕斯蒂文·小约翰：《传播理论》，陈德民等译，中国社会科学出版社，1999，第235页。

通过评论、留言等方式自由地发表个人见解并进行二次传播，掌握了表达权的受众对于媒介提示的拟态环境具有了更多的批判意识。乡村精神家园的话语表达呈现表达多元、意义多元、视角多元的状态，向受众呈现了对乡村精神家园感知、认知和阐释的多维视角。（如图4-1所示）

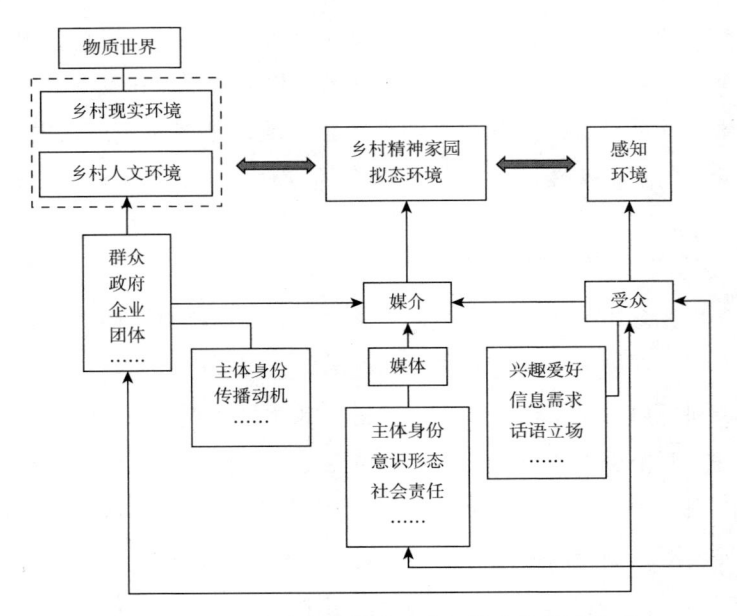

图4-1 乡村精神家园媒介拟态环境中的话语体系

多样性话语并存的传播环境影响电视传播话语规则和表达方式。拟态环境虽然既不是现实环境，又不是对现实环境镜子似的再现，但与现实环境之间存在着深刻的内在关联。霍尔认为电视媒体传播的事件和信息是在一定的语言规则制约下加工而成的符号，其所构建的象征性拟态环境与现实社会的结构及进程存在着密切的内在关联，且社会进程及社会结构决定了媒体的话语规则和表征方式。① 在媒介化生存环境下，多样化主体在进行意义传播时和电视传播一样，受到了社会进程、社会结构、社会规范、群体压力等多重因素的深刻影响；不同主体在社会场域和媒介场域中的位

---

① 〔英〕斯图亚特·霍尔：《电视话语中的编码与解码》，肖爽译，《上海文化》2018年第2期。

第四章　话语表达：乡村精神家园的认同性建构

置也成为其传播身份、传播动机、传播责任定位的重要因素，从而形成了不同的话语规则、表征方式和话语风格，如乡村村民表达和传播的民间话语、政府机构的官方话语、企业生产和传播的娱乐话语、电视媒体等传播的主流意识形态话语、受众反馈形成的个性化话语等。各主体传播的话语都具备一定的舆论影响，存在潜在的现实影响力，形成了主体多元、权力分散的话语场域，打破了大众传播时期媒体对话语权的垄断。电视媒体由于靠近权力场域并拥有较高的公信力和较强的话语传播能力，在拟态环境的话语场域中居于不可忽视的重要位置。经过多年实践探索，电视传播形成了较为明晰的话语规则和特色鲜明的表征方式。在多样性话语并存的传播环境中，电视传播的话语权在一定程度上被多样化传播话语所解构，受众和市场被分化。在新的传播生态环境中，电视媒体在表达方式、表达风格等多方面积极转型探索，如新闻播报的语调由以往的四平八稳、高亢激情转变为节奏明快、亲切自然、温暖亲和；新闻题材从重点关注主要领导、重要新闻等转变为既关注主要领导、重要新闻，也关注普通百姓以及民生民情；在话语表达上注意对轻松、诙谐、幽默话语方式的运用，力求在话语表达上与话语环境相适应、相和谐。

多样化话语互动为乡村精神家园的意义认同提供了自由开放的认知环境，形成了能容纳社会各阶层声音的良好话语生态体系。在新的媒介拟态环境中，多元主体可以通过不同的媒介方式发出自己的声音，同时，不同主体的话语并非孤立、封闭地存在，而是彼此处于相互作用、相互影响、相互渗透的互动关系中，形成了不断运动、变化的动态话语体系和有利于不同社群之间和谐对话的话语环境。一方面，各话语主体之间存在着相互监督的关系。电视传播生产和建构的乡村精神家园意义框架要受到民间话语、受众反馈话语等的检验和评判；民间话语、用户的个体话语、受众传播的反馈话语、企业生产和传播的娱乐话语同样会受到电视传播等主流媒体话语的甄别和评判。在相互监督的互动关系中，各主体话语表达的社会责任意识不断被提及和强调，增强了话语主体传播的自律性；话语表达方式、表达技巧不断得到修正，话语表达能力和水平不断提升。另一方面，各话语主体之间存在着相互协商和彼此推动的关系，对乡村精神家园的意义生产和建构处于多主体共同发力的状态中。民间话语从自我的视角对乡村物质文化和精神文化进行表达和阐释,为其他话语的意义建构提供参考与借鉴;用户个体话语从个体角度对乡村精神家园提出期许,受众从个体体验和感受出发对乡村精神家园建构表达批判性话语;企业的娱乐话语传播成为乡村精神家园意义内涵和话语形式的补充;媒体的主流话语对乡村精神家园的意义建构起着引领作用,也为受众阐释其他多样性话语提供境界和内涵的框架认知。多元主体的话语传播为受众感知和认知乡村精神家园提供了跨文本、跨语境的多维认知视野,形成了较为自由开放的话语环境,比较、鉴别、判断各主体传播的信息内容成为大多数受众(用户)认知现实环境的重要方式。

乡村精神家园拟态环境与现实环境的互动。首先,拟态环境取材于现实环境,是对现实环境的反映和提炼,在一定的意图之下对现实环境部分元素进行重新结构。无论是《舌尖上的中国》还是《记住乡愁》《爸爸去哪儿》等节目,所选取的乡村及表现的乡村生活内容,都不可能囊括我国乡村全貌以及某一个具体乡村的全部生活,只是在节目主旨和传播意图的统领下对典型化乡村、特色化乡村生活进行提炼和书写。节目所表现的乡村及其生活既来源于现实乡村,在电视化语言和叙述结构之中,又不完全等同于我们在生活中看到的乡村。其次,拟态环境对现实环境产生着能动作用。一方面,电视传播建构的拟态环境可以使人们重新认知乡村环境及其现实生活,媒介提示的意义成为人们认知和阐释现实环境的重要心理暗示和行为导引。如张艺谋导演的电影《英雄》的放映使生长于塞北荒漠中的胡杨林因为电影画面精致唯美的呈现而备受关注,人们相约在秋天的胡杨林中感受金色圣殿般的金黄,身着如影片主人公一样的红裙在胡杨林中留影,印证电影拍摄视角的美丽与震撼。最后,现实环境也会对拟态环境产生反作用,拟态环境并非对现实环境的"复印",而是通过对典型化事物或事件的提炼来阐释意义。在传播过程中,并非所有的受众都与现实环境完全区隔,对于乡村精神家园的接触和认知,很多人都有亲身经历或游历等直接接触的感知和体会;对拟态环境中的相关信息,也有很多人在现实中去寻找和验证,如《舌尖上的中国》播出后,很多人对其中介绍的食材、美食等通过网购或旅游购买的方式亲身接触验证。当现实生活中某一事实与拟态环境所表述的意义不一致时,人们就会对拟态环境产生质疑，导致拟态环境的公信力受损。在新的媒介环境下，话语主体群所营造的媒介拟态环境与现实环境之间的互动更加频繁而深入，受众通过媒介进行的话语互动推动了拟态环境与现实环境的话语互动，强化了拟态环境对现实环境的影响，有利于话语主体群体合意的实现。

二 差异化意识元素的接合话语

"接合"是文化研究的重要理论之一，是文化研究中语境化分析对象的研究方法。"接合"这一术语首先被马克思应用于社会学领域，指不同生产方式的接合以及关系机制，之后被引入文化研究并上升成重要理论和方法。接合理论也是霍尔的理论精华之一，台湾著名文化研究学者陈光兴认为"接合"理论应当排在霍尔理论成就的首位。霍尔在意识形态研究视域下提及了"接合"的概念，在霍尔看来，意识形态并不只是统治阶级的统治思想，它是中性的文化表征系统，每个阶级、社会群体都可以形成一定的意识形态。[①] 意识形态是不同话语元素之间的接合，文化的意指实践将不同的元素接合起来，并产生实际的社会功能。霍尔用 articulate 阐释"接合"的内涵。articulate 在英文中具有多重含义，既指语言表达，也指车头与后部拖车通过环扣相连的"铰接式卡车"。在霍尔看来，车头与拖车是相异的独立的两个元素，可以但非必然通过环扣连接在一起形成统一体。差异性的元素犹如分离开来的"车头"和"拖车"，它们是具有整体性的独立单元，不存在必然的归属性；"环扣"是相异元素接合在一起的方式。而接合的方式是多样化的，并不只有"环扣"一种方式。霍尔将接合看作差异化元素关联的实践，是在差异性中建构同一性（unity）的实践；元素间的差异是动态性的，在不同的条件下可以发生变动和转化；元素间的"接合"也不是确定的、本质的、绝对的；接合是特定时机促成的偶然，不存在元素之间的必然对应；元素间接合的方式也不是确定和唯一的，而是存在着丰富的多样性。"接合"是对各元素进行结构化的过程，通过接合或联合形成了一个"复杂的结构"，"联合是

[①] 李开：《表征·意指·接合——斯图亚特·霍尔的意识形态批判初探》，《新闻与传播研究》2017年第3期。

意义·形象·话语：电视传播与乡村精神家园建构

一种结构（一个接合的联合），而并非是一种随意的组合，它的各部分之间存在着被结构的关系，即支配与从属的关系"[1]。霍尔认为，"接合"并不是为了将各要素在形式上联接在一起，而是为了通过话语表达实现一定的"意义"，即建构话语与文本的"同一性"。"接合"不是关联实践的结束，而是一个富有创造性的、不断发展和更新的动态过程，因此，话语和文本的"同一性"常常具有不稳定性，只有在接合的特定语境中才能产生意义。

乡村精神家园是差异化意识形态要素接合而成的具有认同性的话语，是在遭遇现代性症结和困境，以及物质高度发达之后人类对精神家园的找寻与回归中产生的。乡村精神家园整合了社会中存在的多样化甚至是矛盾的意识形态要素，第一，乡村精神家园强调改变乡村长期以来贫穷落后的面貌，推动其经济和物质生活水平的现代发展，追求物质文化的繁荣和经济、生活水平的提高；第二，强调人与自然的和谐发展，追求生态文明；第三，强调对优秀传统文化的传承，追求文化寻根。但是原始农业结构的改变、新型基础设施建设、乡村人口以及乡村社会的结构性变迁，使得乡村自然面貌、文化内容都发生了不可阻挡的变迁，人们既欣慰于乡村的现代发展和越来越美好的生活，又感叹于传统乡村及其文化的逐渐远去。正如调查中所显示的人们在对待"乡村文化应该怎样发展"这个问题上所体现出的矛盾心态一样（见图4-2），城市居民既难以放弃现代社会发展所带来的丰富物质生活，也对现代性语境下强流动性、快节奏和多变性的生活持厌倦和批判态度，因此在乡村社会发展及其精神家园建构方面强调乡村文化传统、原生态乡村艺术和生态的保护，体现出较浓烈的乡愁话语追求。村民虽然通过社会流动感受到城市遭遇的现代性问题，意识到乡村生活及文化的优势，但由于长期以来乡村在经济、生活水平上的落后，以及物质生活方面的匮乏，他们在乡村发展和精神家园建设方面对城市文化的融入表现出较强烈的诉求。巧合的是，城市青少年在这个问题上表现出与乡村村民较为一致的态度，但他们的出发点不尽相同。对于城市青少

---

[1] Stuart Hall, "Signification, Representation, Ideology: Althusser and the Post-structuralist Debates," *Critical Studies in Mass Communication*, vol. 2, No. 2 (1985): 103-104.

第四章 话语表达：乡村精神家园的认同性建构

年来说，乡村文化是其文化认知中不可缺少的部分，但由于地域的区隔，他们对这部分文化是陌生的、好奇的，也希望去了解。理解和阐释与他们生活距离较远的乡村文化需要依靠城市生活提供的认知方式。让乡村文化融入城市话语，运用城市居民熟悉的表征和意指规则来传播距离城市生活较远的乡村文化更便于城市青少年理解和形成认同。不同意识主体从各自的语境、思想观念、思维构架、意象和表征系统出发，对乡村社会发展及其精神文化建设进行了界定、理解和规则设计。尽管不同群体对于乡村精神家园意义内涵的认知存在差异性，但是由于乡村精神家园话语的接合，各元素被连接在一起聚合于同一话语系统之中，乡村精神家园的意指实践得以在不同的社会层面和群体成员之间运行，使主体权力与各种力量、意识、记忆和实践在接合的语境中进行博弈和协商。

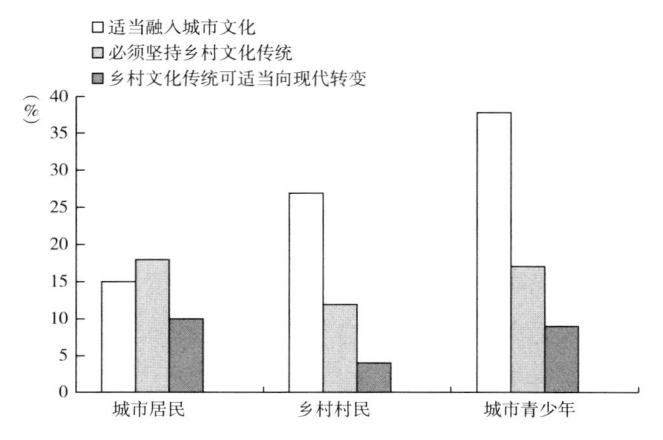

图 4-2 城市、乡村不同主体关于乡村文化发展的不同态度

电视传播是乡村精神家园实现意识形态差异化元素接合的重要方式之一。霍尔定义的意识形态弱化了阶级属性的意识形态，认为主体的意识形态运行主要依靠文化系统表征和意指实践机制，各元素之间以及与社会力量的接合是自由开放、动态的互动关系。"接合理论问的是一个意识形态如何发现其主体，而不是主体如何认定属于他的必然且不可避免的想法，它使我们去思考一个意识形态如何赋予人民力量，使他们开始对自己的历史情境有所意识或理解，而不会把这些理解型式化约为他们的社会经济或阶级位置，或是其社会地位。"① 被置于文化共同体和人类命运共同体中的乡村精神家园是主流意识形态的内容之一，被经常以政策、战略、实践等多种话语方式进行表达和言说，如美丽乡村建设、生态文明建设、精准扶贫战略、乡村振兴战略等。靠近权力场域的电视传播无疑是乡村精神家园主流意识形态话语的言说和传播主体，在传播话语实践中，电视媒体一方面主要抓住各意识形态元素中对乡村精神家园存在的相契合意识元素调和差异化主体，如乡村青山绿水的美好自然环境，乡村社会浓郁的乡风和人情，乡村所蕴含的中华民族优秀传统文化和中国精神，乡村生活的乐趣与奇趣，以及对乡村精神家园的美好期待，等等，同时运用多模态的电视语言符号及话语技巧，建构人们关于乡村精神家园的认知、记忆、联想和想象，实现多样化主体身份和文化的认同，从而使国家关于乡村精神家园的主流意识形态与社会各阶层、各群体话语达到契合并接合。另一方面，电视媒体传播的具有较强事实指向的符号文本对乡村精神家园环境空间进行拟态再现，使受众获得对于乡村精神家园的现实性感知、历史性认知以及理想化图景的所有经验和模式。电视话语文本对乡村精神家园直观"仿真"或模拟再造，能够缩短受众与乡村精神家园之间的距离感，减少电视传播提示的"拟态环境"和现实环境的区隔，以及淡化媒介感知与生活感知的严格区分，将两种感知融为一体形成关于世界的全部感知。电视传播的积极实践形成的关于乡村精神家园的接合文化，通过舆论影响力转化为具体的社会力量，实现主流意识形态对民众和社会思潮的导引。

三 传播的仪式观：意义的共享与认同

作为人类社会普遍存在的文化现象，仪式是"最能体现人类本质特征的行为表述与符号表达"。② 人类学、社会学领域对仪式进行了长期深入的研究，对仪式的理解呈现不断演进和深化的过程：早期进化论学派将

---

① 〔英〕斯图亚特·霍尔：《后现代主义与接合理论》，载陈光兴、杨明敏编《Cultural Studies：内爆麦当奴》，台北：岛屿边缘杂志社，1992，第197页。
② 李育红、杨永燕：《文化独特的外现形式——仪式》，《广西社会科学》2008年第5期。

第四章 话语表达：乡村精神家园的认同性建构

仪式作为文化的原初形态进行理解和阐释；以涂尔干为代表的人类学家将仪式看作宗教行为和社会实践；现代社会全球化发展及多元文化的融合使仪式发生了深刻变迁，仪式概念突破传统仪式封闭狭小的范围，呈现泛化和世俗化倾向。"礼仪这一概念代表着所有非功利性的有规律的重复的标准化的活动，因此这个概念广泛的包括几乎各种活动。"① 仪式是一种文化表达系统，是一种人类表达世界观、价值观和信仰的方式，通过仪式可以建构参与者在情感、思想、道德、信念上的某种心理状态，实现情感认同和信仰认同；仪式有利于增进人们之间的沟通，使参与者获得身份认同和群体认同，唤起集体情感、集体意识和群体归属感，增强社会的凝聚力，维持社会的稳定。

美国传播学者詹姆斯·凯瑞（James W. Carey）从文化研究视野提出"传播的仪式观"，作为与行为主义、功能主义研究传统相区别的传播观念，传播并不是讯息在空间范围的简单扩散和拓展，而是一种文化现象。传播的传递观与仪式观处于完全不同的范畴：传递观把媒介当作提供信息和娱乐的工具，机械分析和观察信息传播对社会带来的影响和实现的功能；仪式观虽然从受众接受媒介信息的行为入手，但与传播学受众研究、效果研究范式不同，重点着眼于受众通过对媒介信息进行阅读获得意义的文化共享过程，传播的仪式观"并不看重布道、说教和教诲的作用，为的是强调祷告者、圣歌及典礼的重要性"。② 通过使用、理解、创造传播符号，人们得以参与到社会建构的过程，同时建构起与他人及社会的联系。传播是人们共享信仰和人类整体意义的表征与庆典，"传播的起源及最高境界，并不是指智力信息的传递，而是建构并维系一个有秩序、有意义、能够用来支配和容纳人类行为的文化世界"。③ 传播的仪式观关注传播在时间上对社会的维系，以及在共享信仰、维系社会整体方面所进行的表征和隐喻。凯瑞明确指出，传播的仪式观与传播的传递观并不相互排斥，仪式观

---

① 康志杰：《基督教的礼仪节日》，宗教文化出版社，2000，第179页。
② 〔美〕詹姆斯·W. 凯瑞：《作为文化的传播："媒介与社会"论文集》，丁未译，华夏出版社，2005，第7、60、63页。
③ 〔美〕詹姆斯·W. 凯瑞：《作为文化的传播："媒介与社会"论文集》，丁未译，华夏出版社，2005，第7、60、63页。

意义·形象·话语：电视传播与乡村精神家园建构

并不排斥信息传递及其引起的态度改变，但仪式观是对传播与社会秩序关系的本质把握。仪式观中的传播研究主要阐释和考察传播通过概念、表达方式而展现、建构或改变的现实，以及传播实践所产生的社会关系与形式。凯瑞观念中的传播是社会关系联结的实践，是多元主体互动交流、分享信息、共享文化的社会机制，是一个具有凝聚力的有机体。大众媒体传播实践的主要问题不在于是否再现了现实，而在于是否通过传播形成了有利于公众围绕新闻事件展开交流、讨论并产生意见的公共生活机制。"我们缺少的不只是一个有效的新闻业，还有某些至关重要的习俗：听从某个观点、领会他人的想法、拓展理解疆域、商讨其他可追求的目标等等的能力。"[①]

电视传播话语对乡村精神家园共识的建构。意义是电视传播这一文化实践的核心，从仪式观来看，"意义不是再现，而是行为的建构"[②]。现代传播技术使媒介话语权从精英阶层走向社会大众，新的传媒技术为人们赋予了进行话语交流互动和参与公共意识讨论的平台，使信息传播呈现精英话语与大众化、世俗化话语并存的格局，不同话语主体的见解、思想情感和价值观念等通过媒体建构的互动平台进行传播。但正如马歇尔·麦克卢汉（Marshall McLuhan）所说，鱼只有上岸后才知道水的存在[③]，信息传播形成的意义环境毫无察觉地对人们的意识和行为产生深刻影响。公众广泛参与的信息传播给人们描述的意义世界复杂而变幻不定。凯瑞认为，媒介信息不是简单地发送到受众那里然后被接收，受众对媒介信息的阅读犹如进行了一次"弥撒仪式"，受众在信息阅读过程中参与到媒体建构的意义世界中，获得关于世界的认知，以及对自我身份的定位和文化的认同，得到心灵和精神上的满足。但多元价值杂陈、真假是非难辨的意义环境为公众参与意义分享、行使意见表达权利、共享信仰与人类整体意义制造了困扰。作为差异性意识元素的接合话语，电视传播话语表达将何种意义置

---

① 〔美〕詹姆斯·W. 凯瑞：《作为文化的传播："媒介与社会"论文集》，丁未译，华夏出版社，2005，第 7、60、63 页。

② 〔美〕詹姆斯·W. 凯瑞：《作为文化的传播："媒介与社会"论文集》，丁未译，华夏出版社，2005，第 7、60、63 页。

③ Marshall McLuhan, *Culture Is Our Business* (New York: McGraw Hill, 1970), p. 191.

第四章 话语表达：乡村精神家园的认同性建构

于"仪式"的中心舞台，要明确表达什么样的行动意图和目标是它在乡村精神家园共识建构中主要解决的问题。作为引领社会行动的文化实践，电视传播在乡村精神家园共识意义的话语建构中存在两个维度的面向，一是关于乡村精神家园的现实描述话语建构。电视传播运用符号体系表征物质世界和现实生活的基本秩序，建构乡村现实环境和社会秩序的整体模型，并在某种确定的基调下为人们确认和呈现其所感知的物质世界，建构或重塑人们在意识中的乡村精神家园。二是对乡村精神家园超越性价值与理想的话语建构。电视传播立足人类社会发展视域，运用符号体系建构乡村精神家园的价值目标、意义框架，创造关于乡村精神家园的假设世界，通过文本形式和话语表达实现对受众的意义分享和精神召唤，促成差异化主体对被创造的乡村精神家园理想形成共同理解、共同情感和意义认同。

电视传播话语对乡村精神家园认同的建构。凯瑞将信息传播的具体实践看作一种"戏剧性行为"。媒体信息在为受众描述和强化一个意义世界图景的同时，折射着现实生活的社会关系、社会秩序及权力结构。媒体结构和呈现的信息文本常常展示着现实世界中具有戏剧性的力量与行动，叙述内容常具有偶然性、矛盾性、冲突性和紧张感，叙述对象总是处于不可预知的突发状况和令人担忧的命运危机之中。同时，以直观图像和声音为语言符号的电视传播与口语传播时代的意义沟通方式类似，在现场画面呈现或模拟时，它们都主要依赖口语表达、故事化叙述等进行意义的表达和阐释，传播话语具有形象化、通俗化、浅显化等特点。在电视传播话语呈现的历史性时间中，人们受矛盾、悬念、冲突、人物命运的吸引，以及受或记录或模拟的现场环境、氛围的直接引导，常常假定地、替代式地体验和共鸣于文本中的社会角色，参与到电视媒体所分享的意义世界之中，行走于媒体架设于可感的生存世界、抽象的意义世界、理想的想象世界之间的桥梁之上，并在思想与观念上与媒体所传播的意义达成共识。

意义认同建构视域下的电视传播话语还体现出较明显的形式主义特征。涂尔干认为"仪式是明确的行为方式"。[1] 与一般社会行为相区别的

---

[1] 〔法〕爱弥尔·涂尔干：《宗教生活的基本形式》，渠敬东、汲喆译，商务印书馆，2016，第45页。

仪式往往会采用特殊的形式与结构，具体的物品、流畅的程序和隐喻的话语是仪式媒介化呈现的重要内容。乡村精神家园电视传播话语在这三个方面都体现出形式美的特征与追求。在对乡村相关事物的呈现中，电视传播充分运用构图、色彩、光线、影调等造型元素来使所勾画的事物外形呈现出艺术审美的效果；在与乡村精神家园相关的文本中，电视传播的叙事文本将多模态符号有机组合为一个和谐的整体，在时间的线条中铺展出形式、韵律、节奏的和谐之美；话语是电视讲述故事、阐释意义的最直接的表达方式，电视传播不仅对语言内容进行严格把关，而且在语言运用上讲究用词的丰富与语句的优美，有的电视节目解说词本身就具有非常高的文学价值。而对于具体用语音呈现话语的主持人、播音员既严格要求其语音标准，又讲究不同文本风格搭配不同的音色和话语风格，还对主持人、播音员在文本情感表达与处理、语气语调等方面都提出了细致的要求。同样，电视传播在配乐方面也精心追求形式之美，讲究音乐风格、节奏、情绪等与文本的协调一致。对话语形式主义的追求不仅是追求节目外在形式的高品质，而且是通过对形式的追求与表现将意义的表述置于特定的话语环境与氛围之中，为参与者在认知、情感、思想等方面建构某种特定的心理情境和状态，使之在电视传播的进程中暂时从正常时空（生活情境）进入非正常的意义时空（仪式情境），在媒体建构的意义框架和关系模式中获得关于乡村精神家园的身份认同和文化认同。

第三节　话语生态：电视传播的话语策略

《圣经·旧约》中的"创世纪"第 11 章讲述了一个建造"巴别塔"的故事：口音言语一样的人们在迁移过程中来到一片平原，决定建造一座城和一座塔以免大家分散在各地，他们的建造行动引起耶和华的恐慌，于是来到人间变乱人们的口音和语言，言语不通的人们于是停工不再造城，并从建城之地向世界各地分散开去。这个故事深刻指出了相通的言语不仅是人们在社会生活中进行意义分享和交流沟通的重要手段，而且是人类社会凝聚在一起、形成命运共同体的重要基础。话语生态是指某一话

第四章　话语表达：乡村精神家园的认同性建构

语的发展及其与所处环境的关系，良好的话语生态有利于话语的发展和传播能力的提升，并会产生积极的社会影响。在长期以城市为中心的大众传播实践中，乡村及乡村精神家园的话语一直处于弱势的状态。在新的媒介环境和文化环境下，建构有利于不同阶层、不同社群充分、有效对话沟通和理解的话语生态，有利于传播乡村精神家园话语并形成广泛认同。

一　营造共生语境

"共生"概念最早诞生于自然科学研究领域，指不同生物相互依存、相互影响的现象。世界是普遍联系的有机整体，共生关系同样存在于人类社会与自然界之间，以及人类的各种社会关系和社会行为、活动之中。因此，自然科学研究中的共生概念及其理论被广泛应用于人类社会共生现象的研究中，涉及哲学、社会学、经济学、教育学、心理学、民族学、生态学及规划设计等多个领域。共生思想是我国哲学思想中的重要理念之一，如"天地与我并生，而万物与我为一"[1]，"故有无相生。难易相成。长短相形。高下相倾。音声相和。前后相随"[2]，"中也者，天下之大本也；和也者，天下之达道也。致中和，天地位焉，万物育焉"[3]，"天下之本在国，国之本在家。家之本在身"[4]，"故福之为祸，祸之为福，化不可极，深不可测也"[5] 等阐述，体现了我国文化中的共生思维和哲学智慧。"共生"思想的研究与应用在日本受到高度重视，如东京大学设立的共生哲学国际交流中心，日本当代哲学家花崎皋平出版的著作《主体性与共生的哲学》、尾关周二的《共生的理想》、岩波书店推出的《新哲学讲义》第六卷《共生》等；"共生"这一思想也深刻反映在日本城市建设、企业布局、经济模式构建中。我国也有很多学者关注和研究"共生"思想及其应用，如复旦大学社会学系教授胡守钧先生早在 2000 年就提出了"社

---

[1] 方勇译注《庄子》，中华书局，2015，第 31 页。
[2] 汤漳平、王朝华译注《老子》，中华书局，2014，第 8 页。
[3] 王国轩译注《大学 中庸》，中华书局，2016，第 56 页。
[4] 方勇译注《孟子》，中华书局，2015，第 132 页。
[5] 陈广忠译注《淮南子》，中华书局，2016，第 306 页。

会共生论",是指"借用生物共生论的某些基本观点研究社会共生现象,所建立的一种社会哲学"。① 主张在我国社会转型期,用"共生哲学"告别"斗争哲学",走向和谐的社会共生②。在乡村研究方面,我国著名社会学家费孝通先生在其短文《乡村·市镇·都会》中明确表达了"乡市相成论",从物资流通、工业发展等方面指出了乡村和都市相关一体的关系及其对我国人民生活的影响。③。

"共生"是个体或群体、系统的相互依赖关系,是彼此之间相互影响、相互依存而形成的平衡、和谐状态。共生状态下的主体是能动的、独立的,与环境中相互依存的其他主体处于不断的互动之中。共生语境具有跨文化属性,指在一定的历史条件下,多种话语之间相互影响、相互依存的共生关系。乡村精神家园话语传播的共生语境是有利于乡村精神家园话语表达和传播,以及与其他话语和谐共生的语言环境。在文化共同体和人类命运共同体视域下,乡村精神家园话语传播空间从乡村走向城市、从国内走向国际,受到多种语境及其文化因素的影响。它不仅是乡村精神文化的言说,也是国家话语、精英话语、大众话语的碰撞与融合,其中包含着政治话语、时代话语、经济话语、文化话语、生态话语等多元话语形态。电视传播有利于乡村精神家园共生语境的打造,一方面,具有口头表述特征的电视文本可以和"各种社会形式的文化融合起来,起到民间文化的作用"。④ 电视传播形象化、口语化以及文本形式不稳定的话语特征使之能够较为有效地消除传受之间的紧张感,较为便利地进入大众的社会生活之中,畅行于各类观众群体之中并与不同类型的亚文化相结合,形成积极的、具有选择性和参与性的意义释读关系。另一方面,电视文化具有复杂的综合文化形态特征,呈现多种文化形态杂糅并存、牵涉多学科领域知识的状貌。电视文化的意识形态特征、艺术特性、产业特性、消费特性等可以将不同文化、不同社会群体联结在传播实践之中,将不同的文化现象、思想观念、价值理念整合于电视话语之中并表达出来。

---

① 胡守钧:《社会共生论》,《社会科学论坛》2001 年第 1 期。
② 胡守钧:《社会共生论》,《社会科学论坛》2001 年第 1 期。
③ 费孝通:《乡土中国》,上海人民出版社,2013,第 253 页。
④ 〔美〕约翰·菲斯克:《电视文化》,商务印书馆,2005,第 135、153 页。

电视传播营造有利于乡村精神家园话语与多种形态话语对话交流的共生语境可以从以下两个方面入手。一是突出乡村精神家园话语的主体地位，使其与其他话语处于平等的关系之中。我国电视传播长期以来以城市为中心，电视节目的结构、内容都体现出明显的城市文化特征，乡村题材的节目、作品相对较少；同时，乡村精神家园是扎根于乡村文化传统和生活生产实践而形成的精神文化，电视传播在表现乡村时仍主要从城市受众需求和审美习惯入手，重点关注乡村优秀传统文化、挖掘丰富多样的物产、展现新鲜可口的美食和乡村田园的乐趣等。传播话语要么贴近主流话语传播主流价值观和意识形态，要么贴近娱乐话语迎合城市受众文化消费需求，缺乏对乡村文化的真正平等尊重的态度，对现实生活和时代发展中的乡村现状、问题、困难等缺乏充分表现，使城市受众对乡村生活的认知出现偏移。共生语境视域下，电视传播应为乡村文化建设的主体——村民提供更多的话语权，让现实乡村生活、乡村文化、村民在电视媒体的传播平台上得到展现，表现更多乡村现实生活和发展面貌，向受众呈现贴近现实的乡村图景，使乡村精神家园话语处于与其他话语平等对话交流的关系之中。二是电视传播在文本组织中积极搭建有利于多元话语对话交流的结构。在约翰·菲斯克（John Fiske）看来，电视受众是具有生产性的能动主体，电视文本是生产者式的文本——受众不仅可以运用已有的话语技能释读意义，还可以按自己的方式参与意义和快乐的生产，文本意义由于受众的能动参与具有多义性。现代传媒技术的发展为公众参与电视传播的意义生产提供了更加便捷的条件和平台，电视传播需要充分利用新型传媒技术，组织更加开放灵活的话语文本，激活多元话语在文本释读过程中的交流沟通，增进主体之间的相互理解与包容，形成主流话语与多元话语双向互动、和谐共生的语言环境，促进对乡村精神家园价值和信仰的认同。

二 培育话语共同体

"共同体"概念产生于古希腊城邦时期，"共同体"是公民"政治生活"的表现形式。不同时期的思想家从多维视角对共同体思想进行了理解和探讨，如黑格尔（G. W. F. Hegel）的伦理共同体、费尔巴哈（Ludwig

Andreas Feuerbach)"以爱的宗教"为中心的感性共同体、费希特(Johann Gottlieb Fichte)的法治共同体等。马克思认为在不同的历史时期人类有着不同的共同体形态：自然共同体（依赖自然关系）、抽象共同体（依赖物质关系）和真实共同体（以人的自由全面发展为基础）。借鉴马克思对共同体形态的划分方法，我们可以把"话语共同体"理解为通过话语实践所形成的共同体形态。目前话语共同体研究在我国尚未得到足够重视和充分发展，以"话语共同体"为关键词在中国知网中进行检索，只检索到16篇文献，其中以黑龙江大学严明教授的研究成果较有代表性。严明教授2013年出版《话语共同体理论建构》一书，从哲学、语言学、社会学三个维度对相关思想和理论进行了梳理和理论建构，并以商务英语为研究对象进行了话语共同体的应用探索。"话语共同体"概念诞生于社会语言学研究领域，英国应用语言学家约翰·斯威尔斯（John Swales）对其内涵这样阐释："是一个由具有共同目标、相互交流机制、特殊文体和专用词汇作为成员而组成的团体。"[1] 《话语共同体理论建构》一书通过概括"话语共同体"六大特征建构了关于话语共同体的基本框架：话语共同体具有被广泛认同的常见的公开目的；各成员之间具有相互交流的机制，团体不同交流机制会有不同；交流机制是成员之间信息交流的基本方式；话语共同体使用并占有一种或多种体裁用于实现交流目的；话语共同体还使用一些特有的词汇；话语共同体初学者要了解一定的相关内容和专业话语知识。[2] "话语共同体"将个体置于话语场域的中心位置，强调了话语对言说者在社会群体中地位和角色的影响[3]。严明教授认为，无论是地方性还是普遍性的话语共同体形态，话语共同体这一概念都使语言学研究开始从语篇走向实践，从研究语篇的抽象逻辑到探索话语共同体的形成机制、交流机制以及交流效果等，"转为关注现实具体的实践和社会信仰"。[4] 进

---

[1] John M. Swales, *Genre Analysis: English in Academic and Research Settings* (Cambridge: Cambridge University Press, 1990), p. 1.
[2] 严明：《话语共同体理论建构》，复旦大学出版社，2013，第29、30页。
[3] Hyland, K., *Academic Discourse: English in a Global Context* (London: Continuum, 2009), pp. 51-52.
[4] 严明：《话语共同体理论建构》，复旦大学出版社，2013，第29、30页。

第四章　话语表达：乡村精神家园的认同性建构

一步深入研究发现，斯威尔斯所提出的话语共同体模式的静态化、机械化、封闭性等缺陷逐渐为学者们所诟病，对话语动态性、互文性的研究，以及对边缘话语的关注成为话语共同体研究中新的共识。

培育电视传播话语共同体不仅是传播乡村精神家园话语的需要，而且是电视媒体实现其社会功能的需要。在全球化发展和国际交往频繁的环境下，不同国家、民族、地域文化越来越多地充斥于人们的生活空间，形成了多元文化杂陈的"文化超市"。作为超市商品的不同文化的原有文化属性已经被淡化，公众在与这些异质文化的交流互动中，一方面不断对自我以及民族文化进行审视和反思，另一方面难免陷入文化认同的茫然，在汲取新的文化元素和价值理念的同时不断地寻求本民族文化和共同体的认同，确认和强化自我文化身份和精神家园归属。国家权力主导下的电视传播所传播的国家话语和民族话语对于帮助公众确认自我身份，获得文化认同、国家想象和共同体归宿具有重要意义。在传统媒体主导的大众传播时期，不同年龄、阶层的观众在单向的传播模式中和相对单一的话语环境下接受国家话语和精英话语的电视传播，建构关于国家和民族的认同性想象，从而形成了电视传播的话语共同体。感性化、娱乐化、互动性强的互联网、智能手机传播催生了新的大众话语，解构了大众传播垄断时代电视传播的话语共同体。在新的传媒生态下，电视传播应以媒体责任为出发点，结合时代要求、传媒发展以及大众需求，坚定媒介传播的文化价值内核，用适应当代大众思维方式和话语风格范式的创新传播话语，建构新的话语共同体，提高舆论影响力和文化传播力。在乡村精神家园认同性建构方面，电视媒体紧紧围绕国家方针政策和政府相关工作展开传播实践，缺乏民族文化共同体视域下的开拓创新，在对乡村文化理解方面认知固化，话语表达死板老套，要么用非常正式、理性的话语传经布道般讲述乡村传统文化，要么用猎奇、惊叹的视野展现乡村风貌、民俗文化及民间艺术；又或者以悲天悯人之姿俯视乡村弱势群体，或者在蜻蜓点水式的综艺娱乐中表面化呈现乡村面貌。乡村在电视传播话语中既是重要而惊艳的，也是积弊沉疴、传统守旧、与城市有着较大差距的。电视传播建构乡村精神家园的广泛认同，需要进一步深刻认知乡村社会及其文化的地位及作用，对乡村精神家园的传播进行准确的文化定位，积极探索有利于乡村精神家园被不同地域和文化背景受众接受的话语方式及风格范式，创新话语及传播技巧，为实现乡村精神家园的广泛认同构建话语共同体。

三 完善对话机制

对话是话语的本质，人们通过对话实现自我认知和社会性存在。巴赫金（Mikhail Bakhtin）认为，对话是人的本质存在方式，话语是一种独特的意识形态符号，其真实意涵只有通过具体的对话和社会交往实践才能获得；任何话语都处在一定的对话关系中，存在着内在的对话性，是对他人话语的回应。"实际上，我们任何时候都不是在说话和听话，而是在听真实或虚假，善良或丑恶，重要或不重要，接受或不接受等等。话语永远都充满着意识形态或生活的内容和意义。"[①] 巴赫金的对话理论中的话语主体不是抽象的，而是发生于对话行为之中的具体的说话人和听话人。巴赫金在其行为哲学思想中，把人看作积极的，担当生活道义、责任义务的主体，因此，话语是积极的、自觉的、能动的交际行为，对话关系是建立在以人为本、相互尊重、积极互动和平等对话的具体话语情境之中的。巴赫金将话语结构区分为以下三个层次：（1）话语主题，即话语主体要表达的意图；（2）话语态度，话语主体对所述内容的态度倾向；（3）评价立场，话语主体对他人话语的回应和评价。只有在你来我往的对话关系中，话语结构和行为才得以完整呈现。尊重并赋予多元主体的话语表达权利，包容来自不同主体的话语内容，促进社会不同个体、群体及阶层之间的和谐对话有利于建构良性话语生态。

靠近权力场域的电视传播作为一种积极的社会话语，其话语实践具有一些较为显著的特征。首先，电视传播话语处于"一对多"的对话关系之中，交流对象具有多样性、复杂性和模糊性，电视传播的对话交流通常不以具体的人或人群"为中心"，而是将交流对象看作普遍意义上的共性化的群体，主要针对其突出的共性特征来进行话语行为或话语实践的调整。交流对象因各自不同的语境而形成了对电视传播话语不同的理解和阐释。其次，电视传播对话语主题的设定和建构主要以实现传播任务和担当

[①] 〔苏〕巴赫金：《巴赫金全集》（第5卷），钱中文译，河北教育出版社，2009，第416页。

第四章　话语表达：乡村精神家园的认同性建构

媒体责任为中心，而不是以交流对象为中心，话语主题、话语内容与交流对象的直接相关性较弱。最后，电视传播话语与交流对象的对话缺乏可以充分反馈和回应的渠道和机制，在电子技术传播时期，电视传播与话语对象的交流渠道有限，只能通过面对面采访、电话连线、短信等方式进行对话交流，而且从电视传播的处理、反馈等方式来看，双方的对话处于不平等的关系之中，对话交流的机制并不健全。互联网、移动智能传播为电视传播与公众的对话交流带来了更多的渠道，通过手机微博、App 客户端、公众号等，公众可以对电视传播的话语主题、内容、表达方式等进行评价，并表达个人意见和看法。技术的发展为电视传播等大众传播媒体建构与公众的对话关系提供了较为便利的通道，也在一定程度上变革了传统媒体与公众的社会关系以及传统媒体的话语方式。但技术只是影响和决定媒体与公众对话关系的要素之一，在电视传播话语中存在的多重对话关系能否融洽构建，沟通渠道、平台及机制是否畅通，更重要的在于电视媒体的态度、处理方式和具体措施等。

作为多种元素的接合话语，电视传播在对乡村精神家园进行认同性建构中存在着多层次、多环节的对话交流过程，完善对话机制需要从多个环节和层面入手。一是选题确定阶段的对话环节。在媒体工作人员根据节目策划思考选题的过程中形成了与其他主体的对话关系，只不过这种对话是巴赫金认为的"独白语"，"不诉诸任何人也不要求回答的言语"[1]。工作人员对不同主体的意见态度和爱好倾向的反复斟酌、对比和权衡是一种具体的对话行为，在这种独白的对话行为中获得选题的方向和目标。起点决定终点，如果电视节目没能满足公众的需求，那么说明选题阶段在对话关系建构、话语对象及对话方式选择等方面存在着一定的偏误。二是文本制作过程中的对话环节。这个环节的对话分为两个阶段：①素材采制阶段；②文本制作阶段。在素材采制阶段，媒体工作人员与报道对象、采访对象之间建立起面对面的对话关系，被报道、采访的对象是话语主体，记者是话语对象，但是对话的主题和交谈的路径由记者掌控，主体并不是自由的话语主体。在文本制作阶段，媒体工作人员再次进入独白的对话关系中，

---

[1] 〔苏〕巴赫金：《文本 对话与人文》，河北教育出版社，1998，第 322 页。

在媒体意图、编辑思想的主导下对采集的不同话语按一定话语规则组合成文本，巴赫金将这个过程称为"镶嵌"①，即用媒体工作人员的话语将他人话语按直接引语、间接引语等方式镶嵌起来，使之与媒体话语形成说明、证明关系，或通过镶嵌产生新的意义。通过镶嵌处理，媒体话语与采集的他人话语融为一体，统一在文本之中完成对文本主题的阐述。三是传播阶段的对话环节。这个环节形成了多个层次的对话关系：媒体通过文本与公众的对话关系；文本中的话语主体与公众的对话关系；在互联网、手机平台上，针对话语文本的不同评论和表述之间形成"超语言学性质"的对话关系②；媒体与评论共识形成新的对话关系等。在不同环节多层次的对话关系中，电视传播需要在话语实践中积极突破传统思维禁锢，努力完善并创新对话机制，建立良好的话语生态。

---

① 〔苏〕巴赫金：《长篇小说话语》，载巴赫金著《巴赫金全集》（第三卷），河北教育出版社，1998，第37页。
② 〔苏〕巴赫金：《文本 对话与人文》，河北教育出版社，1998，第318页。

第五章　建构反思：城乡中国电视传播发展的乡村面向

在我国历史上，城是以乡为基础而发展的，城与乡在生活、经济和文化上的互动是密切的。城中生活的人与乡村并没有完全隔离开来，乡是绝大部分城里人生活的最终归宿。在城中做官的人年老之后"告老还乡"成为乡贤，作为乡村权力结构组成部分之一，在乡村社会的发展中发挥着重要作用，成为乡村与城市文化和思想上的桥梁与纽带。近代社会中国城市快速发展逐渐拉开了城市与乡村的距离，城乡二元壁垒下形成的惯习也成为电视传播面对乡村议题的思维束缚。在宏观视野下对乡村精神家园的媒介建构进行思考和研究之后，本章试图从乡村、村民的精神家园这一视角对电视媒体的传播行为进行考察和思考。本研究从电视传播在乡村议题传播中存在的问题谈起，在分析电视媒体传播实践的城乡之困，以及乡村发展中的媒体缺位基础上，提出城乡中国语境下的电视传播发展思考。

第一节　乡村面向中的电视传播实践

电视媒体作为我国重要的新闻传播机构，在我国文化建设、文化共同体及民族共有精神家园建构方面发挥着重要的作用。作为乡村公共文化体系建设中的重要内容，电视传播在乡村的发展一直被我国政府高度重视。近些年来，随着新媒体在乡村的高歌猛进，电视传播在乡村的影响力和传播力有所减弱，但是仍然保持着一定的影响力。考察电视传播实践可以发现，乡村实际上是电视传播长期忽视的市场空间。电视节目设置的乡村议题与乡村受众的实际需求之间存在很大差距。在乡村社会建设中，电视媒体及其文化传播存在着严重的缺位。在建构乡村精神家园目标下，在乡村文化振兴战略实施中，电视传播需要重新认识乡村服务与自身发展的关系，在创新开拓中服务乡村建设和文化生活，同时提高自己的市场活力和竞争力。

一 电视节目中的乡村议题

由于多年来国家对"三农"问题的高度重视，以及近年来国家在乡村社会发展中实施的多项战略，乡村议题在各级电视媒体的传播话语中基本没有缺失。研究通过对中央电视台以及我国内地的22个省、5个自治区、4个直辖市的省级卫视的节目播出信息进行统计（不包括电视剧[①]；统计截至2018年10月31日），发现除极少数省级电视媒体没有制作或播出与乡村议题直接相关的节目（不包括电视剧）外，有24个省（区/市）的电视媒体制作或播出了相关电视节目。其中，吉林电视台、河南广播电视台、陕西广播电视台、内蒙古广播电视台、河北电视台、山东电视台、重庆电视台、江西电视台、湖北广播电视台等9个省台开办了专门的乡村频道，但在传播力度方面各省存在一定的差距（详见附表1、附表2）。中央电视台除了农业农村频道制作播出了大量与乡村议题直接相关的电视节目外，其他频道也播出了许多与乡村间接相关的电视节目（详见附表3）。综合分析中央电视台的与乡村议题相关的各类节目，以及各省（区/市）电视台播出的乡村节目、传统文化类节目，可以看到，近些年来，除乡村题材电视剧外，电视台制作的其他与乡村题材相关的节目主要涉及以下议题。

（1）经济议题。涉及乡村产业发展、村民脱贫致富、农技知识、经济及扶贫政策服务、农资及产品流通服务等。帮助村民树立勤劳致富的创

[①] 考虑到具备电视剧制作能力不是省级电视台的共性特征，加之少部分有制作能力的电视台的乡村议题电视剧产出量较少，所以在现状及问题考察中未将电视剧这种体裁纳入材料收集及分析范围。

第五章　建构反思：城乡中国电视传播发展的乡村面向

业理念和积极向上的生活态度，坚定创业信心，传播在乡村发展中涌现出来的致富故事和创新做法、创业经验，帮助村民寻找项目和商机，构建生态发展的理念。在为村民提供农业服务的同时，积极搭建方便城乡沟通的渠道，建立服务"三农"的互动合作平台，解决城乡消费和销售难题，拓展帮扶渠道，促进乡村生产建设和经济发展。如黑龙江电视台公共·农业频道的《消费30分》，新疆电视台11频道的《致富田园》，山东电视台农科频道的《乡村季风》，江西电视台公共·农业频道的《稻花香里》，等等。

（2）知识传播。为乡村及村民提供各种相关政策知识、高新农业科技、市场信息、最新成果及产品；提供种植、养殖、品种繁育等关键技术；介绍产业能手及其经验，进行生产操作和技术示范，解答村民们的各种疑难和困惑，为村民的农业生产、就业、创业提供实实在在的帮助。如CCTV-7播出的《科技苑》《农广天地》《绿色时空》；内蒙古电视台农牧频道的《牧博士》、甘肃电视台公共频道的《话农点经》、浙江电视台公共·新闻频道的《农技110》等。

（3）新闻资讯。围绕乡村脱贫致富、乡村发展和振兴等进行资讯信息报道，对涉及乡村建设的重大问题和热点问题进行深度报道。及时报道涉农新技术、新项目、新产品，以及农资信息、市场信息等，报道乡村发展的新经验、新成果、新成绩、新风貌，以及在乡村建设中涌现出来的典型人物及事迹等。如CCTV-2播出的《县域经济报道》、CCTV-7播出的《聚焦三农》、吉林电视台乡村频道播出的《乡村四季12316》、宁夏卫视播出的《创富宁夏》等。

（4）生活服务。气象农时信息和知识服务，以及卫生、医疗、健康、青年婚恋交友、生活矛盾纠纷等多方面的生活服务。如CCTV-7播出的《农业气象》《乡约》《健康乡村》，黑龙江电视台播出的《说和》等。

（5）法律服务。通过法理梳理及阐释发生在乡村生活或农民身边的案例故事，介绍相关法律知识，传播法治观念，树立村民的法治思想。如CCTV-7播出的《乡村法制剧场》。

（6）政府乡村工作。这类议题在电视传播中多用系列报道、深度报道、专题片、纪录片或主题活动等节目形式来表现。涉及题材包括脱贫攻坚的工作情况、工作成绩；基层干部在扶贫帮困、带领村民致富等工作中的工作情况及典型事迹；在政府领导下乡村建设及改革开放的崭新面貌及成果等。如重庆卫视的《红岩本色》、广西卫视的《家在青山绿水间》、湖南卫视及其都市频道播出的"三湘巨变微纪录·四十年四十村"系列微纪录片。

（7）乡村公益。通过电视节目进行公益信息传播，搭建城市、企业对乡村的帮扶平台，广泛汇集社会资源，实现对贫困乡村的扶持和对乡村贫困人口的公益救助。如吉林电视台乡村频道的《益路有你》、山东电视台农科频道的《一切为了群众》、浙江电视台公共·新闻频道的《新农村冲击波》等。

（8）乡村旅游。聚焦并推介乡村生态旅游资源，宣传乡村的民俗民风民情，以及生态美和人文美；提供乡村旅游的景点、交通、住宿、餐饮、游玩项目等相关资讯。如CCTV-7播出的《美丽中国乡村行》，陕西电视台农林卫视播出的《醉美乡村》等。

（9）民生服务。主要用新闻、社会服务类节目解决老百姓在生产生活中遇到的困难和问题。尤其是为村民就业等提供用工信息，帮助村民讨薪维权等。如CCTV-7播出的《阳光大道》、河南电视台新农村频道的《打工直通车》《新农村服务社》、甘肃电视台公共频道的《百姓有话说》等。

（10）乡村文化传播。介绍乡村非物质文化遗产的相关知识，讲述与非物质文化遗产及其传人、遗产传承相关的故事，传播非物质文化遗产；介绍并解读乡村传统村落、遗存遗迹、民风民俗及传统文化，讲述相关人文传说、历史故事，弘扬和传承优秀传统文化；表现当代村民的生活故事，展现时代精神和精神风貌，传播乡村的人文内涵。如CCTV-1等频道播出的《记住乡愁》，CCTV-7播出的《乡土》《食尚大转盘》，新疆电视台10频道播出的《品马天山》，河北电视台农民频道的《绝对有戏》，湖北卫视的《匠心守艺人》等。

（11）综艺娱乐。以乡村生活、乡村场景为背景，以乡村村民为参与主体，搭建竞技或娱乐、选秀、观赏、公益的综艺、娱乐平台，弘扬乡村文化艺术，使村民有技艺展示的舞台，使他们在娱乐中得到快乐，营造积极健康、文明向上的乡村精神文化氛围。如吉林电视台乡村频道播出的《二人转总动员》《农村俱乐部》，山东电视台农科频道播出的《玩转农场》《中国村花》等。

（12）栏目剧。以情景剧或微电影的方式，拍摄农村题材的短视频故事，表现乡村生产生活的现实状况及老百姓的喜怒哀乐，呈现国家政策带来的乡村变化，以及社会变迁过程中的乡村故事。传达积极向上、诚信友爱的价值观。如吉林电视台乡村频道播出的《家长里短》、河北电视台农民频道播出的《村里这点事》。

上述12个议题在所统计的110个乡村节目（中央电视台18个，省级电视台92个）中的分布情况如表5-1所示。（部分节目涉及2~3个议题，显示出综合性特征）

表5-1 电视台节目中乡村议题分布情况一览

单位：个

序号	乡村节目议题	中央电视台	省级电视台	合计
1	经济议题	2	32	34
2	知识传播	3	14	17
3	新闻资讯	2	10	12
4	生活服务	3	2	5
5	法律服务	1	0	1
6	政府乡村工作	0	6	6
7	乡村公益	0	4	4
8	乡村旅游	1	2	3
9	民生服务	1	4	5
10	乡村文化传播	5	10	15
11	综艺娱乐	0	6	6
12	栏目剧	0	2	2
	总计	18	92	110

从图5-1可以看到，中央电视台在乡村议题方面更多地涉及乡村文化传播、知识传播和生活服务议题；省级电视台作为地方传媒机构，更多

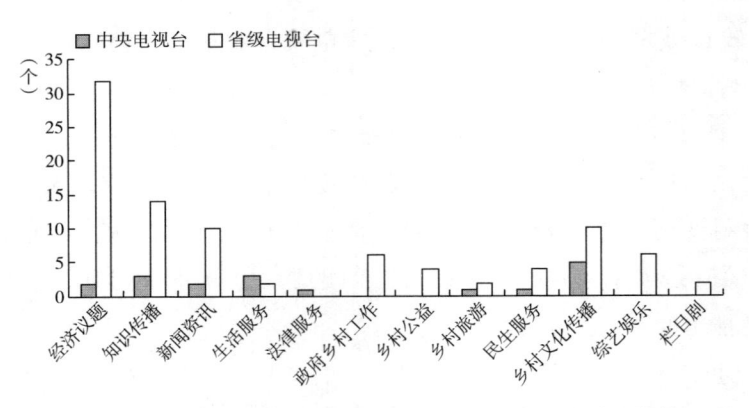

意义·形象·话语：电视传播与乡村精神家园建构

图 5-1　乡村议题在中央电视台、省级电视台节目中的分布情况

地服务于"三农"建设，对经济议题、知识传播以及新闻资讯等方面的议题涉及更多。关于这些议题的涉及以及分布是否满足了乡村社会发展及村民的需求等问题，将在后文中进一步分析。

二　电视传播在乡村发展现状

20世纪末，电视逐渐成为乡村生活中最重要的信息传播媒介，看电视成为乡村村民最主要的文化生活之一。1998年，国家启动广播电视"村村通"工程，将20户以上已通电的自然村全面实现广播电视信号接收作为工程建设目标，构建乡村公共文化服务体系。2016年，国办发〔2016〕20号文件要求推进广播电视"村村通"向"户户通"升级，在村村通基础上实施广播电视信号数字化升级改造，从粗放式覆盖升级到精细化入户。在国家"村村通""户户通"工程推动下，我国广播电视的乡村覆盖基本消除了盲区，信号质量得到了保障，电视进村到组入户，成为村民获取信息、增长知识、拓宽见识和文化休闲的重要方式。随着手机的普及，尤其是手机智能功能的开发应用，手机深入人们生活的方方面面，成为人们生活中须臾不能远离的媒介，开始成为继电视之后又一影响力极大的媒介。

为观察和了解电视传播在乡村的发展现状，本研究选取了一个具体乡村进行问卷调查。选择的乡村样本为湖北省M村，该村位于鄂西南武陵

· 204 ·

第五章 建构反思：城乡中国电视传播发展的乡村面向

山区腹地，地处湘鄂黔交界地域的山区，距县城 70 公里，距乡镇 10 公里，面积 6.02 平方公里，耕地面积 1066 亩，水田 533 亩，旱地 528 亩。全村有 9 个村民小组，342 户 1250 人，其中建档立卡贫困户 55 户（178 人）。长期以来，和我国大部分乡村村民一样 M 村村民收入来源主要为农业和养殖业。90 年代后期，该村中青年劳动力开始向外输出，打工收入开始成为村民的重要经济来源，传统农业、养殖业只满足于村民日常生活需要；同时，外出打工造成该村存在大量留守老人和留守儿童，留守儿童占该村儿童的 78%。村委会带领村民在集体山地发展茶叶产业，但产业效益还不明显，尚未成为该村的支柱产业。本调查选择在 1 月份，农民工返乡过年的时机进行，在该村发放问卷 380 份，回收有效问卷 345 份。在对湖北省 M 村村民经常使用的媒介进行调研发现，手机的使用已经超过电视，成为村民主要使用的媒介（见图 5-2）。

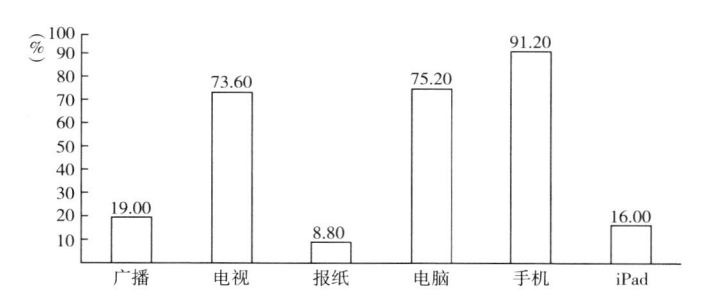

图 5-2 村民媒介接触和使用情况

收看电视在很大程度上仍是乡村村民进行休闲娱乐的方式，有 46.43% 的村民仍保留着看电视的休闲娱乐习惯（见图 5-3）；看电视也是许多外出务工村民生活中的主要休闲娱乐方式（见图 5-4）。同时，集通信、资讯、娱乐、生活服务于一体的手机也是乡村村民生活中重要的休闲娱乐媒介。在乡村家庭中，收看电视节目的主要是老人和小孩，他们占收视受众的 82.14%。可以看到，电视传播在乡村村民生产生活中的影响力逐渐减弱，有 32.14% 的人认为，如果生活中没有了电视，他们不会觉得有什么不习惯。笔者认为，电视传播在乡村影响力和传播力的减弱，既不利于我国乡村公共文化服务体系的建设和服务供给，也不利于现代文化的引领以及公民思想道德和科学文化教育。电视传播需要积极探索和创新传播内容和形式,努力提升在乡村生产生活中的传播力。

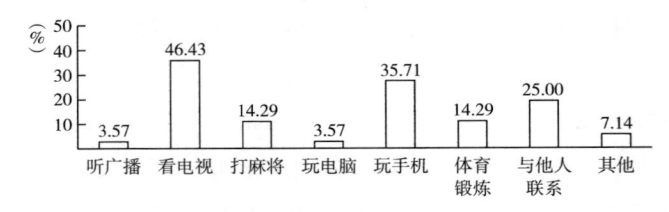

图 5-3 乡村村民休闲娱乐方式

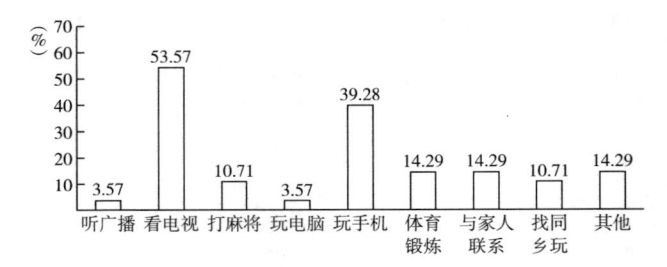

听广播 3.57 / 看电视 46.43 / 打麻将 14.29 / 玩电脑 3.57 / 玩手机 35.71 / 体育锻炼 14.29 / 与他人联系 25.00 / 其他 7.14

图 5-4 外出务工村民休闲娱乐方式

听广播 3.57 / 看电视 53.57 / 打麻将 10.71 / 玩电脑 3.57 / 玩手机 39.28 / 体育锻炼 14.29 / 与家人联系 14.29 / 找同乡玩 10.71 / 其他 14.29

三 乡村建设中的媒体缺位

电视传播在乡村中的影响力和传播力减弱主要是由于在长期的传播实践中,媒体在乡村建设中的角色缺位。从表面来看,电视媒体受到的市场压力和危机来源于新型媒介的应用,新型媒介更为先进的技术基因和运行思维与传统媒体的传播模式形成了鲜明的对比。电视媒体受技术限制以及大众传播的思维惯习,长期局限于单向、线性传播模式,致使受众反馈渠道不畅、媒体与受众互动性差、交流和沟通缺乏。而手机、电脑等的技术能力较强,其信息生产和运行思维是超链接的、非线性的、互动的,在技术表现和运行模式上更便于用户的信息阅读。但这只是电视媒体处于弱势竞争状态的部分原因,而不是根本原因。因为,电视媒体在积极的融合发展中,电脑、手机等媒介的先进技术也被运用于电视传播实践中,新型技术的优势弥补了电视传播技术的短板。电视传播之所以在竞争中仍然处于

第五章 建构反思：城乡中国电视传播发展的乡村面向

疲软状态，在乡村传播中越来越处于不利地位，究其原因，主要在于电视媒体在乡村建设中的两个缺位。

一方面是在乡村信息服务中的缺位。电视媒体在乡村信息服务中的缺位是长期性的。电视媒体在传播实践中长期以城市为中心，传播的节目内容、节目形式、节目风格、话语方式等都与乡村社会生活存在着较大距离和明显差异。所制作的乡村题材节目数量不多、内容单一、形式死板、话语单调，缺乏创新和变化，节目趣味性和吸引力较弱，难以吸引和保持乡村受众的收看兴趣。相较于面向城市受众的节目在形式、内容上的不断翻新，以及制作上的投入巨资，大多数为乡村受众服务的电视节目在创新和投入上明显不足，电视媒体长期以来对乡村及乡村受众的忽视导致乡村受众对其忠诚度并不高。因此，当新型媒介赋予村民媒体选择权，众多媒体互动平台赋予村民自由表达话语权时，村民对媒体的注意力和参与的兴趣得到极大提升，对于媒体的需求也发生了深刻变化。新的媒介环境已经彻底变革了村民的信息消费观念，但是大多数电视媒体仍然坚持以城市为中心的发展模式，在对乡村的信息服务方面创新不够、投入不足，信息内容单一，服务范围狭窄，服务方式落后，致使在乡村所拥有的媒介市场逐渐流失。

另一方面是在服务乡村建设中缺位。手机等新型媒介对村民生产生活的多层次介入和服务也是电视传播影响力和传播力减弱的原因之一。手机除了被村民用来与他人通信联系外，还被应用于信息获取、技术咨询、农资和生活物资购买、农产品推介和售卖等各种生产生活事项，使之逐渐从一个通信工具变身为人们须臾不可离身的生产生活工具，从而超越电视成为乡村使用最为普遍的媒介。电视媒体在传播中局限于媒体的传播功能，坚持通过信息传播服务社会。早于互联网购物诞生的"电视购物"节目①，由于推介方式过度夸张、操作不规范，没有很好地借电视媒体的公信力和影响力成为服务于社会的有效平台。在"以城市为中心"的思维模式下，电视媒体与乡村社会的接触频度、广度和深度都非常有限，在大量的乡村节

---

① 我国大陆最早的电视购物节目于1992年由广东电视台珠江频道打造。1996年北京电视台开播大陆第一个专业的电视购物频道。

目中，电视媒体采用的模式仍主要是汇集城市资源和信息为乡村提供服务和知识传播等，保持第三人称的视角和外围服务的方式，没有真正深入和介入乡村建设及日常生产生活中，未能成为乡村建设和生产生活不可缺少的媒介平台。部分电视台虽然运用手机等媒介技术积极为乡村搭建平台，但模式缺乏新意、互动不够频繁，未能突破电视传播阶段性发力的瓶颈，过度依赖新型媒体形式，缺乏"自己走路"[①]理念下的创意和开拓。在新的媒介技术视野下，电视传播既是对人类信息在一定范围内的传递和共享，也是多种关系交流互动的平台，多种主体通过这个平台可以建构起新的关系和联系，使不同阶层、不同地域空间、不同文化背景的人们在其中进行意义互动、仪式互动、话语互动和空间互动。在这种功能视角下，电视媒体既是传播的工具也是人们社会交往的平台，电视传播的发展在保持信息传播这一功能基础上，向社交平台这个维度延伸开去，在生活的广域空间发挥更多的作用。

第二节　电视传播建构乡村精神家园存在的问题

电视传播在对乡村精神家园的文化价值充分认知的基础上，从价值观念、乡村形象、意义传播等多方面进行了认同性建构。但是电视传播对城乡文化关系缺乏清晰和正确的认知，导致还存在着传播视角偏差、乡村文化主体话语缺失等问题。

一　乡村议题传播的他者视角

"他者"是与"自我"相对的概念，关于"他者"与"自我"的关系一直以来有很多不同的观点，哲学领域最早的观点认为"他者"是一种差异性，在"同一"视域中居于"自我"（主体）的从属地位。勒内·笛卡尔（René Descartes）主张的主、客二元对立的观点，将"他者"

[①] 1950年，我国第一任新闻总署署长胡乔木在与广播事业局副局长梅益一次谈话中提出：广播要学会自己走路。1980年10月，第十次全国广播工作会议提出广播电视要"坚持自己走路"。

第五章 建构反思：城乡中国电视传播发展的乡村面向

视为主体认知和主宰的对象。黑格尔将"自我"与"他者"的关系视为处于不平等关系中的主—奴关系，并且认为这种关系是可以互相转化的。现象学家埃德蒙德·胡塞尔（Edmund Husserl）认为，"他者"是独立于"自我"主体之外的另一个主体，二者处于相互联系和相互作用的关系之中。让-保罗·萨特（Jean-Paul Sartre）认为，"他者"的存在和凝视使"自我"得到建构和完善，并且促使了自我意识的产生。马丁·海德格尔（Martin Heidegger）将"他者"存在视为"自我"得以建构的前提，将"他者"置于比"自我"更高的地位。哈贝马斯（Jürgen Habermas）认为"他者"是拥有自己文化的另一个主体形式，"他者"与"自我"的交往既是两个主体之间，也是两种不同文化之间的交往，两个主体在交往中处于平等的地位。

电视传播建构乡村精神家园的实践，从"自我"视域出发反映乡村建设发展面貌，为乡村建设及村民生产生活提供各项服务。在前面的议题梳理中可以看到有关乡村的电视节目涉及了12种议题，在乡村精神家园建构视域下，这些节目在多大程度上呼应了城乡受众的诉求，是否真正满足了乡村社会发展、村民生产生活及城乡受众精神文化需要呢？我们针对这些问题对乡村村民、城镇居民的信息需求进行了调查（见图5-5、5-6）。

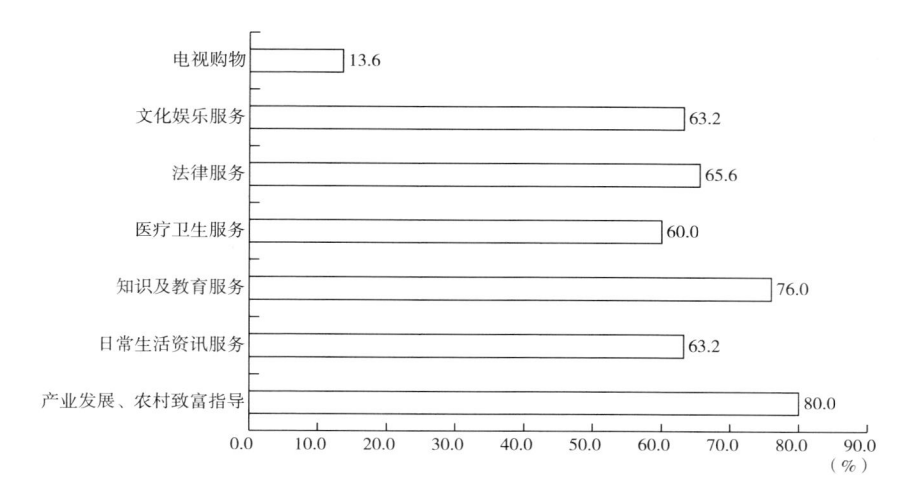

服务类型	百分比(%)
电视购物	13.6
文化娱乐服务	63.2
法律服务	65.6
医疗卫生服务	60.0
知识及教育服务	76.0
日常生活资讯服务	63.2
产业发展、农村致富指导	80.0

图5-5 乡村村民需要电视媒体提供的服务类型

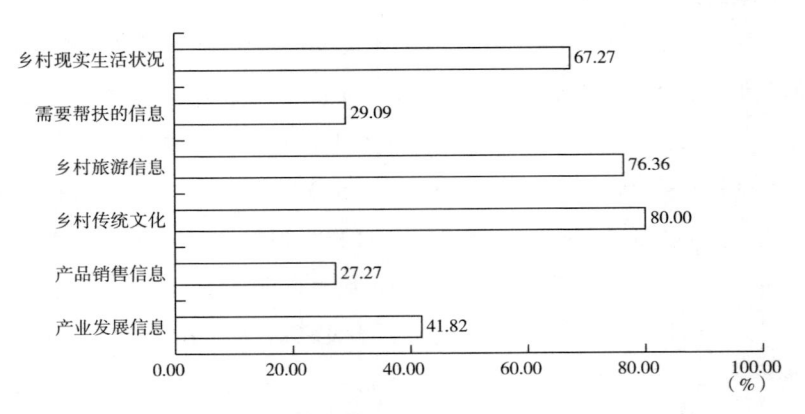

| 意义·形象·话语：电视传播与乡村精神家园建构

```
乡村现实生活状况  ████████████████ 67.27
需要帮扶的信息    ███████ 29.09
乡村旅游信息      ██████████████████ 76.36
乡村传统文化      ███████████████████ 80.00
产品销售信息      ██████ 27.27
产业发展信息      ██████████ 41.82
              0.00  20.00  40.00  60.00  80.00  100.00
                                              (%)
```

图 5-6　城镇居民希望通过电视媒体了解乡村的信息类型

调查可以发现，城乡受众信息需求差异明显：乡村受众从生产生活需要出发提出信息需求；城镇受众从信息消费出发对信息服务提出期待，不太关注与乡村生产生活相关的信息。这也是乡村类节目不太受城市受众关注的原因之一。目前，电视传播涉及的乡村议题很大比重为乡村经济发展，这与乡村村民的信息需求是契合的。但同时，对于乡村村民的教育服务、医疗卫生服务、法律服务、文化娱乐服务等在电视传播中严重不足，说明电视媒体的乡村议题传播对市场了解不够，对于乡村社会生活、文化发展等的介入和建构存在缺位。电视媒体的传播实践与受众需求之间存在偏误，不仅因为媒体缺乏调查研究，更是因为电视媒体对于乡村受众的忽视甚至无视。之所以说无视，是因为从电视传播的节目内容来看，乡村村民的信息需求很多，但乡村节目主要服务于乡村经济发展，对村民的其他信息需求处于无视状态。许多经济相关的乡村节目虽然采用个体致富故事、村民农产品销售推介等进行叙事，但节目呈现出来的村民整体面貌模式化、话语内容单一、表现形式单调、以经济为中心而非以乡村村民为中心的创作动机非常明显。另外，城镇居民对乡村节目的三个突出诉求——旅游信息、传统文化、乡村现实生活状况在电视传播中基本得到了满足，尤其是传统文化类节目不仅数量众多，而且质量较高，这些传播现状深刻地体现出电视媒体在乡村文化传播中的城市化视角和以城市为中心的传播路径。还有一些电视台通过真人秀等娱乐化方式呈现乡村，将乡村简化为城市娱乐和文化消费的背景、资源素材和精神"佐料"。在乡村精神家园的传播和建构中，电视媒体与乡村社会没有形成哈贝马斯主张的"自我"与"他者"的平等关系，电视媒体及其工作人员徘徊在乡村生活之外用第三人称视角观察、呈现、叙述乡村。由于缺乏对于乡村的充分展示，乡村多层次、丰富的生活和文化没有被得到充分认知，在媒体"自我"较为单一的传播需求和视角下，一些反差巨大的乡村特征被媒体提炼出来并反复强化，如富裕与贫困、热闹与冷清、美好与丑陋等，给距离乡村较远且不了解乡村的受众以模式化、标签化和碎片化的乡村印象，不利于乡村精神家园的传播与建构。

二 乡村主体话语的缺失

乡村精神家园扎根于乡村及乡土文化之中，乡村精神家园的媒介化建构需要重视乡村社会主体的话语表达。以城市为中心的电视传播把城市受众作为关注和服务的主流群体，传播话语主要满足与城市受众交流与沟通的需要，主流话语、精英话语、大众话语在媒体中得到充分表达和传播，而差异性较大的乡村话语作为边缘话语未能得到充分表达。在不同乡村议题的节目中，电视传播话语表现出不同的特征，如在生活服务、法律服务的节目中主要体现为精英话语，在乡村旅游节目中主要体现为消费话语和娱乐话语，在综艺娱乐节目中主要体现为娱乐话语。在经济议题、新闻资讯、栏目剧等节目中乡村话语也有一定的体现。乡村村民是否认同这些节目的话语表达呢？本研究通过对"村民意见和看法可以通过哪些电视节目得到表达"的调查对这个问题进行了了解（见图5-7）。

村民认为新闻节目、服务节目、法律节目较多地体现了他们的意见和看法。但是在所搜集到的全国中央及省级电视台107个乡村节目中，新闻节目有12个，只占11.2%；法律节目只有1个；服务节目（含经济服务、商贸服务、知识服务、生活服务、民生服务、公益服务等）有64个，占59.8%。究竟村民们认为较多表达了他们意见和看法的新闻节目有哪些内容呢？通过表5-2可以进一步得到了解。从表5-2中可以看到，从中央到地方制作的绝大多数专门表现乡村生活的新闻节目其实与经济服务类节目没有太大区别。不能否认，经济建设在乡村发展中至关重要，但是新闻

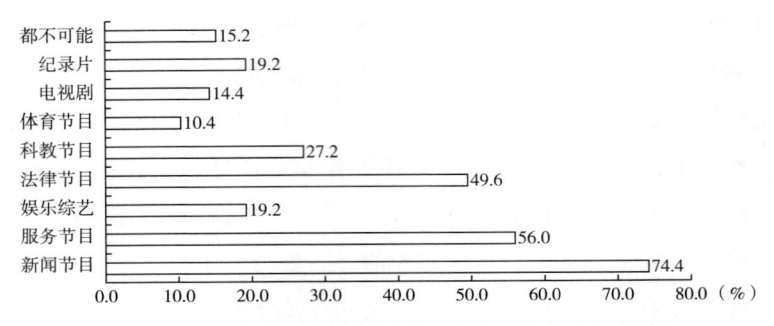

```
都不可能    15.2
纪录片      19.2
电视剧      14.4
体育节目    10.4
科教节目    27.2
法律节目    49.6
娱乐综艺    19.2
服务节目    56.0
新闻节目    74.4
```

图 5-7　村民意见和看法可以通过哪些电视节目得到表达

类节目只将视野集中于乡村经济建设显然是不恰当的。乡村丰富多彩的生活、村民在生活中的多样化诉求在更新较快、播出量较多的新闻中尚且难以得到充分体现,在其他类型的节目中就更难以得到充分展示。如果真如村民所感受到的,其意见和看法在新闻节目中得到了体现,那么所体现的也只是关于经济、产品销售、农资需求等方面的意见和看法,村民在乡村政治生活、民主决策、文化生活、个人经历等多个层面的意见、看法和感受并没有得到话语表达。

表 5-2　电视乡村新闻节目涉及内容

序号	电视频道	节目名称	节目内容
1	CCTV-2	《县域经济报道》	供求热线、致富信息、旅游信息;各地产业链及"招商引资"新举措
2	CCTV-7	《聚焦三农》	深度报道节目,分三农快报、深度报道等版块
3	吉林乡村频道	《乡村四季12316》	与吉林省农委12316新农村热线合作。帮助农民解决生产生活中的问题,传授农业技术,推介项目,解释对农政策等
4	辽宁北方频道	《直通市县区》	专题报道全省基层新闻资讯,致力成为辽宁地方新闻总汇
5	宁夏卫视	《创富宁夏》	杂志类节目,分两个版块:1. 围绕乡村振兴和脱贫攻坚,对一个新闻事件进行12分钟左右的深度报道;2. 今日资讯,报道2~3条时政新闻

续表

序号	电视频道	节目名称	节目内容
6	河北农民频道	《三农最前线》	涉农新闻、实用信息、深度分析报道等。高互动普遍参与的新闻节目
7	河北农民频道	《致富情报站》	报道农业新技术、新模式、新品种、新项目，市场信息及市场分析
8	山东农科频道	《一切为了群众》	及时报道群众民生事件并提供民生服务和信息资讯
9	湖北垄上频道	《垄上行》	涉农新闻、维权服务、情感关怀、生产指导、实用信息、深度分析等
10	江西公共·农业频道	《三农聚焦》	分深度报道和农事天气两个版块。《深度报道》关注全省"三农"信息，关注"三农"相关的重大问题和热点问题
11	浙江公共·新闻频道	《新农村纪实》	农业致富典型、传统乡村文化、农村新人新事、民俗文化
12	福建公共频道	《福建农村新闻联播》	全省新农村建设新风貌、新成果。乡村新农人、农村新风貌、城镇新进程、致富新能人、乡村新发现、县域经济发展等各方面的情况

CCTV-1《新闻联播》作为我国发布新闻的权威、重要平台，在国家话语不断强调和彰显乡村地位的语境下，乡村话语在《新闻联播》中呈现怎样的话语生态？带着这个疑问，本研究选取了2018年10月的《新闻联播》作为样本进行分析（详见附表7）。2018年10月，《新闻联播》共播出新闻665条，其中我国国内新闻491条，我国的国际活动新闻22条，其他国家新闻152条；涉及我国乡村的新闻有80条，占国内新闻数量的16.3%，其中排在头条位置的乡村题材新闻有7条，占新闻头条总数的22.6%；排名靠前的乡村题材新闻内容为乡村经济发展、乡村旅游、脱贫攻坚、生态文明（见表5-3所示）。在国家最重要的主流话语平台《新闻联播》上，乡村话语得到了高度重视和充分体现，涉及议题也更为丰富，话语表达方式较易于观众接受，但是乡村主体的话语表达仍然有所欠缺。

表 5-3 2018 年 10 月《新闻联播》头条播出的乡村题材新闻

日期	新闻标题
10 月 2 日	《分享节日欢乐 礼赞丰收中国》
10 月 5 日	《新疆达西村：民族团结促发展 盐碱地变成小康村》
10 月 6 日	《感受璀璨中华文明 假期文化游成热点》
10 月 7 日	《东北振兴：多措并举推进农业现代化》
10 月 11 日	《绿色发展的阿克苏实践：昔日黄沙掩碧空 今朝桃杏万园红》
10 月 13 日	《【在新的历史起点上——改革开放再出发】以制度之力筑牢生态文明建设之基》

在建构乡村精神家园上，电视传播应为乡村主体的话语表达提供更多机会和更宽广的平台。在新的媒介环境生态中，城市社会的大众话语、娱乐话语、流行话语等通过互联网等提供的自媒体、社交媒体涌入村民的生活中，将村民卷入与城市的时代话语的互动和转换之中。随城市话语裹挟而来的是城市的价值观念与思想文化。村民在对城市话语的转换和互动中"逐渐形成对某些术语和行动的共享意义，从而以某种特定的方式来理解事物和现象"[①]。尤其是在网络上传播的反主流、反传统的后现代话语，以及一些庸俗、低俗的话语，网络暴力话语等不仅让村民惊奇与盲从，而且挤压了乡村传统的价值观、道德伦理和精神文化的意义空间，使乡村传统的价值话语、道德话语、文化话语沦为边缘话语，最终不仅乡村主体的话语表达在媒体上得不到展示和传播，而且在自己生活的领域失去了表达自我文化的空间。在乡村精神家园建构视域下，电视媒体在传播中不仅要关注乡村经济建设和挖掘优秀传统文化，而且应该使乡村村民丰富的话语得到充分展示，用老百姓精彩、智慧的话语来表达、阐释和传播乡土文明中的优秀文化内涵。

三 电视传播中的城乡之困

在改革开放发展进程中，我国实行的城乡二元结构管理体制逐渐成为阻碍经济发展的因素之一。在新的历史条件下，国家开始大力推进城乡一

---

① 〔美〕斯蒂芬·李特约翰、〔美〕凯伦·福斯：《人类传播理论》，史安斌译，清华大学出版社，2009，第 94 页。

第五章 建构反思：城乡中国电视传播发展的乡村面向

体化发展，力图打破城乡壁垒，实现工业与农业、城市与乡村、城镇居民与乡村村民的和谐统一发展。2013年，中国社会科学院当代城乡发展规划院发布《城乡一体化蓝皮书：中国城乡一体化发展报告（2013）》，从理论层面对"城乡一体化"进行了详细论证和阐释，为打破城乡分割的关系壁垒、解决城乡发展中存在的矛盾和问题明确了思路和突破路径。城乡二元结构不仅给城乡之间的人员和资源配置设置了流通壁垒，而且带来了文化上的城乡分离与区隔，导致我国城乡文化长期处于不平衡发展状态，形成了城乡二元文化景观和文化心态的城乡分异。2011年，中共十七届六中全会提出"加快城乡文化一体化发展"，要求发掘和保护乡村传统文化、促进城市对乡村的文化帮扶和文化对接，提高乡村文化的创造力和影响力，推动乡村文化健康自信、充满活力的发展。

电视传播对于乡村精神家园的建构具有跨文化传播和意义建构特征，电视传播在乡村精神家园的建构实践中不仅需要考虑处于城乡两种不同文化中的相异主体的信息需求和文化需求，还需要在城乡文化一体化发展语境下，思考乡村文化传播及乡村精神家园建构的定位问题，这个问题在本书的第三章已经进行了详细阐述，不再赘述。这里需要进一步讨论的是，电视传播在乡村精神家园建构实践中较为突出表现出来的"城乡之困"，即由于城乡受众兴趣爱好不同、信息需求不同、审美观念不同，电视传播在实践中在实现二者文化的对接，尤其是提升乡村文化的影响力方面存在一定的困境。一方面，作为我国政府文化建设和传播的机构之一，电视媒体担负着为乡村社会发展、经济建设服务的工作职责，为乡村受众提供生产生活服务、指导和帮助并传播乡村发展中的典型经验和成就是媒体不可推卸的责任。另一方面，乡村精神家园作为民族共有精神家园之一，是深受现代性困扰的城市受众渴望共享和认同的精神文化。针对两种不同文化需求，电视传播在实践中逐渐发展出两个维度的面向，一是面向城市受众群体创作的文化类、娱乐类、旅游推介类、公益类的乡村节目，如《记住乡愁》《乡村大世界》《美丽乡村中国行》《阳光大道》等，这些节目将城市受众作为乡村文化的消费者，提供的内容虽然取材于乡村，但同时对乡村生活进行了提炼和修辞，是结合传播主题重新结构的意义文本。二是面向乡村受众群体制作的经济信息类、服务类、知识类节目，主要服务于乡村经济建设和社会发展。这些节目贴近百姓生活，内容上主要考虑信息的真实性和服务的有效性，形式上不注重包装和美化。不仅如此，一些地方台在制作此类节目时，为突出节目的乡土性，在节目元素、人物装束等方面过分追求"土"味，刻画出显著的城乡差异。由于不同地域的乡村产业类型、文化种类各异，目前这类节目本土化特色显著，与地域生产生活贴近紧密，从而导致传播范围有限，与面向城市受众制作的乡村类节目在全国范围内通过不同平台广泛传播形成鲜明对比。不同面向的电视传播将城乡受众群体进行了二元区分，城市受众从电视传播中看到的是拟态的、审美的、象征性的乡村形象，对现实乡村的面貌缺乏清晰的认知，与乡村之间形成了区隔。乡村受众从电视传播中接受的是为他们特制的节目，这些节目局限于乡村经济发展视野，缺乏对乡村生活的全面关注，尤其是缺乏对乡村精神文化的充实、推动和建构。如何通过传播使城乡文化进行有效沟通和融合，是电视传播在乡村精神家园建构中需要努力探索解决的问题。

　　电视传播在乡村精神家园建构中的城乡之困还来自受众群体对乡村传统文化所持的不同态度。经济全球化发展带来的多元文化冲击首先为发达城市的受众所深刻感知。形形色色文化思潮和现象的碰撞和影响，后现代主义对整体性、中心性、同一性的批判和解构等，使人们在文化上陷入迷茫和困惑，激发了人们的现代性焦虑。有感于价值观念、文化结构、传统文化受到的强烈冲击，城市精英阶层开始对传统文化表现出高度关注、重视和珍惜，在面对乡村传统文化时，他们高度强调对乡村传统文化的保护，希望尽力保留原生态的文化样态而不要进行任何现代化改造。但是在乡村村民看来，现代乡村社会和经济已经发生了结构性变迁，青年群体不务农事转向外出务工，乡村传统文化成长的土壤渐薄、根基变浅，传统文化逐渐消亡或发生现代变迁已是难以阻挡的现实。同时，乡村社会长期处于封闭保守的文化环境中，村民对于丰富繁荣的城市文化和多元的外来文化怀有接触、了解、融入的愿望和期待。城市精英希望把乡村定格于传统和原生态，乡村社会的人们却希望乡村能够向城市文明靠近（见图5-8），城乡群体对于乡村传统文化存在着的这种差异化、矛盾的心态使得电视传播在建构乡村精神家园时面临一定的困境，存在一定的困惑：在建构乡村

第五章　建构反思：城乡中国电视传播发展的乡村面向

精神家园的时候是应该主要以城市现代文明为标准建构一个现代的发展的乡村精神家园，还是以复兴乡村优秀传统文化为目的，建构一个远离城市文明、与城市生活截然不同的、人们记忆中的原生态乡村精神家园？抑或是将城乡群体的不同文化需求结合起来，将原生态乡村传统文化与现代文明融为一体，但是融合的目标是什么，怎么融合，融合的度在哪里？这既是乡村文化建设的难题，也是电视媒体在传播实践中需要认真思考和妥善处理的文化关系。

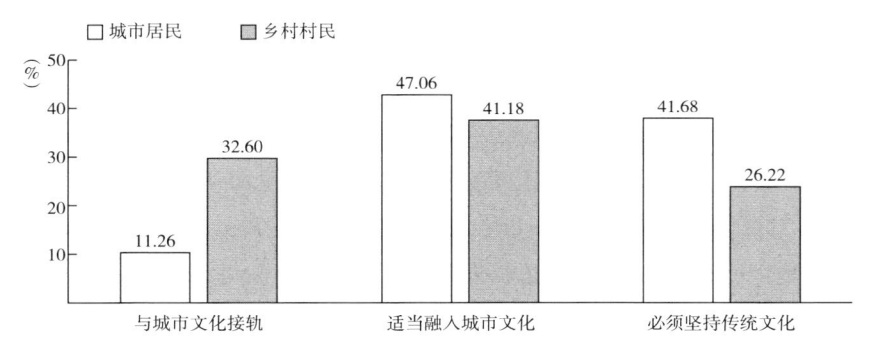

图 5-8　城乡居民对乡村文化与城市文化融合的态度比较

第三节　电视传播发展的乡村面向

新的媒介技术深刻变革了人们的社会生活和社会行为方式，"我们已经进入了全媒体时代，出现了全程媒体、全息媒体、全员媒体、全效媒体"。[①] 在新的媒介生态下，电视传播积极进行改革创新，努力探索与互联网等媒介的技术融合，与微博、App、公众号、抖音等多种新型媒体的形式融合，与网络播出平台、民营制作机构等的业务和产业融合，并取得了一定的成效，基本形成电视屏、智能屏、客户端、手机电视等多屏联动的传播格局，形成了媒体与用户、市场、产业、行业合作共赢的新业态。

---

① 《央视快评：推动媒体融合向纵深发展》，央视网，http://m.news.cctv.com/2019/01/26/ARTInYCVAmPfcM7ARCyVLrEp190126.shtml，最后访问日期：2020 年 10 月 11 日。

| 意义·形象·话语：电视传播与乡村精神家园建构

2018年8月，习近平总书记在全国宣传思想工作会议上指出"要扎实抓好县级融媒体中心建设，更好引导群众、服务群众"。①推动县级媒体融合创新，充分发挥县级媒体在引导社会舆论、服务"三农"、引领基层文化建设和精神文明建设、弘扬地方优秀文化等方面的重要作用。在城乡壁垒逐渐突破、城乡一体发展视域下，电视传播应该主动改革"以城市为中心"的陈旧思维模式，在城乡一体视域下创新传播内容和形式，积极探索和开拓新的业务领域和市场，融入乡村政治、经济、文化等各项事业发展，推动乡村物质文明、精神文明和公共文化体系建设，在乡村精神家园建构、民族共有精神家园构建中发挥重要作用。

一 城乡一体：电视传播的中心重构

我国电视台在"四级办广播电视"的管理体制下，形成了电视传播宏观（中央台）、中观（省级台）、微观（地市／县台）的信息服务体系，不同层级电视台服务于不同范围的电视受众。受早期电视技术、信号传输技术的制约，电视传播在信息服务和覆盖范围等方面都受到了较大限制，除卫视频道可对全国覆盖播出外，其他各级电视台主要在所属行政区划空间范围进行信息传播服务和业务发展；同级台横向业务往来和联系交流机制也难以建立。传统传播模式下的电视传播呈现出业务开展地域化、封闭化，业务思维程式化、视野狭窄化的特点。21世纪新的媒介技术在带来激烈传媒市场竞争的同时，为电视事业发展打开了新的局面，推动了电视业务和行业市场的开拓发展，激活了电视媒体的资源优势，为电视传播从"以城市为中心"到"以城乡一体为中心"的转向和重构提供了技术和平台便利。

电视传播以城乡一体为中心发展，需要媒体管理者及其工作人员积极更新思想观念，将电视媒体的乡村服务与电视媒体、电视行业的创新发展结合起来。充分认识媒体对乡村服务的重要性，增强责任意识，同时充分认识乡村传媒市场的开发潜力，以及城乡互动传播为电视传播带来的市场

---

① 谢新洲：《人民日报：扎实抓好县级融媒体中心建设》，人民网，http://opinion.people.com.cn/n1/2018/1108/c1003-30388004.html，最后访问日期：2020年10月11日。

第五章 建构反思：城乡中国电视传播发展的乡村面向

发展契机。首先，电视传播在促进乡村发展上有着先天优势，电视一直是乡村村民的重要的信息接收渠道和休闲娱乐的重要媒体。尽管手机媒体对电视媒体在乡村的传播形成了较大影响，但由于乡村生活的慢节奏和闲散风格，电视仍是乡村每家每户不可缺少的媒体，收看电视节目不仅是村民每天的生活习惯，而且是他们打发无聊时光的重要陪伴。电视传播面向乡村发展具有很好的市场基础。其次，乡村文化服务和公共文化体系建设、国家美丽乡村建设及乡村振兴需要电视媒体的乡村作为。先进传媒技术不仅方便了电视媒体对乡村的信息传播，而且为电视媒体服务乡村各项事业提供了诸多可能。电视媒体应该努力开拓思路，在乡村产业发展、市场繁荣、生态保护、文化教育、卫生医疗等方面积极融入，在服务乡村的同时开拓电视传播的广阔市场。最后，遭遇现代性的城镇居民对乡村的文化回归和价值回归是电视传播实现城乡一体传播、面向乡村开发市场的时代契机。乡村是城镇居民的精神文化家园和文化乡愁，乡村旅游是城镇居民逃离现代性的具体行动，也是表达了他们对乡村的文化情怀和现实关注。乡村传统文化、民风民俗、绿色生态、传统农业、浓郁的人情和淳朴的民风是激发城乡受众家园情怀的重要元素。聚焦城乡受众的文化基因、沟通城乡受众的文化情怀、搭建城乡受众的互动平台有利于乡村精神家园的传播与建构。

电视传播以城乡一体为中心发展，需要电视媒体在建立服务乡村意识的同时，充分发挥媒体优势及行业优势，利用先进的传媒技术，积极开发多种形式的市场服务，进行多模态的产业布局，为电视传播的乡村发展开辟更广阔的市场，创新电视行业的发展模式和电视产业的增长方式。一是电视行业应该打破传统管理体制下的层级区隔，构建资源共享、合作共赢、互动频繁、上下畅通的全国电视传播和服务体系，充分利用全国电视媒体的队伍优势、资源优势，为城乡一体传播打通行业内信息流通、资源共享和互动合作的障碍。二是电视媒体应该在为乡村提供多元化服务的基础上，积极借鉴媒体融合发展方面取得的成功经验，努力探索城乡在多个领域的多种互动模式。通过电视媒体搭建城乡互动的多种平台，推动城乡居民线上线下的交流沟通和互动，活跃乡村文化氛围，促进乡村文化发展和文明进步。同时提升电视传播在城乡居民生活中的存在感，为电视传播的市场开拓奠定基础。三是努力打造精品力作，为城乡传播优秀、高品质的精神文化。相对于互联网等新媒体平台的信息服务，电视媒体对内容可靠性、准确性的严格把关和对价值内涵、思想文化的追求，使得它在传播中保持了较高的公信力和权威性。城乡一体化传播应该秉承电视媒体的传统品质，为受众提供精品化、品牌化的节目，呼应受众高品质的精神文化追求，推动社会文化进步。

二 知识下乡：教化功能的乡村实现

"知识下乡"是我国长期以来的重要举措和行动。20世纪初，随着科举制的废除和新学制的推行，我国的教育重心开始转向城市，大量知识精英从乡村流入城市，乡村文化教育资源逐步匮乏。乡村不仅在经济上落后于城市，而且在文化教育方面与城市逐渐拉开差距。20世纪20年代，"知识下乡"在当时知识界的推动下开始兴起。知识分子在乡村兴办教育、改良风俗，运用现代知识指导乡村生产及合作经营，力图从文化教育入手救济和改造乡村。民国时期的"知识下乡"运动虽然未能从根本上改变中国乡村的命运，但强化了社会对乡村的关注，加强了城市知识精英与乡村社会的联系。20世纪80年代初，团中央号召全国大学生利用暑期开展文化、科技、卫生"三下乡"社会实践活动。1997年，"三下乡"活动得到中宣部、文化部等十部委的高度重视，在全国正式全面开展。"三下乡"活动推动了城市知识分子与乡村、村民的互动和联系，推进了文化、科技、卫生知识向乡村的流动，帮助村民解决了很多生产生活中的实际困难，在一定程度上满足了村民的精神文化需求，在引导村民更新观念、提高致富能力、加强自身建设等方面起到了重要作用。

知识传承与文化教育是电视传播的基本社会功能之一。在传播功能研究中，哈罗德·拉斯韦尔（Harold Lasswell）将媒体的知识传播和教育功能称为"社会遗产传承功能"，认为媒体具有将人类社会文化、知识记录保存和传递给后代的功能；C. R. 赖特（C. R. Wright）认为大众传播环境与家庭、学校一样对人的社会化过程产生着重要影响，大众传播具有知识传播、引导价值和规范行为的作用，赖特指出了大众传播媒体所具有的知识传递和文化教化功能，并将这一功能称为"社会化功能"。威尔伯·施

第五章 建构反思：城乡中国电视传播发展的乡村面向

拉姆（Wilbur Schramm）将"社会遗产、法律和习俗的传递"功能归入"政治功能"之中。在我国电视事业发展初期，电视教育就成为电视传播的重要内容，在城乡范围内的知识普及和文化教育中发挥了重要作用。但是乡村社会长期以来经济发展缓慢，村民文化素质普遍偏低，获取信息和知识的能力较弱，媒介传播长期处于城乡不平衡状态，导致城乡居民之间存在着较大的知识鸿沟。随着我国全面迈入信息化社会，数字化和网络化信息传播和交往成为人们基本的社会生活方式。信息蓄积少、信息处理能力差、传播能力弱的乡村村民与城市居民之间又形成了新的"信息沟"和"数字鸿沟"。在乡村文化教育资源有限的现实环境下，电视传播积极创新知识传播形式、搭建多样化的媒体平台、构建多种模式的知识服务，为乡村有效输送了知识营养和文化资源，针对不同文化层次、不同文化需求的村民提供了有效的知识服务和教育服务；并且帮助村民在提高知识和文化水平、掌握和运用数字网络技术的基础上，充分利用网络信息资源应用于生产生活，积极参与信息时代的政治生活、文化生活、民主决策和社会管理。

电视传播的"知识下乡"还应着眼于培育文明乡风，改善乡村民风和精神面貌，推动乡村和谐、文明、进步，实现大众传播媒介的"社会化"功能。格伯纳（Georye Gerbner）等人认为，大众传播提示的象征性现实在人们认识和理解世界的过程中发挥着重要作用。观众在与大众媒体长期的接触中，必然潜移默化受到媒体传播中表现出来的整体价值倾向和意识形态的影响。符号聚合理论认为，媒体传播的关于现实生活的故事反映了一定的主题，受众在与媒体的符号互动中形成关于现实的想象，并受到故事主题的引导，达成对主题的想象和认同。想象性主题在媒体反复传播中被强化并形成人们共享的修辞性视野，它使人们聚合在一起并对主题和现实逐渐达成共识、形成认同。近年来，由于乡村产业结构、经济结构变迁，中青年劳动力对外输出，乡村空巢家庭增多，留守老人的卫生医疗问题、留守儿童的成长教育问题凸显出来；部分留守村民由于不用再从事繁重的农业劳动和体力劳动，无所事事之下沉迷于打牌赌博。同时，家人分离导致个人情感生活缺失，违背道德伦理的情感问题、作风问题频现，成为引发乡村治安不稳定的因素之一。针对乡村出现的诸多陋习和不文明现象,电视传播的"知识下乡"还应积极发挥媒体的教化功能,在媒体传播中积极创新方式服务于乡村文化建设,通过多种共享的想象性主题对村民进行思想道德、文化素质、审美情趣、健康娱乐方式等的引导,建设乡村精神文明。如通过新型媒介技术沟通多种行业服务,搭建多样化的服务平台,为留守老人及儿童提供医疗卫生服务、生活安全信息服务、心理咨询服务等;针对留守儿童学习无人辅导的问题提供多种形式的教育扶助,针对他们成长过程中缺少关爱的情况适当提供情感抚慰和心理帮助等;针对乡村留守的其他村民,搭建多种平台举办各种有益的文化活动吸引他们参与,或挖掘和展示乡村的传统文化,或比拼手艺绝活,或进行新知识、新文化的学习和竞赛等。通过电视传播的"知识下乡"丰富乡村文化生活,营造浓厚的文化氛围,激发乡村文化的发展活力,提升村民的文化参与热情。同时,将社会主义核心价值观、中华民族优秀传统文化和道德品质通过电视传播形象化、故事化、娱乐化的话语方式寓教于乐,逐渐内化为人们的思想共识和行为准则,实现乡村文化的繁荣与进步、乡风的文明与和谐。

三 文化互哺:电视传播的间性视野

传播技术的发展和社会传播的门槛降低,使当今时代城乡文化之间的交流对话日益频繁和深刻。但由于长期以来的二元壁垒和空间区隔,城乡文化在对话交流中还是存在较多的冲突和不理解、不适应。在城乡文化一体化发展目标下,正确处理两种文化之间的关系尤为重要,尤其是作为城乡文化接合和传播的电视传播,在城乡之间准确定位媒体的自我身份,摆正城乡文化二者之间的关系,推动城乡文化之间的交流对话、沟通理解、互动融合,促进城乡文化和谐发展,是需要电视媒体在传播实践中认真探索的问题。

城乡文化的间性关系。"间性"理论是哲学界在对主体和主体性问题的研究中提出的。哈贝马斯等哲学家在反思强调主体性的自我中心主义的基础上,提出"主体间性"的观念,认为在涉他性行为中,主体与"他者"是共在的主体,而不是以其中任何一个主体为中心的交往关系;二者处于相互承认、相互尊重的平等对话关系中。"'文化间性'是哈贝马斯从国际关系视角对'主体间性'应用于文化层面的研究成果"[1]，强调在异质文化交往和关系处理中建立话语平等和民主的交往理性，倡导差异性的不同文化类型在交往互动中相互包容、在协商之中实现意义的共通。哈贝马斯的间性理论与我国孔子"和而不同"的哲学思想有相通之处，"君子和而不同"[2]表达了有德行的人在处理不同观点和意见时保持包容、尊重的态度，因此可以与人和谐融洽，但同时又对自己保有信心并坚持独立思考，不盲目附和、人云亦云。中国"和"文化和哲学已经成为构建人类命运共同体的基本理念。

我国城乡文化同处中华民族文化共同体之中，在价值观、道德观以及理想信念方面是一致的、同质的。但由于不同经济结构、经济条件、自然环境等的影响，城乡文化在内涵、形式、风格等方面表现出较大的差异，在文化传播与传承的能力方面存在差距。城镇文化立足于现代工业和现代文明，同时深受全球化影响，表现为高度聚集、多元异质、开放包容、具有辐射性的多层次、综合性文化。乡村文化以传统农业为基础，贴近自然生态和中华传统文化，是最能体现我国传统文化和民族文化多样性、个性的文化。城乡文化构成了我国不同的文化景观，城市文化凸显我国文化的时代性，乡村文化突出我国历史文化的内涵与传承。在城乡文化一体化发展视野下，应当将二者置于平等的位置来充分认识城乡文化的本质特征和根本区别，尊重两种不同文化的内涵和形式，不能因为城市文化的现代性病症急于否定城市文化，也不因乡村文化与时代发展存在差距而忽略了乡村文化的优势和重要性。要深刻认识城乡文化差距不是因为谁更先进谁更落后，而是因为二者发展的不平衡，即主要是乡村文化设施、文化活动、文化服务的缺乏和不足。发展中应当将城乡文化作为两种不同类型的文化辩证统一于民族文化共同体之中，既充分发挥二者各自在文化上的特点和优势，又使它们和谐互动、相互补充和促进。

电视传播服务乡村文化发展的间性视野。在间性视野下，乡村文化是

---

[1] 戴蔚：《纪录片〈中华的故事〉的间性分析及反思》，《西南交通大学学报》（社会科学版）2018年第4期。
[2] 程昌明译注《论语》，山西古籍出版社，2001，第146页。

具有主体独立性的文化，在对"他者"主体——城市文化的参照中对自身存在的意义和价值得到认知，这种间性视角既可以避免乡村文化在面对城市文化时的自卑心理，有利于乡村的文化自觉以及文化自信的树立；也可以避免媒体在服务和建设乡村文化时以城市文化为中心，试图用城市文化改造或占领乡村文化，媒体需要在尊重乡村文化传统基础上进行更有利于乡村文化发展的传播，促进城乡文化相互了解、融通并达成共识。对城乡文化的这种间性关系认知在现实生活中广泛存在，城市知识精英所倡导的保护传统村落与乡村传统文化就是出于对乡村文化的主体性认知而形成的观点。在城市遭遇环境生态恶化、食品不安全、资源匮乏等一系列现代问题的同时，人们也在多元思潮和文化的围困中陷入了精神家园的迷失，在迷茫和困惑中，对看似落后的乡村生活、乡村文化重新反思，认识到了乡土、乡音、乡情的弥足珍贵，在城市居民对乡村、乡村文化的尊重、怀想和向往中，乡村文化的主体性地位在现实中得到了确立。在间性视野下的电视传播实践中，要平等对待并充分尊重乡村文化，一方面要有服务乡村文化生活的意识，建设乡村公共文化服务体系，为乡村公共文化服务提供产品等各项支持。另一方面要树立弘扬乡村优秀文化的思想，帮助乡村传统文化不断发展和繁荣。一是帮助乡村实现文化自觉。通过电视传播或相关业务开拓创新，帮助村民充分认识乡村文化的内涵、特色及历史传承，充分认识乡村文化对于现代社会和民族文化共同体的价值和意义；帮助村民确立正确的文化发展思路，通过对乡村优秀传统文化的传播帮助他们树立文化自信。二是要帮助乡村树立文化自信。创新传播方式和手段弘扬乡村优秀文化，为乡村文化主体提供展示平台，推进乡村优秀文化的挖掘和传承，通过业务的开发使乡村传统文化技艺获得生存和发展的条件；充分挖掘乡村文化的历史价值、文化价值、社会价值和市场价值，为我国乡村优秀文化走向全国乃至全世界沟通渠道、搭建平台。三是推进城乡的文化互哺。在城市文化中引入乡村传统文化元素，丰富城市文化内涵，满足城市受众精神文化寻根需求；在乡村文化中通过融入城市文化资源，帮助村民开阔视野、提升文化素养和审美趣味。在传播中充分发挥媒体的社会影响力和资源融合能力，积极建设有助于城乡文化互哺的平台和机制，促进城乡文化交流认同、互动融合。

参考文献

〔法〕爱弥尔·涂尔干:《道德教育》,陈光金等译,上海人民出版社,2001。

〔法〕爱弥尔·涂尔干:《宗教生活的基本形式》,渠敬东、汲喆译,商务印书馆,2016。

〔苏〕巴赫金:《巴赫金全集》,钱中文译,河北教育出版社,1998。

〔法〕保罗·维利里奥:《视觉机器》,张新木、魏舒译,南京大学出版社,2014。

〔英〕齐格蒙特·鲍曼:《后现代伦理学》,张成岗译,江苏人民出版社,2003。

包亚明主编《现代性与空间的生产》,上海教育出版社,2003。

〔苏〕B. 几安德鲁先科:《精神文化与人》,罗长海、陈爱容译,华东师范大学出版社,1989。

白春仁:《巴赫金——求索对话思维》,《文学评论》1998年第5期。

邴正:《重建精神家园的呼唤——跨世纪的哲学使命》,《社会科学战线》1995年第2期。

蔡敏:《当前中国电视文化审视》,《当代传播》2007年第2期。

陈光兴、杨明敏编《Cultural Studies:内爆麦当奴》,台北:岛屿边缘杂志社,1992。

陈海萍:《论福柯的身份归属及意义》,《河海大学学报》(哲学社会科学版)2010年第3期。

陈华文：《文化学概论新编》，首都经济贸易大学出版社，2009。

陈嘉映：《语言哲学》，北京大学出版社，2003。

陈立新、包晓明：《价值理性迷误与文化重建》，《福建论坛》（文史哲版）2000年第4期。

陈胜云：《论伯明翰学派文化研究的范式转换》，《广西社会科学》2006年第10期。

陈燕霞：《刍议个体性精神家园之四维度》，《前沿》2013年第5期。

戴元光、尤游：《媒介角色研究的社会学分析》，《上海大学学报》（社会科学版）2007年第6期。

董慧：《国外精神家园研究概述及启示》，《理论月刊》2008年第6期。

〔英〕菲斯克：《解读大众文化》，杨全强译，南京大学出版社，2001。

费孝通：《乡土中国》，江苏文艺出版社，2011。

费孝通：《我为什么主张"文化自觉"》，《冶金政工研究》2003年第6期。

冯炜：《哈贝马斯交往行为理论对传播学的影响》，《山东大学学报》（哲学社会科学版）2002年第6期。

高海涛：《从文化乡愁到价值重估》，《沈阳工程学院学报》（社会科学版）2011年第4期。

高永久、陈纪：《论中华民族共有精神家园的内涵与价值核心》，《科学社会主义》2008年第2期。

高鑫、贾秀清：《电视文化身份的多维度审视》，《现代传播－北京广播学院学报》2000年第4期。

龚长宇：《国外道德社会学研究述要》，《世界哲学》2011年第3期。

苟翠屏：《卢作孚、晏阳初乡村建设思想之比较》，《西南师范大学学报》（人文社会科学版）2005年第5期。

郭齐勇：《文化学概论》，湖北人民出版社，1990。

〔美〕赫伯特·马尔库塞：《单向度的人——发达工业社会意识形态研究》，刘继译，上海译文出版社，1989。

郝宏桂：《晏阳初"乡村建设"理论与实践的历史启示》，《民国档案》2006年第4期。

郝亚明：《中华民族认同：中华民族共有精神家园的建设目标》，《广西民族研究》2011 年第 1 期。

郝亚明：《论中华民族共有精神家园的功能定位》，《北方民族大学学报》（哲学社会科学版）2011 年第 2 期。

韩振峰：《中华民族共有精神家园及其构建途径》，《中州学刊》2009 年第 4 期。

洪晓楠：《20 世纪西方文化哲学的演变》，《求是学刊》1998 年第 5 期。

黄育馥：《20 世纪兴起的跨学科研究领域——文化生态学》，《国外社会科学》1999 年第 6 期。

纪丽萍：《变迁视阈中的现代性与中国乡村文化》，《理论月刊》2013 第 5 期。

康志杰：《基督教的礼仪节日》，宗教文化出版社，2000。

李健：《"视觉"及其生产：重读本雅明的艺术生产理论》，《天津社会科学》2013 年第 2 期。

李婧：《浅谈电视民生新闻对文化共同体的构建》，《中国广播电视学刊》2013 年第 10 期。

李开：《表征·意指·接合——斯图亚特·霍尔的意识形态批判初探》，《新闻与传播研究》2017 年第 3 期。

李明伟：《媒介环境学派的理论分析框架》，《北京理工大学学报》（社会科学版）2008 年第 3 期。

李宁主编《社会学概论》，安徽人民出版社，2007。

李路彬、赵万里：《在结构中寻找自由——雷蒙·阿隆的社会学思想评析》，《山西大学学报》（哲学社会科学版）2011 年第 3 期。

李霞：《文化哲学研究的回顾与反思》，《西安交通大学学报》（社会科学版）2008 年第 2 期。

刘敏中：《文化学学·文化学及文化观念》，黑龙江人民出版社，2000。

刘士林：《文化哲学研究三题议》，《山东社会科学》1992 年第 6 期。

路俊卫：《电视文本的意义建构与传输——约翰·费斯克电视文化理论解读》，《东南传播》2010 年第 4 期。

鲁品越：《文明建构模式与中西差异的根源》，《南京大学学报》（哲学．人文科学．社会科学版）1997年第1期。

〔美〕罗德尼·本森、韩纲：《比较语境中的场域理论：媒介研究的新范式》，《新闻与传播研究》2003年第1期。

马永强：《重建乡村公共文化空间的意义与实现途径》，《甘肃社会科学》2011年第3期。

孟建、董军：《新媒体环境下我国电视新闻的嬗变与发展》，《国际新闻界》2013年第2期。

〔法〕米歇尔·福柯：《福柯读本》，汪民安编/译，北京大学出版社，2010。

〔法〕米歇尔·福柯：《词与物》，莫伟民译，上海三联书店，2001。

〔美〕尼尔·波兹曼：《娱乐至死》，章艳译，广西师范大学出版社，2004。

欧阳宏生：《电视文化学》，四川大学出版社，2006。

欧阳宏生：《认知与认同：中国电视的文化身份》，《国际新闻界》2007年第6期。

〔美〕帕森斯：《现代社会的结构与过程》，梁向阳译，光明日报出版社，1988。

〔法〕皮埃尔·布迪厄、〔美〕华康德：《实践与反思——反思社会学导论》，李猛、李康译，邓正来校，中央编译出版社，1998。

祁林：《视觉文化视野中的话语分析》，《南京社会科学》2013年第5期。

〔苏〕巴赫金：《巴赫金全集》（第5卷），钱中文译，河北教育出版社，2009。

〔苏〕巴赫金：《文本 对话与人文》，河北教育出版社，1998。

〔美〕R. 沃林、李瑞华：《艺术与机械复制：阿多尔诺和本雅明的论争》，《国外社会科学》1998年第2期。

〔美〕斯蒂文·小约翰：《传播理论》，陈德民等译，中国社会科学出版社，1999。

〔美〕斯蒂芬·李特约翰、〔美〕凯伦·福斯：《人类传播理论》，史安斌译，清华大学出版社，2009。

〔美〕斯坦利·巴兰、〔美〕丹尼斯·戴维斯：《大众传播理论：基础、争鸣与未来》，曹书乐译，清华大学出版社，2004。

申端锋：《民俗的式微与乡村文化的重建》，《调研世界》2007年第8期。

隋岩：《当代中国文化形态的划分和嬗变——对三种文化形态的哲学思考》，《北京大学学报》（哲学社会科学版）2002年第4期。

孙庆忠：《离土中国与乡村文化的处境》，《江海学刊》2009年第4期。

孙秋云：《中国电视文化研究三十年浅论——基于社会学视野下的分析与解读》，《中南民族大学学报》（人文社会科学版）2011年第3期。

孙小礼、张祖贵：《超越时代：哲人科学家——莱布尼茨》，福建教育出版社，1997。

孙周兴选编《海德格尔选集（下）》，上海三联书店，1996。

〔日〕藤竹晓：《现代大众传播理论》，东京：日本放送出版社，1968。

〔美〕W.J.T.米歇尔：《图像学》，陈永国译，北京大学出版社，2012。

谭同学：《村庄秩序、文化重建与现代化类型》，《东岳论丛》2006年第2期。

田中阳：《话语理论及其对新闻传播研究的价值意义》，《新闻界》2006年第3期。

万光侠、夏锋：《人的文化存在与精神家园价值探析》，《山东社会科学》2013年第10期。

王冬冬、张亚婷：《媒介融合环境下的电视新闻语态共生状态分析》，《现代传播（中国传媒大学学报）》2013年第6期。

汪和建：《现代经济社会学》，南京大学出版社，2002。

王立洲：《当代中国人的生存意义危机及其重建》，《前沿》2009年第9期。

王明轩：《即将消亡的电视网络化与互动视频时代的到来》，中国传媒大学出版社，2009。

王素、李明泉、胡卫东：《精神家园的价值建构与实践路径》，《中华文化论坛》2010年第3期。

王小红:《农村转移人员文化资本的生成与提高——布迪厄文化资本再生产理论透视》,《外国教育研究》2006年第7期。

王向清、崔治忠:《统觉:冯契认识论的重要范畴》,《湖南师范大学社会科学学报》2005年第5期。

王燕京:《中华民族共有精神家园:理论蕴涵与建设路径》,《江西社会科学》2009年第3期。

萧俊明:《新葛兰西派的理论贡献:接合理论》,《国外社会科学》2002年第2期。

肖力、邢洪儒:《中华民族共有精神家园建设的理论意蕴与实践要求》,《河北学刊》2008年第3期。

谢纳:《实践哲学视域中的当代"空间转向"》,《长白学刊》2011年第4期。

徐放鸣:《国家形象研究视域中的"形象诗学"》,《江海学刊》2013年第4期。

徐沛:《国内视觉文化研究的范式及其特征》,《内蒙古社会科学》(汉文版)2006年第1期。

许明、胡俊:《走出现代性困境的文化重建》,《学术月刊》2009年第12期。

荀明俐:《文化模式理论的解释力研究——读本尼迪克特的〈文化模式〉》,《学术交流》2008年第9期。

严春友、朱红文:《简论当代中国人精神家园的重建》,《北京师范大学学报》(社会科学版)2010年第3期。

严明:《话语共同体理论建构》,复旦大学出版社,2013。

颜敏:《人文学术为何疏离又怎样进入大众社会》,《江西社会科学》2007年第4期。

严轶伦:《语篇的认知建构及其知识蕴含》,《南京理工大学学报》(社会科学版)2008年第2期。

晏阳初:《平民教育与乡村建设运动》,商务印书馆,2014。

杨东篱:《伯明翰学派文化研究的中国误读》,《山东社会科学》2009

年第 9 期。

杨玲丽：《共生理论在社会科学领域的应用》，《社会科学论坛》2010年第 16 期。

杨明辉：《消费主义与重建精神家园》，《南京工业大学学报》（社会科学版）2011 年第 1 期。

杨振之、陈谨：《"形象遮蔽"与"形象叠加"的理论与实证研究》，《旅游学刊》2003 年第 3 期。

叶家铮：《电视传播的艺术》，北京广播学院出版社，1988。

尹德翔：《关于形象学实践的几个问题》，文艺评论，2005。

尹世尤、沈其新：《共有精神家园：增强中华民族凝聚力的有效途径》，《求索》2009 年第 4 期。

〔英〕约翰·B. 汤普森：《意识形态与现代文化》，高铦等译，译林出版社，2005。

〔美〕约翰·费斯克等编撰《关键概念：传播与文化研究辞典》（第二版），李彬译注，新华出版社，2004。

〔美〕约翰·菲斯克：《电视文化》，商务印书馆，2005。

赵霞：《传统乡村文化的秩序危机与价值重建》，《中国农村观察》2011 年第 3 期。

赵毅衡：《符号学》，南京大学出版社，2012。

〔美〕詹姆斯·W. 凯瑞：《作为文化的传播："媒介与社会"论文集》，丁未译，华夏出版社，2005。

种海峰：《社会转型视域中的文化乡愁主题》，《武汉理工大学学报》（社会科学版）2008 年第 4 期。

张传武：《论社会学的研究对象与逻辑起点》，《理论学刊》1991 年第 5 期。

张岱年：《文化与价值》，新华出版社，2004。

张惠芬主编《中国古代教化史》，山西教育出版社，2009。

张梅、李厚羿：《空间、知识与权力：福柯社会批判的空间转向》，《马克思主义与现实》2013 年第 3 期。

张学广：《维特根斯坦与理解问题》，陕西人民出版社，2003。

张允熠：《中国文化哲学构建的三大话语平台》，《学术界》2008年第4期。

周军：《当代中国乡村文化变迁的因素分析及路径选择》，《中央民族大学学报》（哲学社会科学版）2011年第2期。

周宁：《跨文化形象学：当下中国文化自觉的三组问题》，《厦门大学学报》（哲学社会科学版）2008年第6期。

周宪：《视觉文化读本》，南京大学出版社，2013。

周孝正：《构建老百姓的精神家园》，《学习月刊》2006年第9期。

朱伟珏：《社会学方法新规则——试论布迪厄对涂尔干社会学方法论的继承与超越》，《浙江社会科学》2006年第5期。

朱贻庭：《"社会共生"与"社会和谐"——评胡守钧教授新著〈社会共生论〉》，《探索与争鸣》2006年第11期。

附　件

附件1　"电视传播、乡村发展与城乡居民信息需求"调查问卷

请将您的答案选项用"√"填在方框内。感谢您的作答！

一、您的年龄

□18岁以下　□19~29岁　□30~39岁　□40~49岁　□50~59岁

二、您的性别

□男　□女

三、您的受教育程度

□小学　□初中　□高中　□大专　□本科　□硕士　□博士

四、您的户口在

□城镇　□乡村（选择"乡村"的，请直接跳到第七题作答）

五、您希望通过媒体了解乡村的哪些信息？（多选题）

□产业发展信息　　　□产品销售信息　　　　　□乡村传统文化

□乡村旅游的相关信息　□需要帮扶的贫困人口信息

□乡村现实生活状况

六、如果有条件，您愿意去乡村长期生活吗？

□愿意　□不愿意　□有点犹豫

（本题答完后直接跳到第十一题作答）

七、您认为，村民需要电视媒体提供的服务有哪些？（多选题）

□产业发展、农村致富指导　　□日常生活资讯服务　　□知识及教育服务

　　　□医疗卫生服务　　□法律服务　　□文化娱乐服务　　□电视购物

八、村民表达看法、意见、建议一般通过哪些方式？（多选题）

　　　□给相关人员当面说　　□背后议论　　□发微博或朋友圈　　□在电视节目中说

　　　□在相关媒体信息后面评论　　□对采访记者说　　□打电话或发短信

九、您认为，乡村村民的意见和看法可以通过哪些电视节目得到表达？（多选题）

　　　□新闻节目　　□服务节目　　□娱乐综艺　　□法制节目　　□科教节目

　　　□体育节目　　□电视剧　　□纪录片　　□都不可能

十、您愿意留在乡村继续长期生活吗？

　　　□愿意　　□不愿意　　□有点犹豫

十一、您经常使用的媒体类型（多选题）

　　　□广播　　□电视　　□电脑　　□手机　　□iPad

十二、您经常收看的电视节目类型（多选题）

　　　□新闻节目　　□娱乐节目　　□服务节目　　□科教节目　　□法制节目

　　　□电视剧　　□电影　　□纪录片

十三、您在哪些电视节目中可以看到关于乡村的内容？（多选题）

　　　□新闻节目　　□娱乐节目　　□服务节目　　□科教节目　　□法制节目

　　　□电视剧　　□电影　　□纪录片　　□其他

十四、您喜欢看的电视节目是（多选题）

　　　□反映城市生活的　　□反映乡村生活的

　　　□历史题材的　　□家庭情感戏　　□其他

十五、您希望在电视节目或其他媒体视频中看到乡村题材的内容吗？

　　　□希望　　□不希望　　□无所谓

十六、您认为电视节目应该多关注乡村的哪些方面？（多选题）

　　　□经济建设　　□社会管理　　□传统文化　　□环境生态

　　　□旅游资源　　□村民生活状况　　□贫困人口

十七、通过观看电视节目，您对乡村的印象是（多选题）

□生活美好　□风景很美　□开心快乐　□绿色生态　□文明和谐

□干净整洁　□民风淳朴　□贫穷落后　□闭塞保守　□文化水平低

□生活条件差　□落后于城市

十八、电视传播的乡村形象与您实际感受的乡村相比较，是否存在差距？

□基本一致　□有较大差距　□完全不同　□不知道

十九、对于乡村题材电视节目的数量，您的看法是

□最好多一些　□占50%　□差不多就行　□最好少一点　□无所谓

二十、您是否关注乡村发展？

□关注　□不关注

二十一、您喜欢乡村吗？

□热爱　□喜欢　□一般　□不喜欢

二十二、您认为乡村最宝贵的资源是什么？（多选题）

□原生态自然环境　□乡村文化　□历史古迹　□传统农业

二十三、您认为，理想的乡村应该是什么样的？（多选题）

□原生态的传统乡村　　□生态绿色的现代农庄　□村民文化素质高

□经济富裕、物资丰富　□文化繁荣　□保留原生态的习俗和文化

□民风淳朴、人情味浓　□乡村有收入丰厚的产业

二十四、您认为，乡村文化发展与城市文化是否应该融合？

□与城市文化接轨　□适当融入城市文化　□必须坚持乡村传统文化

附表1　各省份电视台的乡村服务类节目

序号	省别	卫视/频道	节目名称
1	北京	北京卫视	《美丽乡村 筑梦有我 大型新闻公益行动》
2	北京	BTV-新闻	《美丽乡村》
3	天津	科教频道	《拾遗保护》
4	天津	公共频道	《赶大集》
5	黑龙江	公共·农业频道	《消费30分》
6	黑龙江	公共·农业频道	《帮忙》
7	黑龙江	公共·农业频道	《说和》
8	吉林	乡村频道	《二人转总动员》
9	吉林	乡村频道	《乡村四季12316》
10	吉林	乡村频道	《农村俱乐部》
11	吉林	乡村频道	《益路有你》
12	吉林	乡村频道	《家长里短》
13	吉林	乡村频道	《乡村气象站》
14	辽宁	北方频道	《欢乐新农家》
15	辽宁	北方频道	《直通市县区》
16	内蒙古	农牧频道	《牧博士》
17	内蒙古	农牧频道	《文化大院》
18	内蒙古	农牧频道	《旗县天气预报》
19	内蒙古	农牧频道	《小满广播站》
20	新疆	XJTV-11	《致富田园》
21	新疆	XJTV-12	《百姓故事》
22	新疆	XJTV-10	《品马天山》
23	新疆	维语经济生活频道	《经济-致富篇》
24	甘肃	甘肃卫视	《扶贫第一线》
25	甘肃	公共频道	《话农点经》
26	甘肃	公共频道	《百姓有话说》
27	甘肃	经济频道	《走进三农》

续表

序号	省别	卫视/频道	节目名称
28	宁夏	宁夏卫视	《创富宁夏》
29	陕西	陕西卫视	《脱贫路上》
30	陕西	农林卫视	《醉美乡村》
31	陕西	农林卫视	《天天农高会》
32	陕西	农林卫视	《致富故事会》
33	陕西	农林卫视	《中国农资秀》
34	陕西	农林卫视	《农村大市场》
35	陕西	农林卫视	《科技大篷车》
36	陕西	农林卫视	《林业生态脱贫大讲堂》
37	河北	农民频道	《三农最前线》
38	河北	农民频道	《农博士在行动》
39	河北	农民频道	《村里这点事》
40	河北	农民频道	《致富情报站》
41	河北	农民频道	《绝对有戏》
42	河南	河南卫视	《脱贫大决战》
43	河南	新农村频道	《打工直通车》
44	河南	新农村频道	《这里是河南》
45	河南	新农村频道	《新农村服务社》
46	山东	农科频道	《当前农事》
47	山东	农科频道	《农资超市》
48	山东	农科频道	《乡村季风》
49	山东	农科频道	《品牌农资龙虎榜》
50	山东	农科频道	《中国原产递》
51	山东	农科频道	《一切为了群众》
52	山东	农科频道	《玩转农场》
53	山东	农科频道	《亲土种植》
54	山东	农科频道	《农科直播间》
55	山东	农科频道	《中国村花》
56	四川	四川卫视	《蜀你最美》

续表

序号	省别	卫视/频道	节目名称
57	四川	SCTV9	《乡约四川》
58	四川	SCTV9	《田园四川》
59	四川	SCTV9	《土地创富》
60	重庆	公共农村频道	《天天农事通》
61	重庆	公共农村频道	《周周致富经》
62	重庆	公共农村频道	《金色热线》
63	重庆	公共农村频道	《非遗中国·重庆瑰宝》
64	湖北	湖北卫视	《匠心守艺人》
65	湖北	湖北卫视	《垄上故事会》
66	湖北	垄上频道	《垄上欢乐送》
67	湖北	垄上频道	《垄上行》
68	江西	江西卫视	《非遗美食》
69	江西	公共·农业频道	《农博士大讲堂》
70	江西	公共·农业频道	《三农聚焦》
71	江西	公共·农业频道	《稻花香里》
72	浙江	公共·新闻频道	《翠花牵线》
73	浙江	公共·新闻频道	《农技110》
74	浙江	公共·新闻频道	《新山海经》
75	浙江	公共·新闻频道	《新农村纪实》
76	浙江	公共·新闻频道	《政策面对面》
77	浙江	公共·新闻频道	《美丽乡村浙江行》
78	浙江	公共·新闻频道	《流动大舞台》
79	浙江	公共·新闻频道	《新农村冲击波》
80	福建	公共频道	《福建农村新闻联播》
81	广东	广东卫视	《古色古香中国味》
82	海南	综合频道	《绿色农业进行时》
83	海南	综合频道	《脱贫致富电视夜校》

附表2 各省份电视台传统文化类节目

序号	省别	卫视/频道	节目名称
1	北京	北京卫视	《北京评书大会》
2	北京	北京卫视	《非凡匠心》
3	吉林	吉林卫视	《回家》
4	吉林	吉林卫视	《家事》
5	辽宁	辽宁卫视	《中国好人》
6	辽宁	生活频道	《诚信的力量》
7	内蒙古	蒙古语卫视频道	《索艺乐》
8	内蒙古	蒙古语卫视频道	《又说又唱》
9	内蒙古	蒙古语卫视频道	《弓族传奇》
10	内蒙古	蒙古语卫视频道	《蒙古历史》
11	内蒙古	蒙古语卫视频道	《喜鹊踏枝》
12	新疆	新疆卫视	《幸福味道》
13	新疆	新疆卫视	《国土绿化系列公益广告》
14	西藏	西藏卫视	《扎西秀》
15	青海	青海卫视	《天天公益》
16	甘肃	甘肃卫视	《大戏台》
17	甘肃	文化影视频道	《漫赏秦腔》
18	甘肃	文化影视频道	《腔调》
19	陕西	陕西卫视	《秦之声》
20	陕西	农林卫视	《秦之声大剧院》
21	河北	河北卫视	《中华好家风》
22	河北	河北卫视	《中华好妈妈》
23	河北	河北卫视	《中华好诗词》
24	河南	河南卫视	《梨园春》
25	山西	山西卫视	《歌从黄河来》
26	山西	山西卫视	《走进大戏台》
27	山西	山西卫视	《你贵姓》

续表

序号	省别	卫视/频道	节目名称
28	山西	公共频道	《百家戏苑》
29	山西	中国黄河电视台	《新唐风》
30	山西	中国黄河电视台	《在中国》
31	山东	公共频道	《守艺人中国梦》
32	云南	YNTV-2	《云岭工匠》
33	云南	公共频道	《云南好人》
34	湖南	湖南卫视	《中华文明之美》
35	湖南	湖南经视	《你是湖南人不咯》
36	安徽	安徽卫视	《相约花戏楼》
37	安徽	安徽卫视	《家风中华》
38	安徽	综艺频道	《我爱诗书画》
39	安徽	国际频道	《看安徽》
40	安徽	国际频道	《感知安徽》
41	安徽	移动频道	《茶里水街》
42	江西	影视·旅游频道	《江西方言大会》
43	江苏	江苏卫视等	《江南文脉》
44	江苏	城市频道	《德行天下》
45	江苏	教育频道	《寻味江苏》
46	江苏	国际频道	《看文化》
47	福建	海峡卫视	《丝路百工》
48	福建	海峡卫视	《客家人》
49	广东	新闻频道	走读广东

资料来源：本表为作者根据各电视台官网资料收集和整理而成。

附表3 CCTV播出的与乡村议题相关的节目

序号	直接相关 频道	直接相关 节目名称	间接相关 频道	间接相关 节目名称	隐性相关 频道	隐性相关 节目名称
1	CCTV-2	《县域经济报道》	CCTV-1	《人与自然》	CCTV-1	《人口》
2	CCTV-1 CCTV-4 CCTV-9	《记住乡愁》	CCTV-1	《中华民族》	CCTV-1	《中华医药》
3	CCTV-7	《致富经》	CCTV-1	《中国味道》	CCTV-1	《生活提示》
4	CCTV-7	《聚焦三农》	CCTV-3	《叮咯咙咚呛》	CCTV-1 CCTV-15	《风华国乐》
5	CCTV-7	《科技苑》	CCTV-4	《走遍中国》	CCTV-2	《生财有道》
6	CCTV-7	《绿色时空》	CCTV-9	《人文地理》	CCTV-2	《经济与法》
7	CCTV-7	《美丽中国乡村行》	CCTV-9	《中国故事》	CCTV-2	《消费主张》
8	CCTV-7	《每日农经》	CCTV-10	《味道》	CCTV-3	《文化正午》
9	CCTV-7	《农广天地》	CCTV-10	《地理·中国》	CCTV-3	《黄金100秒》
10	CCTV-7	《农业气象》	CCTV-11	《地方戏之窗》	CCTV-5	《中华龙舟大赛》
11	CCTV-7	《乡村法制剧场》	CCTV-11	《九州大戏台》	CCTV-9	《自然》
12	CCTV-7	《乡约》			CCTV-9	《万象》
13	CCTV-7	《乡村大世界》			CCTV-10	《中国诗词大会》
14	CCTV-7	《乡土》			CCTV-12	《道德观察》
15	CCTV-7	《阳光大道》			CCTV-12	《普法栏目剧》
16	CCTV-7	《健康乡村》			CCTV-12	《天网》
17	CCTV-7	《食尚大转盘》			CCTV-13	《法治在线》
18	CCTV-15	《民歌·中国》			CCTV-14	《文学宝库》
19					CCTV-15	《四季剧场》

资料来源：本表由作者根据央视网相关资料自行整理而成。

附表4　2015~2018年搜狐网与乡村精神家园相关的文章统计

年度	标　题	类型	来　源
2015	《张正才：为乡村农民打造快乐"精神家园"》	新闻	《扬州时报》
2015	《淄川经济开发区：搞活乡村文化 共筑精神家园》	新闻	鲁网淄博
2016	《供电小伙支教11年 为乡村打造"精神家园"》	新闻	南方新闻网
2016	《重建"洗脚上岸"后的精神家园》	新闻	《福建日报》
2016	《十四年坚守构筑乡村老人"精神家园"》	新闻	《合肥日报》
2016	《国防文化充实乡村精神家园》	新闻	中国台州网
2016	《构筑各民族共有的精神家园》	新闻	新华网新疆频道
2016	《江海锐评：探寻乡村记忆 守望精神家园》	新闻	南通网
2016	《沭阳村民齐心办村"文化大院"成了留守老人、儿童的"精神家园"》	新闻	速新闻
2016	《酒泉瓜州"乡村舞台"成为美丽乡村精神家园》	新闻	中国甘肃网
2016	《苍南县乡村学校少年宫为农村孩子打造精神家园》	新闻	文明温州
2016	《增强文化认同 共守精神家园》	新闻	合肥在线
2016	《文化使者钱金贤：扎根乡村守护精神家园 传递社会正能量》	新闻	中安在线（安徽新闻）
2016	《文化礼堂扎根乡土的精神家园》	新闻	温州文化礼堂
2017	《新疆：围绕总目标构建各民族共有精神家园》	新闻	新疆网
2017	《打造乡村文化地标 构筑农民精神家园》	新闻	人民网
2017	《文化礼堂如何打造成"精神家园"》	新闻	温州文化礼堂
2017	《人民网：平阳深化文化礼堂建设 乡村文化乐园更是百姓精神家园》	新闻	温州文化礼堂
2017	《昔日农村老祠堂 如今变身"精神家园"》	新闻	人民网
2017	《用活农村文化礼堂 打造群众精神家园》	新闻	温州文化礼堂
2017	《"培育礼堂文化，打造精神家园"——全县农村文化礼堂现场会在大墅镇召开》	新闻	竹乡大墅
2017	《秦皇岛市西向河寨村文化礼堂 用心打造村民的精神家园》	新闻	文明河北

续表

年度	标 题	类型	来 源
2017	《让文化礼堂真正成为群众的"精神家园"——2017年富阳区农村文化礼堂建设工作现场推进会纪实》	新闻	醉美常安
2017	《建设乐和乡村 共筑精神家园》	新闻	红网
2017	《仙居精心打造乡村"精神家园"!》	新闻	仙居传媒管家
2017	《承德宽城县:农村文化礼堂成为百姓精神家园》	新闻	承德好人网
2017	《文化礼堂与高校结对 共筑农村精神家园》	新闻	顺溪先锋
2017	《1194个!它们在金华的角角落落,托起所有金华乡人的精神家园》	新闻	金华发布
2017	《长治县永丰村:建成村史展览馆,留住乡愁记忆,打造村民的"精神家园"》	新闻	长治县新闻中心
2017	《提升农村文化设施 打造农民精神家园》	新闻	最长乐
2017	《有看头、有乐头、有学头、有尝头,这就是苍南人自己的精神家园!》	新闻	苍南网
2017	《〈改革惠民生〉系列报道:建农村文化礼堂 筑基层精神家园》	新闻	苍南广播电视台
2017	《精神家园 共筑共享:看农村文化礼堂长效机制建设》	新闻	温州文化礼堂
2017	《加强文化礼堂建设 打造农村精神家园》	新闻	畲乡司前
2017	《廿三里街道:大力推动村民精神家园建设,何宅村文化礼堂建成投入使用》	新闻	人文廿三里
2017	《全省农村文化礼堂大巡礼——走进柯城》	新闻	柯城发布
2017	《文化长廊村村有,精神家园阵地美》	新闻	山水黄湾平安尖山
2018	《建设文化礼堂 打造精神家园丨马屿江桥文化礼堂》	新闻	瑞安新闻
2018	《建设文化礼堂 打造精神家园丨湖岭镇前坑文化礼堂》	新闻	瑞安新闻
2018	《〈委员视点〉:村晚,乡村群众的精神家园》	新闻	丽水新闻
2018	《"文化殿堂、精神家园"——桥外村》	新闻	温岭大溪发布
2018	《网络媒体走转改丨【浮屠镇】打造农民精神家园助推乡村振兴战略》	新闻	阳新发布

续表

年度	标　题	类型	来　源
2018	《农民文化乐园构筑"村里人"精神家园》	新闻	《合肥日报》
2018	《乡村工作手记｜让思贤广场成为八都的精神家园》	新闻	《丽水日报》
2018	《农村文化礼堂着力构筑百姓精神家园》	新闻	嘉兴在线网络传媒有限公司
2018	《于鹏飞李明在黄斗景村调研乡村文化礼堂建设时要求：发挥集聚作用 打造精神家园》	新闻	临猗网信办
2018	《268个！它们在张家港的角角落落，托起所有港城乡人的精神家园》	新闻	金港热线52KD
2018	《看小乡村的"精神领袖"如何活络在文化礼堂这座"精神家园"》	新闻	富阳新闻网
2018	《振兴九寨乡村文化、共筑美好精神家园——九寨沟县乡村文化振兴暨精神家园重建现场会举行》	新闻	九寨沟官方发布
2018	《打造群众精神家园》	新闻	《西藏日报》
2018	《"乡村精神家园"怎么建？袁家溪乡这么干》	新闻	今日马边
2018	《坚持"建管用育"发展 打造群众精神家园》	新闻	绍兴网
2018	《陕西咸阳：助力乡村振兴 构建精神家园》	新闻	文明咸阳
2018	《"农民藏书家"刘炳继：守护农村精神家园》	新闻	上栗发布
2018	《乡村里的精神家园——陕西三河村村民活动中心》	新闻	谷德设计网
2018	《打造村民精神家园 灵溪镇开启农村文化礼堂验收模式》	新闻	灵溪发布
2018	《打造村民的"精神家园"，临安这么做……》	新闻	临安发布
2018	《献礼改革开放40周年：128张照片讲述"精神家园"6年故事》	新闻	青田广播电视台
2018	《文化礼堂换新颜，成为天台人精神家园》	新闻	品质赤城
2018	《文化礼堂，农民自己的"精神家园"》	新闻	温州文化礼堂
2018	《孔子学堂 助力乡村振兴的精神家园》	新闻	中国孔子网
2018	《美丽乡村示范县创建｜文化礼堂，精神家园，画好美丽乡村同心圆！》	新闻	好龙泉

资料来源：本表由作者根据搜狐网相关资料整理而成。

附表5 2015~2018年光明网与乡村精神家园相关的文章统计

年度	标题	类型	来源
2015	《将悠悠乡愁融入核心价值观的践行》	理论	光明网
2015	《村落共同体》	理论	《光明日报》
2015	《留住美丽乡村的历史文脉》	新闻	《光明日报》
2015	《让文化乐园成为农民的精神家园》	理论	《光明日报》
2016	《当代新"乡愁观"的三个维度》	理论	《光明日报》
2016	《巴中:"巴山新居+"引擎精准脱贫》	新闻	《光明日报》
2016	《供电小伙支教11年 为乡村打造"精神家园"》	新闻	《光明日报》
2016	《守望中国人的精神家园》	评论	《光明日报》
2016	《留住乡愁 让农村变得更美》	理论	《光明日报》
2016	《传统村落需要更多守护者》	评论	《光明日报》
2016	《既是美丽田园,也是精神家园》	新闻	光明网重庆频道
2016	《山东省邹平县西王社区:依托村史馆建起精神家园》	新闻	《光明日报》
2016	《滕州:都市现代农业靓点纷呈》	新闻	《枣庄日报》
2016	《李翠利:微光书苑守望者》	新闻	中国国家图书馆
2017	《实施乡村振兴战略 加快推进农业农村现代化》	理论	新华日报
2016	《保护传统村落的"活态文化"》	评论	《光明日报》
2016	《以修志编谱传承历史文脉优良家风》	理论	《光明日报》
2017	《立春第一祭 民俗系乡愁》	新闻	《光明日报》
2017	《天下之本在家》	理论	《光明日报》
2017	《山村春来早——浙江诸暨建辉村"美丽乡村"建设纪实》	新闻	《光明日报》
2017	《移风易俗入民心 文明新风进乡村》	调研文章	《光明日报》
2017	《移风易俗:再使风俗淳 文明新乡村》	评论	《光明日报》
2017	《泰宁:古村落"活"出新精彩》	新闻	《福建日报》

续表

年度	标 题	类型	来 源
2017	《乡村治理：从身有所栖到心有所寄》	新闻	《光明日报》
2017	《传承创新，守护民族民间文化》	理论	《光明日报》
2017	《寻根即得故土——青岛即墨市全面推进"乡村记忆"工程》	新闻	《光明日报》
2017	《浙江文化礼堂建设走笔：此心安处是吾乡》	新闻	《光明日报》
2017	《让乡魂不丢"魂"乡愁不剩"愁"》	评论	《光明日报》
2017	《非遗教育，做鲜活的文化传承》	理论	《光明日报》
2017	《守护乡土，守望乡愁》	调研文章	《光明日报》
2017	《守护乡土，守望乡愁——"徽文化"创造性转化、创新性发展调研》	调研文章	《光明日报》
2017	《"万年浦江·千年月泉"全球华语诗歌大赛系列活动完美收官》	新闻	《光明日报》
2017	《李春林：如何在美丽乡村建设中传承乡土文化，促进乡村振兴》	新闻	《光明日报》
2017	《传承文化记忆 推动乡村振兴》	新闻	《光明日报》
2017	《乡村振兴，要抓好"五个着力"》	理论	《光明日报》
2017	《历史合目的性与乡土文学实践难题——谈乡土文学叙事的局限与合理性》	评论	《光明日报》
2018	《寻找散落乡村的"非遗"印记》	评论	《光明日报》
2018	《新时代做好"三农"工作的新旗帜和总抓手》	理论	《求是》
2018	《浙江文化礼堂有大数据了 六年总建筑面积相当于一个西湖》	新闻	浙江在线客户端
2018	《以新作为培育新乡风》	理论	《光明日报》
2018	《乡村振兴，文化力量不可缺位》	评论	《光明日报》
2018	《协同共治：创新乡村治理体系的路径选择》	理论	《光明日报》
2018	《农村需要阅读推广人》	新闻	《光明日报》
2018	《农村文化礼堂：浙江乡村文化精神新地标》	调研文章	《光明日报》
2018	《乡村振兴的文化之维》	理论	《光明日报》
2018	《把文明乡风的种子播进百姓心田》	新闻	《光明日报》
2018	《乡村振兴要注重文化建设》	理论	《西藏日报》

续表

年度	标 题	类型	来 源
2018	《文化礼堂：一个让人"心有所寄"的精神家园》	新闻	浙江新闻客户端
2018	《灵魂栖处是吾乡——读散文集《何以为家》》	评论	《河北日报》
2018	《以习近平生态文明思想引领美丽乡村建设》	理论	《光明日报》
2018	《弘扬乡村史志文化 助推乡村振兴战略》	理论	《宁夏日报》
2018	《科学把握乡村振兴战略总要求》	理论	《经济日报》
2018	《浙江开化：红色引领乡村文化 汇聚推动乡村振兴新合力》	新闻	消费日报网

资料来源：本表由作者根据光明网相关资料整理而成。

附表6　2018年《记住乡愁》（第四季）节目统计

集数	节目	省份	价值关键词
1	《芙蓉镇——吃得苦 霸得蛮》	湖南	敬业
2	《琅琊镇——家国两相依》	山东	爱国
3	《嵩口镇——急公好义》	福建	友善
4	《青岩镇——知难不畏 砥砺奋进》	贵州	爱国
5	《伯延镇——燕赵古风 实事求是》	河北	敬业
6	《石塘镇——江南纸都 重信守诺》	江西	诚信
7	《将台堡镇——不忘根本 守望家园》	宁夏	爱国
8	《河下镇——隐忍立丈夫》	江苏	爱国
9	《万安镇——精益求精》	安徽	敬业
10	《江孜镇——王城之顶 执着坚守》	西藏	爱国
11	《涞滩镇——众志成城》	重庆	友善
12	《百福司镇——青山绿水百福来》	湖北	和谐
13	《沙溪镇——以退为进 海阔天空》	江苏	爱国、友善
14	《太平镇——同心同德》	四川	友善
15	《南阳镇——风雨同舟 和合而居》	山东	友善
16	《枫泾镇——人有气节品自高》	上海	敬业
17	《宝顶镇——匠心守艺》	重庆	敬业
18	《窑湾镇——勇于担责》	江苏	敬业
19	《靖港镇——热血丹心 果敢坚毅》	湖南	爱国
20	《昭君镇——能扛事 有担待》	湖北	爱国
21	《田庄台镇——摸着良心做事》	辽宁	诚信
22	《惠远镇——守土护边 尽职尽责》	新疆	爱国、敬业
23	《松溉镇——念乡情 报乡恩》	重庆	和谐、友善
24	《右卫镇——久久为功 利在长远》	山西	敬业
25	《洛带镇——励志勤业》	四川	敬业
26	《众埠镇——能舍天地宽》	江西	和谐、友善

续表

集数	节目	省份	价值关键词
27	《道口镇——公而忘私》	河南	公正
28	《下司镇——有勇有谋 方能成事》	贵州	富强
29	《润城镇——世上无难事 只怕有心人》	山西	敬业
30	《五里街镇——义行传家》	福建	爱国、友善
31	《新市镇——实干方能成事》	浙江	敬业
32	《龙兴镇——纾困解难》	重庆	和谐、友善
33	《东浦镇——黄酒故里 刚柔并济》	浙江	爱国
34	《大安镇——助人者心长安》	广西	友善
35	《乌拉街满族镇——勇猛无畏》	吉林	富强
36	《梅林镇——爱拼才会赢》	福建	富强
37	《丹噶尔镇——重信守诺 家业兴》	青海	诚信
38	《双洋镇——风雨同舟 守望相助》	福建	友善
39	《古北口镇——尽忠职守》	北京	敬业
40	《荆紫关镇——一脚踏三省 友善万事兴》	河南	友善
41	《江平镇——天人合一 和谐共生》	广西	和谐
42	《善琏镇——匠心传世》	浙江	敬业
43	《宗艾镇——吃亏是福》	山西	诚信
44	《和平镇——自立自强》	福建	富强
45	《涠洲镇——同船合条命》	广西	友善
46	《马牧池——仁义敦厚》	山东	爱国
47	《贡川镇——心底无私天地宽》	福建	公正
48	《古堰画乡——山水相伴》	浙江	和谐
49	《安丰镇——民安物丰 以善立人》	江苏	友善
50	《诸由观镇——扬帆出海 闯出新世界》	山东	富强
51	《六堡镇——坚韧不拔》	广西	敬业
52	《古劳镇——变则通 通则久》	广东	富强
53	《仓埠镇——常怀感恩之心》	湖北	和谐、友善
54	《百侯镇——崇文尚学》	广东	文明

续表

集数	节目	省份	价值关键词
55	《瑷珲镇——英雄之城 寸土不让》	黑龙江	爱国
56	《广府镇——顺势而为》	河北	富强、敬业
57	《丙安镇——宽厚为人多福寿》	贵州	和谐、友善
58	《可可托海镇——为国分忧 勇于担当》	新疆	爱国
59	《尧坝镇——做事敢担当》	四川	爱国
60	《解州镇——大义参天》	山西	爱国、公正

资料来源：本表由作者根据央视网相关资料整理而成。

附表7 CCTV-1《新闻联播》2018年10月播出的乡村题材新闻

日期	新闻	稿件排序	涉及议题
10月1日	《同升一面旗 共祝祖国好》	2	乡村文化
10月2日	《分享节日欢乐 礼赞丰收中国》	1	乡村经济
10月2日	《金秋十月 美丽中国》	末尾	乡村美景
10月3日	《金秋十月好生态 为美丽中国点赞》	2	乡村美景
10月3日	《惬意度假 共享好生活》	6	乡村旅游
10月3日	《金秋十月 美丽中国》	末尾	乡村美景
10月4日	《西藏25个县（区）脱贫"摘帽"》	2	乡村脱贫
10月4日	《各地快闪活动 唱响"我爱你中国"》	4	乡村旅游
10月4日	《多姿多彩 欢度假日》	7	乡村旅游
10月4日	《金秋十月 美丽中国》	末尾	乡村美景
10月5日	《新疆达西村：民族团结促发展 盐碱地变成小康村》	1	乡村经济
10月5日	《欢乐假日别样过》	5	乡村旅游
10月5日	《金秋十月 美丽中国》	末尾	乡村美景
10月6日	《感受璀璨中华文明 假期文化游成热点》	1	乡村文化
10月6日	《金秋十月 美丽中国》	末尾	乡村美景
10月7日	《东北振兴：多措并举推进农业现代化》	1	乡村经济
10月7日	《金秋十月 美丽中国》	末尾	乡村美景
10月8日	《【新时代担当作为典型风采】邓真晓：扑下身子 到群众中去》	12	基层干部
10月9日	《赵乐际在中央第二轮巡视工作动员部署会上强调 扎实做好专项巡视工作 为打赢脱贫攻坚战提供有力保障》	8	乡村脱贫
10月9日	《十九届中央第二轮巡视将对26个地方和单位党组织开展脱贫攻坚专项巡视》	9	乡村脱贫
10月9日	《农业农村部：农村改厕总体目标确立》	联播快讯	国家政策
10月10日	《公安部部署打击食品药品农资环境犯罪》	联播快讯	乡村管理

续表

日期	新闻	稿件排序	涉及议题
10月11日	《绿色发展的阿克苏实践：昔日黄沙掩碧空 今朝桃杏万园红》	1	乡村经济
10月11日	《【壮阔东方潮 奋进新时代——庆祝改革开放40年】行进：塔元庄的小康路》	2	乡村经济
10月11日	《"青年红色筑梦之旅"助力乡村振兴》	9	乡村经济
10月11日	《百姓小事即大事》	12	乡村民生
10月11日	《我国乡镇快递网点覆盖率已超90%》	联播快讯	乡村民生
10月11日	《新疆喀什："海水稻"在盐碱地试种成功》	联播快讯	乡村经济
10月12日	《河北廊坊：统筹城乡 夯实基础奔小康》	14	乡村建设
10月12日	《金沙江山体滑坡堰塞湖抢险紧张进行》	15	乡村突发
10月13日	《【在新的历史起点上——改革开放再出发】以制度之力筑牢生态文明建设之基》	1	生态文明
10月13日	《绿色发展的阿克苏实践：众志成城 一张蓝图绘到底》	7	生态文明
10月13日	《金沙江堰塞湖水位下降 转移群众妥善安置》	9	乡村突发
10月13日	《内蒙古锡林郭勒迎来大批过境候鸟》	联播快讯	生态文明
10月14日	《规范督查检查考核 回应基层期盼》	6	乡村管理
10月14日	《【新时代担当作为典型风采】李士伟：直面问题 实干担当》	8	基层干部
10月14日	《百姓小事即大事》	11	乡村民生
10月14日	《金沙江堰塞湖洪峰进入云南境内》	12	乡村突发
10月15日	《【壮阔东方潮 奋进新时代——庆祝改革开放40年】安徽小岗村：敢闯敢试 农村改革激发新活力》	3	乡村经济
10月15日	《金沙江堰塞湖水位基本恢复常态》	联播快讯	乡村突发
10月16日	无		
10月17日	《习近平对脱贫攻坚工作作出重要指示强调 咬定目标加油干 如期打赢脱贫攻坚战》	2	乡村脱贫
10月17日	《李克强对脱贫攻坚工作作出批示》	3	乡村脱贫
10月17日	《全国脱贫攻坚奖表彰大会暨先进事迹报告会在京举行》	4	乡村脱贫

续表

日期	新闻	稿件排序	涉及议题
10月17日	《【在新的历史起点上——改革开放再出发】脱贫攻坚迈出更加坚实的步伐》	5	乡村脱贫
10月17日	《九九重阳节 情暖夕阳红》	12	乡村文化
10月17日	《六大举措加强保护长江水生生物》	联播快讯	生态文明
10月17日	《〈2018年全国脱贫攻坚奖特别节目〉今晚播出》	联播快讯	乡村脱贫
10月18日	《卓嘎 央宗姐妹：家是玉麦 国是中国》	10	乡村人物
10月18日	《【央视短评】让个人奋斗与国家发展同频共振》	11	乡村人物
10月18日	《浙江安吉捐赠贫困地区白茶苗启运》	联播快讯	城乡互动
10月18日	《雅鲁藏布江林芝境内出现堰塞湖》	联播快讯	乡村突发
10月19日	《中宣部授予卓嘎 央宗姐妹"时代楷模"称号》	10	乡村人物
10月19日	《广东乳源：文明新风进"瑶乡"》	13	乡村文化
10月19日	《雅鲁藏布江堰塞湖蓄水量达5.5亿立方米》	联播快讯	乡村突发
10月20日	《【百城百县百企调研行——庆祝改革开放40年】福建宁德：滴水穿石三十年 久久为功拔穷根》	10	乡村脱贫
10月21日	《雅鲁藏布江堰塞湖自然过流 洪水威胁解除》	13	乡村突发
10月21日	《习近平回信勉励广大民营企业家 心无旁骛创新创造 踏踏实实办好企业》	1	乡村脱贫
10月21日	《中央脱贫攻坚专项巡视完成进驻 聚焦脱贫攻坚 督促责任落实》	3	乡村脱贫
10月21日	《【壮阔东方潮 奋进新时代——庆祝改革开放40年】小岗村：三产融合 探索发展新路径》	4	乡村经济
10月21日	《陕西：移民搬迁助力乡村振兴》	8	乡村经济
10月21日	《秸秆综合利用将由试点向全国铺开》	联播快讯	生态文明
10月21日	《第19次塔里木河生态输水超5亿立方米》	联播快讯	生态文明
10月21日	《吉林镇赉迎来大批南迁白鹤》	联播快讯	生态文明
10月22日	《大美新疆醉游人 旅游红利惠农家》	14	乡村旅游
10月22日	《内蒙古：产融结合 农企互利共赢》	7	乡村经济
10月22日	《【新时代担当作为典型风采】李春奎：生态保护与经济发展相得益彰》	10	基层干部

续表

日期	新闻	稿件排序	涉及议题
10月22日	《国家500亿元新疆棉花收购资金到位》	联播快讯	乡村经济
10月23日	无		
10月24日	《【壮阔东方潮 奋进新时代——庆祝改革开放40年】安徽小岗村：摸索乡村治理新路子》	12	乡村建设
10月25日	无		
10月26日	无		
10月27日	《【壮阔东方潮 奋进新时代——庆祝改革开放40年】印记：塞罕坝 从流沙荒原到美丽高岭》	6	生态文明
10月27日	《【新时代担当作为典型风采】陈忠义：走好"进村赶考"扶贫路》	7	基层干部
10月28日	《【在习近平新时代中国特色社会主义思想指引下——新时代 新作为 新篇章】福建隆教乡：发展惠民才是"真担当"》	4	乡村经济
10月28日	《【新时代担当作为典型风采】立青农布：扎根雪域高原 率群众脱贫》	5	基层干部
10月28日	《湖南"七大行动"推进精准扶贫》	6	乡村脱贫
10月28日	《发展智慧农业 培育乡村发展新动能》	7	乡村经济
10月28日	《第三届世界乡村旅游大会开幕》	联播快讯	乡村旅游
10月28日	《云南普洱：亚洲象进村觅食 加强应对》	联播快讯	生态文明
10月29日	《【在习近平新时代中国特色社会主义思想指引下——新时代 新作为 新篇章】江苏宿迁：建设农村新型社区》	9	乡村建设
10月30日	《首个国家农业开放发展综合试验区设立》	联播快讯	乡村经济
10月31日	《国家级非遗"汕末尾渔歌"在京演出》	联播快讯	乡村文化
10月31日	《我国南沙岛礁气象观测站正式启用》	联播快讯	乡村民生

资料来源：本表由作者根据央视网相关资料整理而成。

图书在版编目(CIP)数据

意义·形象·话语：电视传播与乡村精神家园建构／戴蔚著．--北京：社会科学文献出版社，2021.9
ISBN 978-7-5201-9058-9

Ⅰ.①意… Ⅱ.①戴… Ⅲ.①电视工作-作用-农村文化-文化建设-研究-中国 Ⅳ.①G229.2 ②G12

中国版本图书馆 CIP 数据核字（2021）第 187389 号

意义·形象·话语：电视传播与乡村精神家园建构

著　　者／戴　蔚

出 版 人／王利民
责任编辑／周　琼
文稿编辑／朱　月
责任印制／王京美

出　　版／社会科学文献出版社·政法传媒分社（010）59367156
　　　　　　地址：北京市北三环中路甲29号院华龙大厦　邮编：100029
　　　　　　网址：www.ssap.com.cn
发　　行／市场营销中心（010）59367081　59367083
印　　装／三河市尚艺印装有限公司

规　　格／开　本：787mm×1092mm　1/16
　　　　　　印　张：17.25　字　数：272千字
版　　次／2021年9月第1版　2021年9月第1次印刷
书　　号／ISBN 978-7-5201-9058-9
定　　价／89.00元

本书如有印装质量问题，请与读者服务中心（010-59367028）联系

版权所有 翻印必究